Thomas Foster

KI in der Film- und Videoproduktion

Der praktische Einstieg

Rheinwerk
Design

Liebe Leserin, lieber Leser,

erinnern Sie sich noch an das Gefühl, als Sie zum ersten Mal eine Kamera in die Hand genommen haben? Diese Mischung aus Aufregung und Überforderung, wenn man plötzlich merkt, wie viel zwischen der Idee im Kopf und dem fertigen Video liegt? Die möglichen Einstellungen, die richtige Qualität, die endlosen Stunden im Schnitt ... Es waren auch schöne Zeiten.

Ganz ähnlich ist es heute mit KI: Wieder herrschen Aufregung und Überforderung. Was früher Wochen gedauert hat, schaffen Sie jetzt in Stunden, und wo Sie früher ein ganzes Team gebraucht hätten, kommen Sie jetzt allein zurecht: KI macht das alles möglich. Aber ehrlich gesagt: Bei all den neuen Tools verliert man schnell den Überblick. Zum Glück hat sich Thomas Foster ausgiebig mit dem Thema KI und Video auseinandergesetzt. Als erfahrener Musikproduzent hat er sich durch die Untiefen von über 20 KI-Tools wie Sora, Google Veo 3, Runway ML und Kling AI gekämpft, damit Sie es nicht mehr tun müssen, und so erfahren Sie in diesem Buch, was die Tools können und wann/wo/wie Sie sie am besten einsetzen.

Ein besonderes Plus des Buches sind die ergänzenden Video-Tutorials, die Sie über die QR-Codes im Buch aufrufen. Darin sehen Sie dem Autor über die Schulter und erfahren in der Praxis, wie er die Tools bedient, welche Einstellungen er wählt, wie er Prompts optimiert. Und da sich momentan in der Branche so viel tut, schauen Sie doch auch ab und zu auf der Website zum Buch vorbei, hier finden sich womöglich interessante Updates: *www.rheinwerk-verlag.de/5278*. Im Kasten unter »Materialien« können Sie die Infos herunterladen.

Ich wünsche Ihnen viele erhellende Momente mit diesem Buch. Wenn Sie Fragen oder Anmerkungen haben, stehe ich gerne zur Verfügung.

Ihre Ruth Lahres
Lektorat Rheinwerk Design

ruth.lahres@rheinwerk-verlag.de
www.rheinwerk-verlag.de
Rheinwerk Verlag • Rheinwerkallee 4 • 53227 Bonn

Wir hoffen, dass Sie Freude an diesem Buch haben und sich Ihre Erwartungen erfüllen. Falls Sie Anregungen, Wünsche und Kommentare haben, lassen Sie es uns wissen: **service@rheinwerk-verlag.de**.

Informationen zu unserem Verlag und Kontaktmöglichkeiten finden Sie auf unserer Verlagswebsite **www.rheinwerk-verlag.de**. Dort können Sie sich auch umfassend über unser aktuelles Programm informieren und unsere Bücher und E-Books bestellen.

Autor Thomas Foster
Lektorat Ruth Lahres
Typografie & Layout Vera Brauner
Satz Christine Netzker
Herstellung Vera Brauner
Covergestaltung Mai Loan Nguyen Duy
Coverbild Erstellt mit Midjourney
Druck mediaprint solutions, Paderborn

PEFC/04-31-0810

Dieses Buch wurde mit mineralölfreien Farben auf PEFC©-zertifiziertem Papier aus nachhaltiger Waldwirtschaft gedruckt. Der Umwelt zuliebe verzichten wir zusätzlich auf die Einschweißfolie. Hergestellt in Deutschland.

Die automatisierte Analyse des Werkes, um daraus Informationen insbesondere über Muster, Trends und Korrelationen gemäß § 44b UrhG (»Text und Data Mining«) zu gewinnen, ist untersagt.

Bibliografische Information der Deutschen Nationalbibliothek:

Die Deutsche Nationalbibliothek verzeichnet diese Publikation in der Deutschen Nationalbibliografie; detaillierte bibliografische Daten sind im Internet über *http://dnb.dnb.de* abrufbar.

978-3-367-11468-9

1. Auflage 2026

Rheinwerk Verlag GmbH • Rheinwerkallee 4 • 53227 Bonn
service@rheinwerk-verlag.de

Inhalt

Einführung

Liam Winter nahm den letzten Schluck Espresso und blickte über die Elbe. Eigentlich hatte er keine Zeit – aber die Strandperle war sein Ruhepol in einem vollen Arbeitstag. »Liam? Du bist es wirklich?« Er sah auf. Nora Kohlmann stand da, überrascht und lächelnd. »Nora! Wahnsinn, wie lange ist das her? Komm, setz dich!« Sie sprachen über alte Zeiten, wer wohin verschwunden war, alte Uni-Legenden.

Dann kam die Frage, die sich früher ständig gestellt hatte. »Und? Schauspieler geworden?« »In gewisser Weise.« »Film oder Theater?« »Film.« »Mit großem Set, Kamera, Licht und Action?« »Nicht ganz. Wenn du zehn Minuten Zeit hast – unser Büro ist gleich ums Eck.«

Sie betraten ein Industrie-Loft mit rohen Backsteinwänden, hohen Decken und bunten Graffiti. An drei Schreibtischen arbeiteten junge Leute konzentriert an ihren Laptops. Kein Set. Kein Scheinwerfer. Keine Kamera.

»Hier macht ihr Filme?«, fragte Nora skeptisch. »Pass auf.« Liam ging zur kleinen Küche, griff sich einen Kochlöffel und stürmte mitten ins Loft. »Ich bin Aedric von Valmor, Wächter der Flammenfeste!«, rief er dramatisch und schwang die imaginäre Waffe durch die Luft. Ben, ein Kollege, filmte ihn dabei kommentarlos mit dem Smartphone. »Wow«, sagte Nora trocken. »Also wenn das hier die Zukunft der Filmproduktion ist, dann bin ich Wonder Woman.«

Ben grinste und setzte sich wieder an seinen Laptop. »Gib mir zwei Minuten. Ich lass den Kochlöffel gleich mal zum Schwert werden.« Er begann, in ein Textfeld zu tippen: Medieval battlefield, Aedric of Valmor, cinematic lighting, smoke, epic camera sweep, intense sword fight… Liam reichte Nora eine schlichte schwarze Brille. »Setz die mal auf.« Sie zögerte. »Ich seh' da jetzt hoffentlich keine Werbung für Ritterküchen?« »Nein. Du siehst einfach nur die Zukunft.«

Nora setzte die Brille auf. Zunächst sah sie noch den Raum – leicht überlagert von Menü-Elementen. Dann wechselte das Bild. Plötzlich stand Liam nicht mehr im Loft, sondern in voller Rüstung auf einem rauch verhangenen Schlachtfeld. Um ihn herum tobte ein epischer Kampf. Schlachtrufe, Explosionen, Pferde, Schwerter. Und er mittendrin – kein Schauspiel, sondern ein filmreifer Auftritt.

»Oh mein Gott«, flüsterte Nora. »Ziemlich echt, oder?« Sie nahm die Brille ab. »Okay, Liam. Ich geb's zu. Du hattest recht. Das ist total irre.« »Und das ist erst der Anfang. Netflix testet gerade ein neues Format.« »Und ich könnte da theoretisch auch ein Teil davon sein?« »Nicht nur theoretisch.«

Am Abend saß Nora auf dem Sofa. Auf ihrem Netflix-Startbildschirm blinkte ein neues Banner: »Shadow Protocol – Jetzt personalisiert verfügbar.« Aus Neugier hatte sie sich angemeldet, ein paar Selfies hochgeladen, ein Genre gewählt. Mehr war nicht nötig gewesen. Sie klickte auf »Play«. Und erstarrte.

Sie sah sich selbst. Als Agentin in einem futuristischen Thriller. Hochwertige Kameraarbeit, starke Dialoge – und mittendrin sie. Nicht billig animiert, sondern verblüffend lebensecht. Kein Deep Fake. Kein Filter. Sondern eine individuell generierte Hauptrolle in einem echten Netflix-Film. Nora griff zum Handy und schrieb an Liam: »So wie's aussieht, trage ich ab jetzt ein rotes Cape und ein goldenes Lasso. ;-)«

Die Magie der Bilder – und der Beginn einer neuen Ära

1993 sprachen meine Freunde nur noch über einen neuen Film, den man unbedingt gesehen haben musste. Ein Film, der Dinosaurier so lebensecht auf die Leinwand brachte, wie man es zuvor noch nie gesehen hatte: *Jurassic Park*. Und da mich Filme schon immer begeistert haben, vor allem, wenn sie neue technische Tricks und visuelle Innovationen boten, war ich sofort dabei.

Ich saß also im Kino, John Williams' majestätischer Soundtrack begann, und auf einmal stand da ein echter Dinosaurier vor mir. Zumindest fühlte es sich so an. Diese Szene hat mich damals vollkommen umgehauen. Und offenbar ging es nicht nur mir so: Der Film spielte weltweit über eine Milliarde Dollar ein – ein Rekord für die damalige Zeit.

Immer wieder in der Geschichte des Kinos führen technologische Durchbrüche zu neuen Filmideen.

- Als 1933 *King Kong* auf die Leinwand kam, staunten die Zuschauer über die damals revolutionäre Stop-Motion-Animation.
- 1940 begeisterte *The Thief of Baghdad* mit den ersten Bluescreen-Effekten.
- Und *Star Wars* veränderte 1977 die Branche mit einer der ersten Motion-Control-Kameraaufnahmen.
- 2002 erlebten wir mit *Der Herr der Ringe: Die zwei Türme* Gollum als ersten glaubwürdigen CGI-Charakter mit Motion-Capture-Technologie.

Und heute? Heute stehen wir erneut am Beginn einer Revolution. Ihr Name: *Künstliche Intelligenz*. Doch diesmal ist etwas anders. Unsere erste Begegnung mit dieser Technik findet nicht im Kinosaal statt, sondern auf TikTok und Instagram. Millionen einfacher, teils amateurhaft produzierter KI-Clips fluten unsere Feeds. Viele empfinden sie eher als lästig – oft, weil sie nicht wissen, was dahintersteckt, oder weil es immer schwieriger wird, echtes Bildmaterial von KI-generierten Fakes zu unterscheiden.

Und dennoch dürfen wir nicht vergessen: Das ist erst der Anfang. Die Frage ist nicht mehr, *ob* KI unsere Film- und Videoproduktion verändern wird, sondern *wie schnell* und *wie tiefgreifend*. Wird es bald möglich sein, dass Einzelpersonen komplette Kinofilme mit dem Laptop im eigenen Zimmer produzieren – als moderne »Bedroom-Producer« der Filmwelt?

Dabei zeigt die KI längst auch im großen Hollywood-Kino, wozu sie fähig ist. Im Film *Here* von Regisseur Robert Zemeckis zum Beispiel werden Tom Hanks und Robin Wright mit Hilfe von KI über sechs Jahrzehnte hinweg gealtert und verjüngt – direkt am Set, in Echtzeit. Die Technologie dahinter heißt Metaphysic Live. Zwei Kameras liefen parallel: eine zeigte das rohe Bild, die andere die KI-bearbeitete Version mit jüngerer oder älterer Gesichtsstruktur – live und ohne monatelange Postproduktion. Tom Hanks selbst sagte über diese neue Technik: »Was früher ein halbes Jahr Arbeit bedeutete, passiert jetzt in einer Nanosekunde.«

Das ist nicht nur ein Meilenstein für digitale Effekte – es verändert die Produktionsweise selbst. Visuelle Magie entsteht dort, wo früher noch Komparsen,

Maskenbildner und ganze VFX-Teams wochenlang arbeiteten. Rob Bredow, Visual-Effects-Meister bei Industrial Light & Magic, sagte in einem TED-Talk: »Wir glauben nicht, dass bald Einzelne in dunklen Räumen alleine ganze Filme machen werden. Wir brauchen das Know-how unserer Künstler, Techniker, Lichtgestalter und Animator*innen. Diese Vielfalt schafft Magie.«

Ich teile diese Meinung – aber nur teilweise. Ja, auch in Zukunft werden aufwendige Spielfilme weiterhin von großen Teams produziert, in denen jeder seine oder ihre Spezialaufgabe übernimmt. Die Zusammenarbeit vieler Expert*innen erzeugt jene Tiefe, Qualität und narrative Raffinesse, die große Kinoproduktionen auszeichnen. Und natürlich wird künstliche Intelligenz in diesem Kontext eine unterstützende Rolle spielen, Prozesse effizienter machen, Kosten senken und kreative Möglichkeiten erweitern.

Aber ich muss Rob auch widersprechen. Ich bin überzeugt, dass wir gerade dabei sind, einen völlig neuen Markt entstehen zu sehen: Filme, die von Einzelpersonen produziert werden – unterstützt durch KI, in kürzester Zeit, mit beeindruckender Qualität. Diese Filme werden möglicherweise nicht für das Kino gedacht sein, vielleicht schaffen sie es auch nicht auf Netflix oder Amazon Prime. Doch auf Plattformen wie YouTube oder neuen Streaming-Diensten werden sie ihr Publikum finden – und das nicht zu knapp. Millionen Aufrufe, große Reichweiten und ein nachhaltiges Einkommen sind realistische Szenarien für diese neue Generation von Solo-Filmemacher*innen.

Der amerikanische Unternehmer und Medien Visionär Tom Bilyeu – Mitgründer von Impact Theory und Quest Nutrition – formulierte es vor Kurzem in einem viel beachteten Video drastisch: »Hollywood ist tot.« Er sieht in den neuen KI-Technologien einen so tiefgreifenden Wandel, dass traditionelle Filmproduktionen in ihrer heutigen Form kaum überleben werden. Stattdessen prognostiziert er eine Ära, in der Einzelpersonen mit KI-Tools beeindruckende Inhalte erschaffen – ganz ohne großes Team.

Und dieser Umbruch ist nicht mehr Zukunftsmusik. Er hat bereits begonnen – mitten in Hollywood und bei den größten Streaming-Diensten. Netflix etwa hat kürzlich bei der argentinischen Serie El Eternauta erstmals KI eingesetzt, um eine spektakuläre Szene – den Einsturz eines Gebäudes in Buenos Aires – zu realisieren. Das Ergebnis: zehnmal schneller und deutlich günstiger als mit herkömmlichen Methoden. Co-CEO Ted Sarandos nannte KI »die Chance, Content nicht nur günstiger, sondern auch besser zu machen«.

Und es bleibt nicht beim Spielfilm: Auch in der Werbebranche hat die KI bereits Fuß gefasst. So produzierte etwa das Unternehmen Kalshi einen surrealen Werbespot für die NBA Finals – in weniger als 48 Stunden und mit einem Budget von nur rund 2.000 Euro. Der Macher PJ Accetturo ist stolz auf genau das: hohe kreative Wirkung bei minimalem Aufwand – ermöglicht durch Tools wie Google Gemini und Veo 3.

Auch das konservative Kreditkartenunternehmen Coign ließ seinen TV-Spot komplett mit KI erstellen – inklusive realistischer Darsteller, die in Wahrheit nie vor einer Kamera standen. Diese Spots liefen landesweit auf Plattformen wie Fox News oder YouTube – bei einem Bruchteil der Kosten klassischer Kampagnen.

Wenn also sogar Streaming-Giganten und große Marken mit Milliarden Budgets diesen Weg gehen, ist klar: KI ist nicht nur ein Trend, sondern längst Produktionsrealität.

Was bedeutet das für dich und mich? Ganz einfach: Wenn Netflix heute KI einsetzt, um Kosten und Zeit zu sparen, wird dieselbe Technologie schon morgen für alle verfügbar sein. Genau darauf bereitet dich dieses Buch vor.

Am Puls der KI-Revolution – Was dich in diesem Buch erwartet und warum jetzt der richtige Zeitpunkt ist

Die letzten Monate haben im Bereich »KI und Film« eine ungeahnte Dynamik entfesselt. Quasi über Nacht scheint sich eine völlig neue Welt aufzutun, in der künstliche Intelligenz unsere Art des Filmemachens revolutioniert. Was vor Kurzem noch futuristisch klang, ist plötzlich greifbare Realität: KI-Tools generieren auf Knopfdruck beeindruckende Bilder und Videosequenzen, die noch vor einem Jahr unmöglich schienen. Sicher, noch mögen viele dieser KI-Clips auf TikTok oder Instagram als Spielerei erscheinen – manche nervig, andere faszinierend. Doch wir dürfen nicht vergessen: Das ist erst der Anfang. Die Geschwindigkeit, mit der sich KI-Technologien zur Videoproduktion entwickeln, ist atemberaubend, und sie nimmt weiter zu.

In diesem Buch erfährst du, was das konkret bedeutet. Es erwartet dich ein praxisnaher Streifzug durch die neuesten KI-Werkzeuge und -Techniken, die die

Film- und Videoproduktion bereits jetzt beeinflussen. Dabei ist mir eines besonders wichtig: Authentizität durch eigene Erfahrung. Schon in meinem letzten Buch »Künstliche Intelligenz in der Musik- und Audioproduktion« habe ich den Ansatz verfolgt, jede relevante Software und Plattform selbst auszuprobieren. Genauso bin ich auch diesmal vorgegangen. Ich habe jedes KI-Tool, das in diesem Buch vorkommt, eigenhändig getestet und für meinen YouTube-Kanal Schritt-für-Schritt-Tutorials erstellt.

In vielen Kapiteln findest du am Ende eines Themas einen QR-Code, der dich direkt zu einem passenden YouTube-Tutorial von mir führt. Dort siehst du das im Kapitel behandelte Tool in der Praxis: Benutzeroberfläche, Arbeitsablauf, Tipps und typische Stolpersteine. So kannst du das Gelesene sofort ansehen und umsetzen – eine ideale Ergänzung zu den Texten in diesem Buch. Denn Theorie ist wichtig – aber erst in der Praxis zeigt sich, was wirklich funktioniert.

Um nicht nur abstrakt über Möglichkeiten zu schreiben, habe ich mich selbst ans Werk gemacht und mehrere Praxisprojekte umgesetzt. Dazu gehören zum Beispiel Musikvideos zu eigenen Songs, die ich unter meinem Namen veröffentlicht habe, aber auch kleinere Videoprojekte für Instagram. Vielleicht bist du ja sogar auf eines meiner KI-Rätsel gestoßen: In kurzen Clips habe ich deutsche Sprichwörter visualisiert, und die Zuschauer konnten raten, welches Sprichwort gemeint ist. Zugegeben, das berühmte Beispiel »Ein Elefant im Porzellanladen« war leicht zu erkennen – ein Elefant trampelt durch ein Geschäft und zerdeppert dabei alles Geschirr. Aber einige der weniger bekannten Sprichwörter waren schon kniffliger zu erraten. Mir ging es dabei nicht nur um den Rätselspaß, sondern vor allem darum, Hands-on-Erfahrung zu sammeln. Solche Experimente zeigen nämlich sehr gut, wo die Technik heute steht.

Der Elefant im Porzellanladen

Die Ergebnisse waren oft verblüffend. Der gesamte Prozess – vom Ausdenken eines Szenarios über den Prompt (eine textbasierte Beschreibung für die KI, meist mithilfe von ChatGPT formuliert) bis hin zum fertigen Clip – dauerte manchmal nur ein bis zwei Minuten. Und das Resultat sah auf Anhieb beeindruckend aus. Man könnte tatsächlich glauben, ein echter Elefant sei mit einer echten Kamera in einem echten Porzellanladen gefilmt worden.

Doch zugleich fiel auf: Irgendeine Kleinigkeit stimmte fast immer nicht. Ein Beispiel: In einem meiner Clips ließ ich einen Sportler in seinem Wohnzimmer Anlauf nehmen, um wie bei einem Wettkampf mit dem Kopf voran durch die Wand zu rennen. Die KI generierte daraus eine spektakuläre Szene – bis auf ein Detail: Der Athlet blieb kurz vor der Wand stehen, wackelte nur seltsam mit dem Kopf, und im nächsten Moment explodierte die Wand von allein. Action? Ja. Logik? Nicht ganz. Den Prompt so lange nachzujustieren, bis die Szene stimmig war, erwies sich als überraschend langwieriger Prozess.

Ähnliche Grenzen zeigten sich bei anderen Ideen. Für ein weiteres Experiment wollte ich einen Löwen erzeugen, der auf ein kleines Kind in einem Käfig zuläuft, während außen mehrere Leute durch eine Glasscheibe zusehen. Doch hier spielte die KI gar nicht erst mit: Statt eines Videos bekam ich nur eine Fehlermeldung – mein Vorhaben verstieß wohl gegen die Inhaltsrichtlinien.

Diese Beispiele führen vor Augen, dass die Möglichkeiten zwar schon beeindruckend, aber längst noch nicht perfekt und grenzenlos sind. Die derzeit verfügbaren KI-Tools liefern verblüffende Ergebnisse, sind jedoch (noch) keine vollständig zuverlässigen Profi-Werkzeuge. Trotzdem bin ich überzeugt: Gerade jetzt ist es für alle, die in der Film- und Videoproduktion tätig sind, entscheidend, sich mit diesen Technologien vertraut zu machen. Früh dran sein lautet die Devise. Wer heute experimentiert, lernt, wo KI bereits Kosten senken und Zeit sparen kann – oder welche Aufnahmen plötzlich möglich werden, die früher undenkbar oder unbezahlbar gewesen wären. Natürlich wird es noch eine Weile dauern, bis wir wirklich komplette Kinofilme rein am Computer generieren können, ohne ein menschliches Filmteam und echte Schauspieler. Doch die Weichen sind gestellt. Es ist keine Frage mehr, ob KI unsere Branche verändert, sondern wie tiefgreifend und wie schnell.

Dieses Buch gibt dir einen umfassenden Überblick über den aktuellen Stand der Dinge. Du wirst unter anderem lernen:

- Mit reinen Textbeschreibungen Videos erzeugen – also nur durch Eingabe von Worten einen kompletten Clip erstellen.
- KI-generierte Bilder animieren – statische von KI erschaffene Grafiken in Bewegung versetzen.
- Virtuelle Darsteller sprechen oder singen lassen – Videos mit künstlich erzeugter Sprache oder Gesang vertonen.
- Visuelle Effekte per KI erschaffen – und erfahren, wie diese neuen Möglichkeiten mit klassischen Tools wie Schnittprogrammen zusammenspielen.
- Stimmen klonen und verfremden – echte Stimmen nachahmen oder vorhandene Sprachaufnahmen in eine andere Stimme umwandeln.
- Geräusche und Musik generieren – per KI Soundeffekte und Musikstücke komponieren und Audiomaterial optimieren.

All das erkläre ich anhand konkreter Tools und Beispiele, die ich selbst ausprobiert habe. Mein Ziel ist es, dir einen möglichst breiten – aber dennoch kritischen – Überblick zu verschaffen. Nicht alles, was machbar ist, liefert schon auf Knopfdruck professionelle Ergebnisse. Doch wenn du weißt, was heute schon geht und wo noch Grenzen sind, bist du einen entscheidenden Schritt voraus.

Aus eigener Erfahrung kann ich sagen: Der einzige Weg zu wirklich guten Ergebnissen führt über Neugier und Ausprobieren. Je mehr Tools du kennengelernt und selbst getestet hast, desto gezielter kannst du sie einsetzen. Dieses Buch möchte dir genau dabei helfen – als Kompass in der faszinierenden, manchmal verwirrenden Welt der KI-gestützten Film- und Videoproduktion. Ich lade dich ein, gemeinsam mit mir diese neue Welt zu erkunden.

Über den Autor – Vom Ö3-Jingle zur KI-Regie

Als Kind hatte ich zwei große Träume: Musikproduzent und Filmregisseur zu werden. Mit sieben gründete ich mit meinem Freund Peter meine erste Band, die Flying Potatoes. Parallel drehte ich mit Freunden kleine Filme – zehnminütige Clips mit Drehbuch, Regie und Szenenwechseln, für mich schon damals »echte« Filme.

Den Traum vom Musikproduzenten habe ich verwirklicht. Den Traum vom Regieführen lebt heute meine Tochter, die Film studiert hat und inzwischen beim ORF in Wien arbeitet. Das hat eine schöne Logik: Mein Vater wollte Musiker werden, konnte es nie – seinen Traum habe ich gelebt, und meine Tochter lebt meinen.

Gemeinsam mit Peter gründete ich später die Firma *Foster Kent*. Mit 22 produzierten wir unsere ersten Produktionen für Hitradio Ö3 – damals der einzige österreichische Sender mit Popformat. Unsere Musik lag als durchgängiges Sounddesign unter dem gesamten Wetter und unter den kompletten Verkehrsmeldungen; sie trug diese Sendestrecken, statt nur in kurzen Jingles aufzublitzen. Kurz darauf gewannen wir eine große Ausschreibung des ORF-Fernsehens. Mit dem Wechsel zu ORF1 und ORF2 lieferten wir die komplette musikalische Verpackung – von Magazinen über das Kinderprogramm bis zur »Zeit im Bild«, dem österreichischen Pendant zur Tagesschau. Aus diesen Anfängen ist eine internationale Erfolgsgeschichte gewachsen: Unsere Musik ertönt heute unter anderem bei RTL (z. B. vor »RTL Aktuell«), auf 1010 WINS, einer der erfolgreichsten Nachrichten-Stationen der USA, und beim landesweiten US-Nachrichten-Netzwerk News Nation – einem schnell wachsenden Sender, der sich als Alternative zu CNN positioniert.

Vor zehn Jahren startete ich meinen YouTube-Channel *Thomas Foster Musikproduktion*, in dem ich die Praxis moderner Musikproduktion erkläre – von Logic Pro über Ableton Live bis hin zu vielen weiteren Tools. Später habe ich den Kanal in *Thomas Foster Sound & Vision* umbenannt: Für dieses Buch begann ich, mich intensiv auch mit Film zu beschäftigen, erste Tutorials zu Final Cut zu produzieren und meine Themen vom reinen Sound hin zu Sound und Bild zu erweitern. Aus dieser Arbeit entstanden Bücher. Mein drittes, »Künstliche Intelligenz in der Musik- und Audioproduktion«, wurde mehrfacher Amazon-Bestseller. Bei der Recherche merkte ich, dass es im deutschsprachigen Raum noch kein wirklich fundiertes Werk zum Thema »Künstliche Intelligenz in der Film- und Videoproduktion« gab. Also habe ich monatelang die besten YouTube-Tutorials systematisch ausgewertet, transkribiert und geordnet – weil dort Wissen aktuell, offen und mit großer Leidenschaft geteilt wird.

Parallel habe ich begonnen, Musik unter meinem eigenen Namen zu veröffentlichen – samt Videos, die ich selbst produziere. Innerhalb von zwölf Monaten wuchs meine Hörerschaft von 250 auf über 100.000 monatliche Hörer. In jüngster Zeit arbeite ich in Bild und Ton intensiv mit KI: Sie ermöglicht mir, Regie zu führen, Storyboards zu entwickeln und Ideen ohne klassische Produktionsgrenzen in bewegte Bilder zu übersetzen.

Als Mitgründer von *Mugent* entwickle ich außerdem Software und Sounds für Produzenten. Unser *Mugent Player* – ein Plugin (VST/AU) – liefert hochwertige Instrumente und wurde zuletzt um einen vielseitigen Arpeggiator erweitert. Dahinter steht mein Anspruch, Musizieren und moderne Technik sinnvoll zu verbinden.

Selten hat Technik für mich so viel Magie entfaltet wie heute. Wenn dieses Buch einen Bruchteil dieser Energie weitergeben kann, dann hat es seinen Zweck erfüllt. Viel Freude beim Lesen.

Kapitel 1

Von Worten zu bewegten Bildern

Videos mit KI-Textprompts erzeugen

Schreib ein paar Worte – und die KI baut dir daraus bewegte Bilder: Kamera fährt, Licht sitzt, Figuren agieren. Hier lernst du, wie du aus einer Idee präzise Prompts formst, die wie Regieanweisungen funktionieren, und welche Tools dafür aktuell die besten Ergebnisse liefern. So wird aus deiner Vorstellung ein stimmiger Clip – schnell, kontrollierbar und überraschend nah an »echtem« Film.

Die wohl einfachste – und aktuell auch beliebteste – Methode, mit künstlicher Intelligenz Videos zu erzeugen, funktioniert allein über Sprache oder Text: Du gibst der KI eine Beschreibung deiner Szene – also einen sogenannten Prompt – und bekommst im besten Fall ein vollständiges Video zurück. Diese Technologie hat in den letzten Monaten einen riesigen Sprung gemacht. Das Internet ist inzwischen voll mit Clips, bei denen man zweimal hinschauen muss, um zu erkennen: Moment mal, das ist ja gar kein echtes Video!

Oft fällt einem erst durch den Kontext oder das Motiv auf, dass etwas nicht stimmen kann – etwa eine surreale Szene oder eine Kombination von Elementen, die so nicht existieren kann. Und selbst dann ist es manchmal schwierig, Fehler zu finden. Viele dieser Clips sehen mittlerweile so realistisch aus, dass man sie auf den ersten Blick für Hollywood-Material halten könnte. Ob dein Video am Ende auch so beeindruckend wird, hängt im Wesentlichen von zwei Faktoren ab: Erstens natürlich von der KI-Plattform, die du verwendest – denn die Ergebnisse unterscheiden sich teils deutlich in Qualität, Stil und technischer Umsetzung. Und zweitens – und das ist fast noch wichtiger – von der Qualität deines Prompts, also der Beschreibung, mit der du das Video generierst.

In diesem Kapitel zeige ich dir beides: Welche Tools aktuell besonders gut sind – und wie du deine Prompts so formulierst, dass du das Maximum aus ihnen herausholst.

Ein kleiner persönlicher Tipp gleich vorweg: Ich lasse alle meine Prompts von ChatGPT schreiben. Nicht, weil ich es nicht selbst könnte, sondern weil es schneller, präziser und einfach effizienter ist. Ich spreche meine Szene mit dem Mikrofon ein, beschreibe, was ich vor Augen habe, und ChatGPT wandelt meine Gedanken in einen klar formulierten, englischen Prompt um. Natürlich funktionieren viele Tools auch mit deutschen Prompts, aber mein Eindruck ist: Auf Englisch funktionieren sie besser.

Außerdem hat die Nutzung eines Large Language Models wie ChatGPT noch einen riesigen Vorteil: Ich kann die komplette Geschichte zuerst grob planen, also ein Storyboard mit ChatGPT erstellen – unterteilt in Szenen, die wiederum in einzelne Shots zerlegt werden. Und weil ChatGPT diese Gesamtgeschichte kennt, muss ich später nicht jedes Mal das komplette Setting neu beschreiben. Ich gebe einfach nur noch an, was diesen einen Shot besonders macht – und ChatGPT füllt automatisch alle stilistischen und erzählerischen Details ein, die zur Szene passen. Dadurch entsteht ein stimmiger Look mit durchgehender Erzählweise – und das mit erstaunlich wenig Aufwand.

In den nächsten Abschnitten erfährst du also, wie ein guter Prompt aufgebaut ist (mit konkreten Beispielen), welche Elemente wie Handlung, Licht oder Kamerabewegung wichtig sind und welche Plattformen sich gerade besonders lohnen – von Seedance bis Google Veo3. Los geht's – von Worten zu Bildern. Und von deiner Idee zum fertigen Film.

1.1 Regie statt Beschreibung – Die Denkweise hinter einem guten Prompt

Wer KI-Videos erstellen möchte, sollte nicht einfach nur beschreiben, was zu sehen ist – sondern Regie führen. Ein Prompt ist keine Inhaltsangabe, sondern eine präzise Anweisung wie am Filmset. Stell dir vor, du gibst einem Kamerateam, einem Schauspieler und einem Lichttechniker zeitgleich Regieanweisungen. Genau das ist ein guter Prompt: Er setzt eine kreative Vision in präzise Anweisungen um. Frage dich bei jedem Prompt: Warum ist dieser Moment wichtig? Was soll er auslösen? Das verändert sofort den Fokus – von reinem »Was passiert?« hin zu »Wie wirkt es?«.

Die acht Elemente für perfekte Videoprompts

Ein gutes KI-generiertes Video beginnt immer mit einem klaren, durchdachten Prompt. Je präziser du deine Szene beschreibst, desto überzeugender wird das Ergebnis. Dafür genügt es nicht, nur ein Motiv zu nennen – entscheidend sind die Details. In den folgenden acht Elementen erfährst du, wie du Schritt für Schritt die richtigen Angaben machst, um aus einer bloßen Idee eine lebendige und filmreife Szene entstehen zu lassen.

1. **Subjektbeschreibung**: Sei präzise: Wer oder was ist in deiner Szene? Beschreibe nicht nur »ein Mann«, sondern »ein Mann in elegantem Anzug, mit nassem Haar, der nervös wirkt«. Je klarer die Details, desto besser kann die KI dein Bild erzeugen.

2. **Handlung:** Erkläre nicht nur, was passiert, sondern auch wie. Statt »Der Mann rennt über die Straße« beschreibe: »Der Mann sprintet panisch über eine regennasse Straße, schaut sich ständig um und wirkt gehetzt.« So entsteht Dynamik.

3. **Umgebung:** Setze die Szene mit einer klaren Kulisse. Wo spielt das Ganze? Drinnen oder draußen? Tag oder Nacht? Beispiel: »Eine futuristische Großstadt bei Nacht, Neonlichter spiegeln sich auf dem Asphalt, Drohnen schweben zwischen den Wolkenkratzern.«

4. **Licht und Atmosphäre:** Beschreibe Stimmung und Beleuchtung so genau wie möglich. Warmes Morgenlicht, kaltes Neonlicht oder dramatische Schatten machen einen riesigen Unterschied. Beispiel: »Gedämpftes, goldenes Licht fällt durch große Fenster, Staubpartikel schweben in der Luft, die Szene wirkt ruhig und nostalgisch.«

5. **Kamerabewegung:** Die KI kann nicht nur Bilder, sondern ganze Shots umsetzen, wenn du sie anleitest. Gib klare Anweisungen wie bei einem Drehbuch: »Kamerafahrt von links nach rechts in Zeitlupe« oder »Nahaufnahme auf das Gesicht, dann Zoom-Out, um die gesamte Landschaft zu zeigen.«

Wenn du mit einer KI arbeitest, die nicht nur Bilder, sondern auch Ton erzeugen kann, lassen sich diese fünf Elemente sinnvoll um drei erweitern:

6. **Sprache:** Was sagen die Figuren? Gib den exakten Text an, idealerweise mit Stimmcharakter (z. B. »tiefe, ruhige Männerstimme« oder »aufgeregte, helle Kinderstimme«).
7. **Musik:** Beschreibe Genre, Stimmung oder Instrumentierung der Hintergrundmusik (»sanfte Klavierballade«, »treibender Techno-Beat«).
8. **Soundeffekte:** Notiere Geräusche, die zur Szene passen (»Donnergrollen in der Ferne«, »leises Knistern eines Lagerfeuers«). Diese akustischen Elemente machen den Unterschied zwischen einem stummen Bild und einer echten Filmszene – und sie lassen sich in vielen modernen Text-to-Video-Tools inzwischen erstaunlich präzise umsetzen.

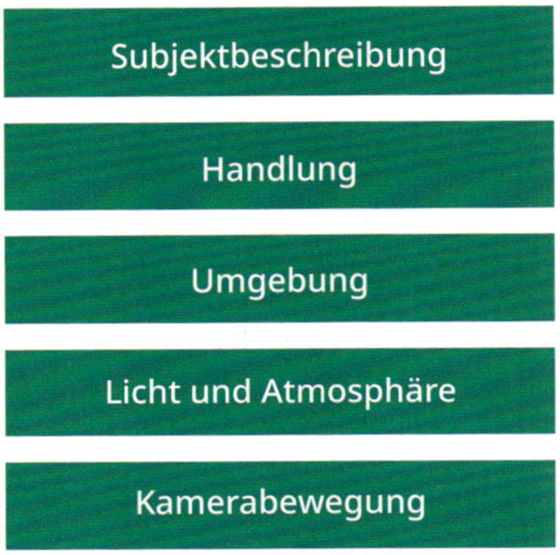

Abbildung 1.1 Fünf Videoelemente (ohne Audio) für perfekte Videoprompts

> **Tipp**
>
> Kombiniere alle fünf Elemente in einem Satz oder Absatz. Je vollständiger dein Prompt, desto realistischer und filmischer wird das Ergebnis.

Ein Beispiel für einen kompletten Prompt: »Eine junge Frau in einem roten Kleid läuft barfuß über einen nassen Asphalt in einer futuristischen Stadt bei Nacht. Sie hält einen transparenten Regenschirm und schaut nervös nach hinten. Neonlichter spiegeln sich auf der Straße, Drohnen fliegen über die Dächer. Die Szene ist in kühles blau-violettes Licht getaucht, leichter Regen fällt, Nebel zieht über den Boden. Kamera: Nahaufnahme auf ihr Gesicht, dann Kamerafahrt nach rechts in Zeitlupe, um die Stadt im Hintergrund zu zeigen.«

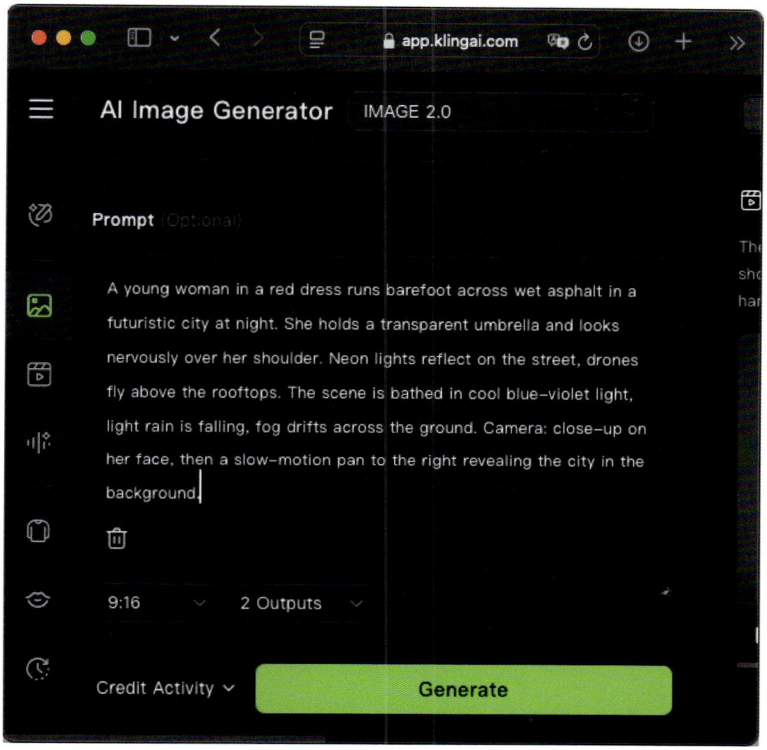

Abbildung 1.2 Ein Prompt in Kling AI

Mein Praxis-Tipp

Ein Prompt darf gerne umfangreich sein – die KI hat kein Problem mit vielen Details. Doch Vorsicht: Wenn die Handlung zu komplex wird, steigen die meisten Tools aus. Besonders schwierig wird es, wenn du mehreren Figuren unterschiedliche Aktionen geben möchtest. Beispiel: »Die Frau läuft nach links und nimmt ein Buch, während der Mann sich setzt und etwas anderes macht.« Solche Kombinationen führen oft zu fehlerhaften Ergebnissen. Gleiches gilt für zu viele Handlungsabfolgen: »Er macht zuerst das, dann geht er dorthin, danach setzt er sich.« Besser ist es, komplexe Abläufe in einzelne Szenen aufzuteilen. Arbeite mit mehreren Prompts: Zeige zuerst den einen Charakter und seine Aktion, dann den anderen in einer eigenen Szene. So erhältst du saubere und kontrollierbare Ergebnisse.

Nun möchte ich dir noch ein oft unterschätztes Werkzeug vorstellen: Viele Tools bieten eine Funktion, die kaum jemand nutzt, aber extrem hilfreich ist: **Negative Prompts**. Hier beschreibst du, was nicht im Bild erscheinen soll. Das ist besonders nützlich, wenn das KI-Ergebnis Fehler enthält oder ungewollte Details auftauchen. Beim nächsten Versuch schreibst du genau das in den negativen Prompt. Mit der Zeit wirst du lernen, typische Fehler im Voraus zu vermeiden, indem du sie direkt ausschließt.

Ein positiver Prompt würde so lauten: »Eine junge Frau in einem roten Kleid läuft barfuß über einen nassen Asphalt in einer futuristischen Stadt bei Nacht, Neonlichter spiegeln sich auf dem Boden, leichter Regen fällt.« Der negative Prompt wäre dazu: »keine verzerrten Gesichter, keine zusätzlichen Personen, keine verschwommenen Hände, keine unnatürlichen Körperhaltungen.«

Tipp

Wenn du häufig feststellst, dass z. B. Hände oder Gesichter unsauber generiert werden, füge diese Begriffe immer in den negativen Prompt ein. Das erhöht die Qualität enorm.

Licht gezielt im Prompt beschreiben

In der Filmproduktion ist Licht mehr als nur Helligkeit – es ist ein kreatives Werkzeug. Es entscheidet, ob eine Szene gemütlich wirkt oder bedrohlich, ob wir uns einer Figur nahe fühlen oder distanziert. Genau das gilt auch für KI-generierte Szenen. Wer Licht richtig beschreibt, bekommt nicht nur schönere Ergebnisse – sondern erzeugt gezielt Stimmung. Dabei gibt es verschiedene Aspekte zu beachten, von den Lichtarten über Lichtfarbe bis zur Entfernung der Lichtquelle. Gehen wir sie nacheinander durch.

Es gibt in der klassischen Filmproduktion drei fundamentale **Lichtarten** (3-Point-Lighting), die du im Prompt bedenken musst:

1. Das Hauptlicht (Key Light) ist die stärkste Lichtquelle in einer Szene. Sie bestimmt, wo das Licht herkommt, wie klar die Konturen sind und wie stark der Kontrast wirkt. In Prompts kann man das z. B. beschreiben mit: »Key Light von schräg oben rechts, warmes Licht, starke Schatten«.

2. Das Aufhelllicht (Fill Light) mildert die Schatten, die das Key Light erzeugt. Es ist weicher und weniger intensiv – oft spricht man von diffuser Beleuchtung. Im Prompt kannst du etwa schreiben: »Fill Light links vorne, weich, kaum Schatten«. In der Praxis bestimmt das Fill Light maßgeblich den Kontrast einer Szene: Je stärker es eingesetzt wird, desto gleichmäßiger und ruhiger wirkt das Bild; je schwächer, desto dramatischer fällt der Schatten.
3. Von hinten erzeugt das Gegenlicht (Back Light) eine Kontur, die das Motiv vom Hintergrund abhebt – ideal für Silhouetten oder räumliche Tiefe. Ein typischer Prompt wäre in diesem Fall: »Back Light erzeugt helle Umrisse, Hintergrund bleibt dunkel«.

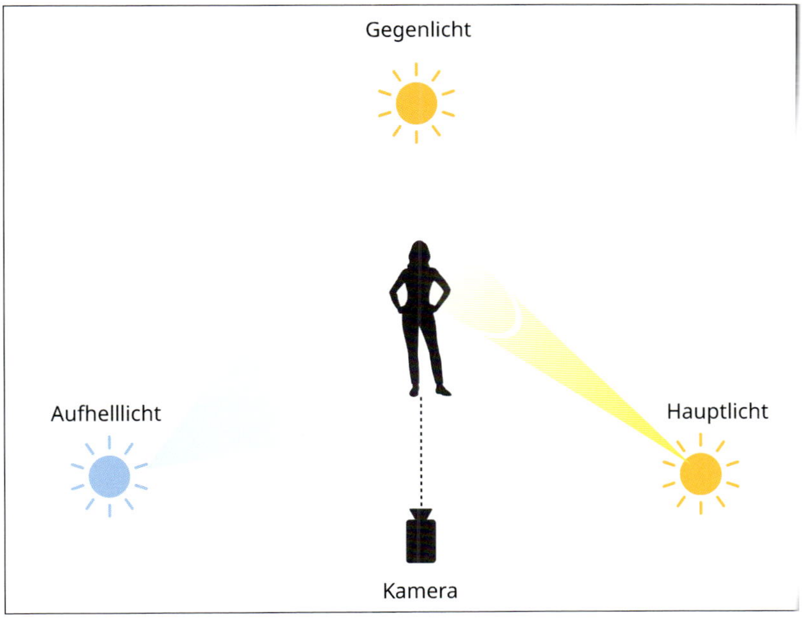

Abbildung 1.3 Drei-Punkt-Beleuchtung (Top-Down)

Auch die **Lichtqualität** sollte aufgenommen werden. Hartes Licht erzeugt scharfe Schatten und wirkt oft dramatisch, direkt, mit starkem Kontrast. Weiches Licht hingegen verteilt sich sanfter, erzeugt kaum Schatten und wirkt natürlich, schmeichelnd oder nostalgisch. Im Prompt beschreibst du das zum Beispiel so: »Weiches Licht, wie durch ein dünnes Tuch gefiltert« oder »Hartes Sonnenlicht, starke Schatten auf dem Boden«.

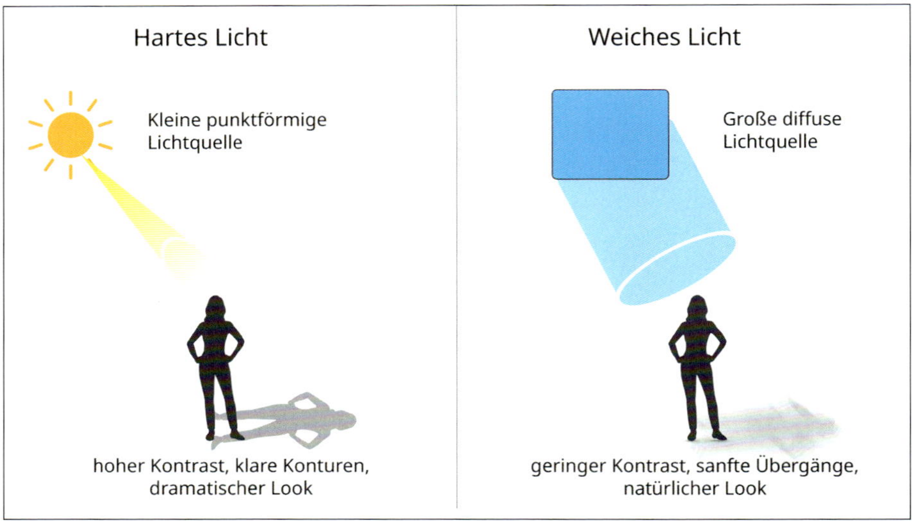

Abbildung 1.4 Lichtqualität: Hartes oder weiches Licht?

Jede Lichtquelle hat eine Temperatur – gemessen in Kelvin, die die **Lichtfarbe** beeinflusst. Warmes Licht (z. B. Kerze oder Abendsonne) liegt bei 2.000–3.500 K, neutrales Tageslicht bei etwa 5.500 K und Kaltes Licht (z. B. Himmel oder Neonröhren) bei 6.000–7.000 K. Diese Werte musst du nicht exakt kennen, aber es hilft, wenn du Begriffe wie »warmes Licht«, »blaues Gegenlicht« oder »kaltes Neonlicht« verwendest. Auch »goldenes Abendlicht« oder »kühles Morgenlicht« sind für viele KI-Tools bereits klar interpretierbar.

In der Film- und Videoproduktion spielt die Glaubwürdigkeit von **Lichtquellen** eine zentrale Rolle, da sie Atmosphäre, Stimmung und Realismus entscheidend beeinflussen. Practical Lights sind in diesem Zusammenhang Lichtquellen, die im Bild sichtbar sind – wie eine Lampe, ein Fernseher oder Kerzen. Motivated Lighting bedeutet: Das Licht hat eine logische Quelle – es passt zur Szene. Eine Lichtquelle, die aussieht wie Sonne durch ein Fenster, sollte z. B. auch Schatten in diese Richtung werfen. Ein Beispiel für einen Prompt: »Die Szene spielt nachts, das einzige Licht kommt von einer Straßenlaterne. Gelbliches Licht fällt schräg auf das Gesicht des Mannes, der Rest bleibt im Dunkeln. Eine schwache Spiegelung im Fenster. Atmosphäre: still, melancholisch.«

Als letztes musst du den **Lichtabfall** (Falloff) und die Entfernung bedenken. Was heißt das? Licht wird schwächer, je weiter es sich vom Objekt entfernt – dieser Effekt nennt sich Falloff. Ein Licht ganz nah an der Figur erzeugt harte Übergänge von hell zu dunkel. Wenn du das Licht weiter entfernst, wird der Übergang sanfter. Das solltest du bedenken, wenn du im Prompt beschreibst, wie stark der Kontrast sein soll. Typische Lichtstile sind:

- **High Key Lighting:** Sehr hell, kaum Schatten, freundliche Stimmung – z. B. in Werbespots oder Komödien.
- **Low Key Lighting:** Dunkle Szenerie, starke Kontraste, geheimnisvoll oder bedrohlich – oft in Thriller oder Film Noir.
- **Chiaroscuro (Rembrandt-Licht):** Kontrastreiche Ausleuchtung mit gezielten Lichtakzenten im Gesicht. Oft künstlerisch, emotional, dramatisch.

Abbildung 1.5 Hartes vs. weiches Licht (Split-Screen) – KI-generiert mit ChatGPT (DALL·E 3). Links: kleines, hohes Key bei 45°, starker Kontrast, Rembrandt-Dreieck. Rechts: große, diffuse Quelle, weiche Schatten, sanfte Übergänge

Fazit: Wer Licht beschreiben kann, steuert die Wirkung seiner Szene. Du musst kein Kameramann sein, um gute Lichtprompts zu schreiben – aber du solltest wissen, wie Licht aussieht, sich anfühlt und was es ausdrückt. Je klarer dein Prompt ist, desto besser versteht die KI deine Szene – und desto filmischer wird das Ergebnis. Wenn du möchtest, kannst du mit Begriffen wie »diffuses Fensterlicht«, »weiches Morgenlicht von links« oder »silber-blauer Lichtschein vom Kühlschrank« deiner Szene nicht nur Atmosphäre geben – sondern sie führen wie ein echter Regisseur.

Soviel erst einmal zur Lichtsituation. Kommen wir nun zum zweiten elementaren Aspekt: der Kamera. Eine Szene lebt nicht nur von dem, was sie zeigt, sondern auch davon, wie sie gezeigt wird. Schon kleinste Unterschiede in Kamerabewegung und -perspektive können die Wirkung komplett verändern – Spannung erzeugen, Nähe schaffen oder das Publikum bewusst irritieren. Daher schauen wir uns nun an, welche etablierten Kameratechniken es gibt, wie du sie in Prompts sinnvoll einsetzt und mit welchen Tricks sich sogar bestimmte Looks und Stimmungen nachbilden lassen – ganz ohne echtes Filmset.

Kamerabewegungen überzeugend prompten

Wenn du einen guten Prompt schreiben willst, solltest du nicht nur wissen, was in der Szene passiert, sondern auch, wie die Kamera sich dabei bewegt. Profis in der Filmwelt sprechen dabei ganz selbstverständlich von Pan, Dolly oder Crane Shot für diese Kamerabewegungen – Begriffe, die oft aus der klassischen Kameraarbeit stammen. Sie sind über Jahrzehnte gewachsen und haben sich bewährt, weil sie gezielt Emotionen erzeugen oder die Aufmerksamkeit der Zuschauer lenken. Deshalb lohnt es sich, diese Techniken zu kennen – nicht nur für das echte Filmset, sondern auch für die Arbeit mit KI-generierten Videos.

- **Pan (horizontaler Schwenk):** Beim Pan bewegt sich die Kamera horizontal von links nach rechts oder umgekehrt, ohne ihre Position zu verändern. Man nutzt diesen Schwenk häufig, um einen Raum zu zeigen, eine neue Information im Bild zu enthüllen oder einer Bewegung zu folgen. Besonders wirkungsvoll ist der Pan, wenn er die Perspektive eines Charakters übernimmt oder die Dramatik eines Moments unterstützt.
- **Tilt (vertikaler Schwenk):** Der Tilt funktioniert ähnlich wie der Pan, nur in der Vertikalen: Die Kamera neigt sich nach oben oder unten. Mit einem langsamen Tilt nach oben kannst du zum Beispiel ein beeindruckendes Bauwerk oder eine bedrohliche Erscheinung ins Bild rücken. Ein Tilt nach unten wiederum erzeugt oft das Gefühl von Kontrolle oder Entdeckung.

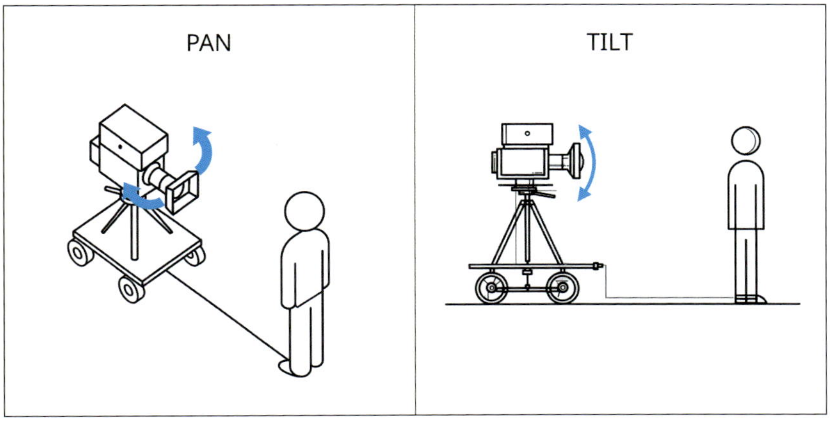

Abbildung 1.6 Pan und Tilt

- **Dolly Shot (Kamerafahrt vor oder zurück):** Ein Dolly Shot entsteht, wenn sich die Kamera physisch auf den Darsteller zu oder von ihm wegbewegt. Diese Bewegung wirkt viel natürlicher und emotionaler als ein Zoom. Sie kann Nähe und Intensität schaffen – oder umgekehrt eine emotionale Distanz aufbauen, etwa wenn sich die Kamera langsam von einer Figur entfernt.
- **Tracking Shot (seitliche Kamerafahrt oder Mitverfolgung):** Der Tracking Shot bewegt sich mit einer Figur mit – meist seitlich oder hinterher. Dadurch entsteht das Gefühl, Teil der Bewegung zu sein. Besonders in Verfolgungsszenen oder Momenten mit viel physischer Aktion erzeugt diese Technik Spannung und Immersion.

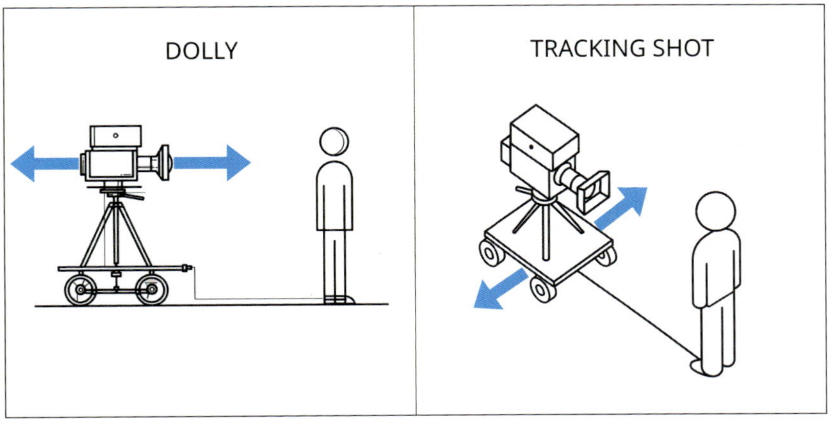

Abbildung 1.7 Dolly Shot und Tracking Shot

- **Crane Shot (Kamerabewegung von oben nach unten oder umgekehrt):** Mit einem Kran oder Kameraarm lassen sich große vertikale Bewegungen realisieren. Eine Kamera, die sich von einem hohen Punkt senkt, kann eine Szene feierlich eröffnen oder die Dramatik eines Moments unterstreichen. Umgekehrt kann sie sich auch nach oben bewegen, um einen Überblick zu geben oder das Ende einer Szene einzuleiten.
- **Zoom (optische Vergrößerung ohne Positionsveränderung):** Der Zoom verändert die Brennweite der Kamera, ohne dass sie sich selbst bewegt. Damit wird ein Objekt größer oder kleiner im Bild – doch weil sich die Perspektive nicht verändert, wirkt der Zoom oft künstlich oder »filmisch distanziert«. Genau deshalb wird er gerne in Thrillern oder surrealen Szenen eingesetzt. Da der Zoom schlecht bildlich darzustellen ist, gibt es hierzu keine Abbildung.
- **Dolly Zoom (Vertigo-Effekt/kombinierte Fahrt und Zoom):** Der Dolly Zoom kombiniert eine Vor- oder Rückwärtsbewegung der Kamera mit einem gleichzeitigen Zoom in die entgegengesetzte Richtung. Das Ergebnis ist ein optisch verstörender Effekt, bei dem das Motiv scheinbar gleich groß bleibt, während sich der Hintergrund verzerrt. Bekannt wurde diese Technik durch Alfred Hitchcock – sie eignet sich besonders für Momente emotionaler Desorientierung.

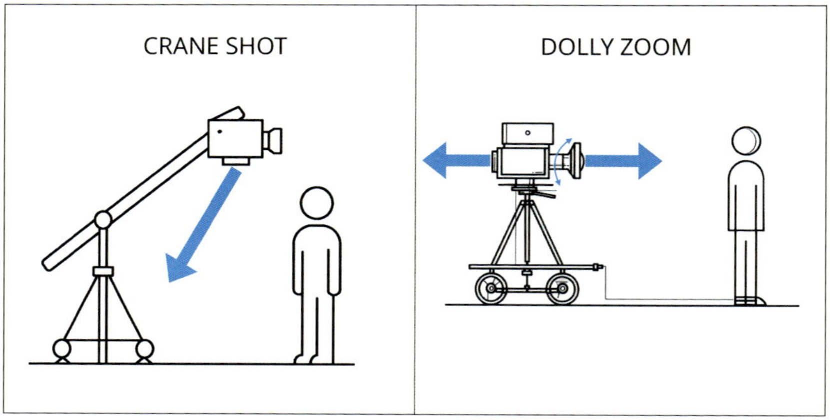

Abbildung 1.8 Crane Shot und Dolly Zoom

- **Handheld (wackelige Handkamera):** Bei dieser Technik wird die Kamera von der Hand getragen – entweder bewusst unruhig oder subtil vibrierend. Sie vermittelt Nähe, Authentizität oder auch Chaos. Oft fühlt man sich dabei wie mitten im Geschehen, was sich besonders für dokumentarische, subjektive oder intensive Szenen eignet. Auch in KI-generierten Szenen kann ein »Handheld« im Prompt die Wahrnehmung natürlicher und spontaner wirken lassen – etwa als würde die Szene aus der Perspektive eines Reporters oder Protagonisten gefilmt.

- **Steadicam (stabilisierte Kamerabewegung):** Die Steadicam sorgt für ruhige, fließende Kamerabewegungen, selbst wenn der Kameramann sich bewegt. Sie ist das Gegenteil zur Handkamera – gleich stabil, aber mit mehr Mobilität als ein Dolly. Mit ihr können Figuren über längere Strecken verfolgt werden, ohne dass die Bewegung unruhig wirkt.

Abbildung 1.9 Handheld und Steadicam

- **Whip Pan (schneller Schwenk mit Bewegungsunschärfe):** Der Whip Pan ist ein rasanter horizontaler Schwenk, bei dem das Bild oft verschwimmt. Diese Technik wird eingesetzt, um Dynamik zu erzeugen oder als Übergang zwischen zwei Szenen. Sie kann Spannung aufbauen oder visuell ausdrücken, dass sich etwas blitzschnell verändert hat.
- **Arc Shot (kreisförmige Bewegung um das Motiv):** Beim Arc Shot bewegt sich die Kamera in einem Halb- oder Vollkreis um eine Figur oder ein Objekt. Dadurch entstehen visuelle Spannung und ein Gefühl von Umrundung, Kontrolle oder innerer Bewegung. In Dialogszenen wirkt er dramatischer als eine statische Einstellung.

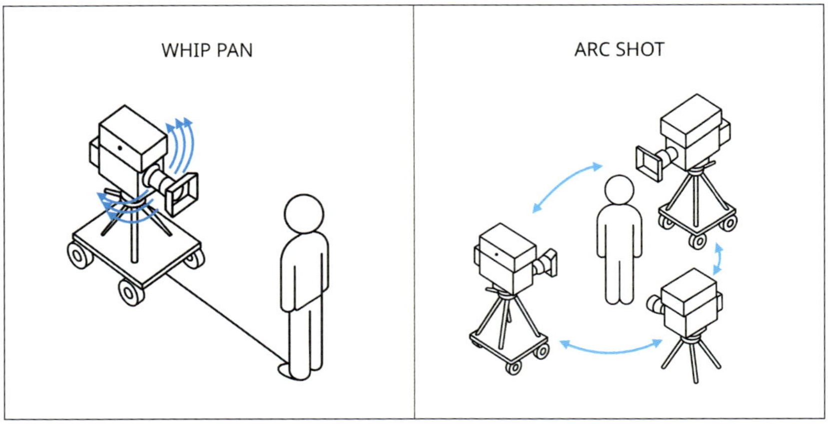

Abbildung 1.10 Whip Pan und Arc Shot

- **Boom Shot (sanfte Vertikalbewegung mit Kran oder Jib):** Der Boom Shot ähnelt dem Crane Shot, ist aber oft kleiner und feiner in der Ausführung. Die Kamera wird sanft nach oben oder unten bewegt, etwa um ein neues Element ins Bild zu bringen oder einen Ort langsam zu enthüllen.
- **Static Shot (statische Kamera):** Manchmal ist es am wirkungsvollsten, wenn sich die Kamera gar nicht bewegt. Ein statischer Shot erzeugt Ruhe, Fokus und lässt dem Spiel der Schauspieler*innen Raum. Gerade in intensiven Dialogszenen wirkt eine unbewegte Kamera oft stärker als jede Bewegung.

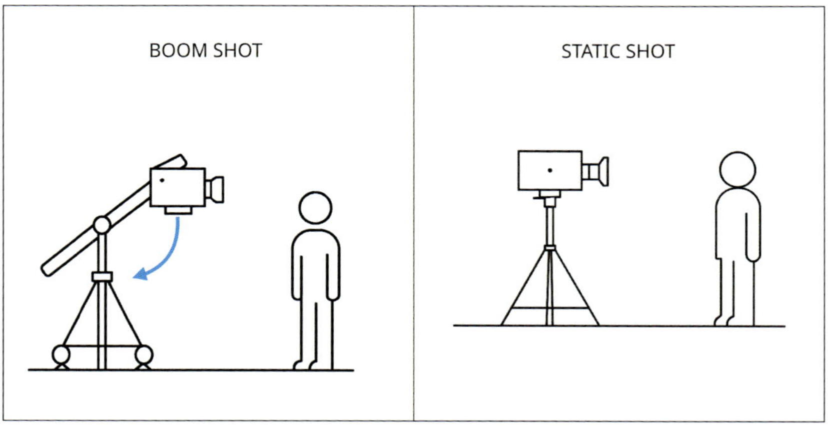

Abbildung 1.11 Boom Shot und Static Shot

- **Roll (Kameradrehung um die eigene Achse):** Bei der Roll-Bewegung dreht sich die Kamera seitlich – also nicht im Raum, sondern um ihre eigene Längsachse. Das erzeugt einen verzerrten, schwindelerregenden Effekt, der Desorientierung oder den Bruch der Realität darstellen kann. Man kennt diesen Effekt aus Bird's-Eye View.

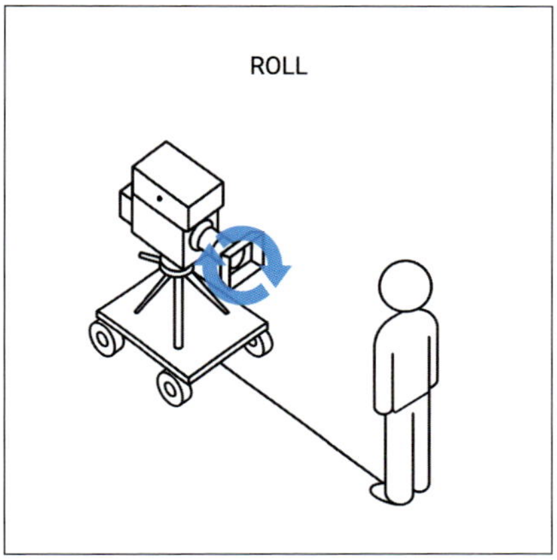

Abbildung 1.12 Roll

Die Kameraperspektive im Prompt wiedergeben

Das waren also die klassischen Kamerabewegungen. Wenn du eine Szene planst oder einen Prompt formulierst, geht es nicht nur darum, *wie* sich die Kamera bewegt, sondern auch, *von wo aus* sie das Geschehen zeigt. In der Filmsprache spricht man dabei von Perspektiven oder Blickwinkeln. Sie haben über Jahrzehnte hinweg ikonische Bedeutungen entwickelt und steuern ganz gezielt, wie ein Bild auf das Publikum wirkt. Deshalb lohnt es sich, diese Techniken genauso gut zu kennen wie die klassischen Kamerabewegungen – egal, ob am echten Filmset oder in KI-generierten Videos. Die Wahl der Perspektive beeinflusst unmittelbar die Wahrnehmung und Emotion einer Szene. Natürlich entscheidet auch in KI-generierten Szenarien die präzise Beschreibung dieser Blickwinkel darüber, ob eine Szene emotional funktioniert oder nur wie eine statische Darstellung wirkt. Diese Blickwinkel sollte man kennen:

- **Bird's-Eye View (Vogelperspektive):** Hier blickt die Kamera senkrecht von oben auf die Szene. Diese Draufsicht schafft Übersicht, betont Strukturen oder lässt eine Situation fast wie ein Spielbrett wirken. Oft vermittelt die Vogelperspektive Distanz und kann Machtverhältnisse deutlich machen – etwa, wenn Figuren klein und verletzlich erscheinen.

- **Low Angle Shot (Froschperspektive):** Bei der Froschperspektive schaut die Kamera von unten nach oben auf eine Figur oder ein Objekt. Das lässt Personen mächtig, bedrohlich oder heroisch wirken. Ein klassisches Beispiel sind Superheldenfilme, in denen die Kamera bewusst aus der Froschperspektive filmt, um die übermenschliche Größe der Figuren zu unterstreichen.

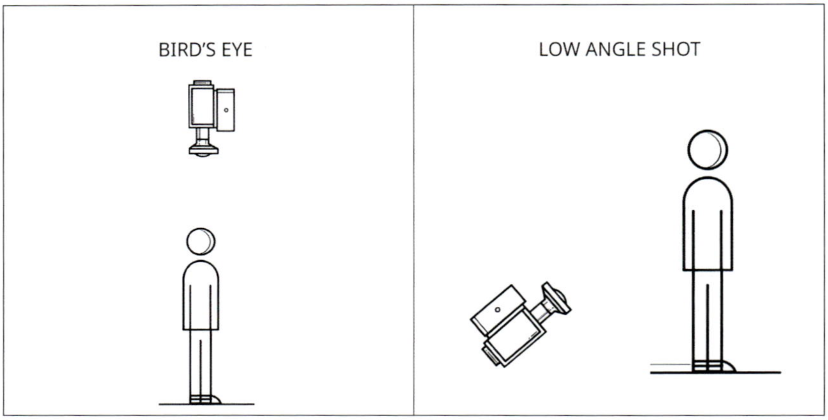

Abbildung 1.13: Bird's Eye und Low Angle Shot

- **Eye-Level Shot (Augenhöhe):** Die Kamera befindet sich auf der Höhe der Augen einer Figur. Das wirkt neutral, natürlich und unauffällig. Diese Einstellung eignet sich besonders für Dialogszenen oder Momente, in denen das Publikum auf Augenhöhe mit den Figuren sein soll – ohne Überhöhung oder Verfremdung.
- **Dutch Angle (schräger Kamerawinkel):** Beim Dutch Angle oder »verkanteten Winkel« ist die Kamera seitlich gekippt. Dadurch wirkt das Bild instabil, schräg oder unruhig. Filmemacher nutzen diese Perspektive gerne, um innere Verwirrung, Bedrohung oder Spannung zu zeigen. In Thrillern oder Horrorfilmen ist der Dutch Angle ein beliebtes Stilmittel, um den Zuschauer emotional aus dem Gleichgewicht zu bringen.

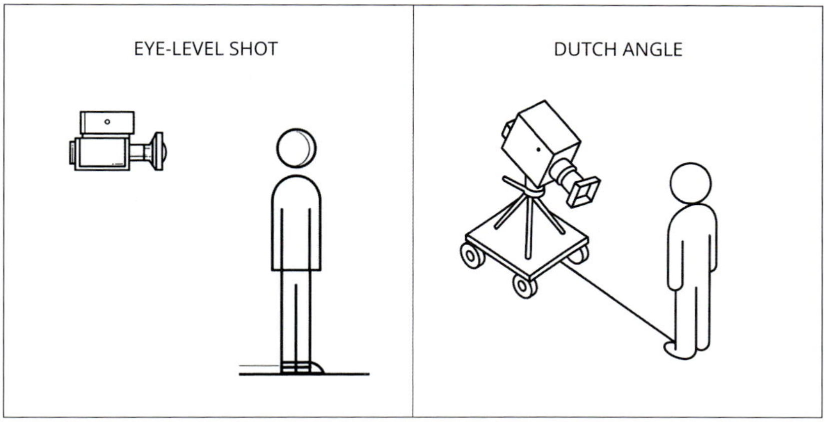

Abbildung 1.14 Eye-Level Shot und Dutch Angle

Der Kameral-Look – Stil und Charakter durch Technik

Neben den grundlegenden Elementen eines Prompts – Subjekt, Handlung, Umgebung, Licht und Kamerabewegung – gibt es zusätzliche Stellschrauben, mit denen du den Look deiner Szene noch präziser formen kannst. Eine davon ist der Kamera-Look. Er gehört nicht direkt zu den zentralen Bausteinen des Prompts, weil er nicht beschreibt, was in der Szene passiert, sondern wie diese Szene wahrgenommen wird. Trotzdem ist er ein mächtiges Stilmittel, um der KI einen visuellen Charakter vorzugeben. Der Kamera-Look bestimmt die gesamte Bildästhetik – von der Farbtiefe über Kontraste bis hin zu Schärfe, Rauschen oder Objektivverzerrungen.

Selbst wenn keine echte Kamera im Spiel ist, lassen sich diese Stile im Prompt simulieren – etwa durch Hinweise wie »gefilmt mit 35mm«, »Handycam-Ästhetik« oder »im Stil einer IMAX-Aufnahme«. Damit steuerst du also weniger den Inhalt als vielmehr die ästhetische Wirkung.

- **35mm, Super 8 & Co – der analoge Look:** Analoge Formate wie 35mm-Film oder Super 8 erzeugen ein warmes, leicht körniges Bild mit natürlicher Farbwiedergabe und weichem Kontrast. Besonders beliebt bei nostalgischen oder künstlerischen Szenen. Ein Prompt-Beispiel: »Gefilmt auf 35mm Film warmes Farbspektrum, leichte Körnung, nostalgischer Look wie in alten Kinofilmen.«

Abbildung 1.15 Porträt einer Frau im 35mm-Filmlook – kreiert mit Midjourney

- **Digitale Kino-Kameras:** Formulierungen wie »ARRI Alexa«, »RED Komodo« oder »Blackmagic URSA« stehen für digitale High-End-Kameras mit extrem hoher Dynamik und cineastischem Look. Sie liefern saubere, gestochen scharfe Bilder – perfekt für moderne, professionelle Szenen. Ein Prompt-Beispiel: »Aufgenommen mit ARRI Alexa, weicher Bokeh-Hintergrund, sanfte Farben, cinematische Bildtiefe.«

Abbildung 1.16 Porträt einer Frau im digitalen Kinolook (ARRI Alexa) – kreiert mit Midjourney

- **Handylook & Found Footage:** Ein Smartphone-Video wirkt oft spontaner, roher, unmittelbarer. Wird gerne eingesetzt bei Doku-Stil, Vlogs oder Found-

Footage-Szenen. Ideal, wenn eine Szene »echt« oder »ungestellt« wirken soll. Ein Prompt-Beispiel: »Aufgenommen mit Smartphone, leicht überbelichtet, harte Schatten, Bild leicht verwackelt.«

Abbildung 1.17 Porträt einer Frau im Smartphone-/Found-Footage-Look – kreiert mit Midjourney

- **Vintage, VHS & Retro-Filter:** Manche Szenen sollen wirken wie aus einem alten Musikvideo oder Horrorfilm der 80er. Hier helfen Begriffe wie »VHS-Ästhetik«, »Retro Camcorder«, »Scanlines«, »verblasste Farben« oder »interlaced footage«. Ein Prompt-Beispiel: »Gefilmt mit VHS-Camcorder, Scanlines im Bild, starkes Rauschen, blasse Farben, Retro-Ästhetik.«

Abbildung 1.18 Porträt einer Frau im VHS-/Retro-Look der 80er – kreiert mit Midjourney

- **Schwarzweiß & Stilmittel:** Auch Farbe (oder deren Fehlen) ist ein Kamera-Look: Schwarzweiß erzeugt einen zeitlosen, dramatischen Stil, Sepia wirkt historisch oder warm-nostalgisch und Bleach Bypass erzeugt einen entsättigten, kontrastreichen Look, bekannt aus Filmen wie Saving Private Ryan. Ein Prompt-Beispiel: »Schwarzweißfilm, harter Kontrast, stilisiert wie ein klassischer Film Noir der 40er.«

Abbildung 1.19 Porträt einer Frau in Schwarzweiß- und Sepia-Looks – kreiert mit Midjourney

Fazit: Der Kamera-Look ist ein mächtiges Stilmittel. Ob analog oder digital, retro oder hypermodern – mit der richtigen Beschreibung kannst du den visuellen Charakter deiner Szene stark beeinflussen. Viele KI-Tools reagieren gut auf Begriffe wie »35mm«, »VHS«, »IMAX« oder »Bokeh«, weil sie gelernt haben, welche Ästhetik damit gemeint ist. Wenn du dich darauf einlässt, kannst du visuelle Handschriften großer Regisseure imitieren – oder aber deinen ganz eigenen Stil finden.

Was die Theorie nicht verrät: KIs interpretieren Prompts manchmal überraschend

All diese Hinweise und Techniken helfen dir, einen professionellen Prompt zu schreiben – aber wie die jeweilige KI diesen Prompt tatsächlich umsetzt, ist eine andere Geschichte. Nicht jede Plattform versteht die gleichen Begriffe gleich gut – und manchmal kommt es zu verblüffenden Missverständnissen. Ich habe zum Beispiel schon erlebt, dass ich eine Kameradrohnenfahrt beschreiben wollte – und am Ende flog im fertigen Clip eine Drohne durchs Bild, statt dass die Kamera wie eine Drohne bewegt wurde. Ein Freund von mir hatte sogar eine Szene, in der plötzlich eine klassische Filmkamera durchs Bild rollte – offenbar, weil die KI die Kamerabewegung zu wörtlich genommen hat. Viele Plattformen arbeiten deshalb inzwischen mit vorgegebenen Kamerafahrten, die man aus Presets auswählen kann. Das hilft, Fehler zu vermeiden – schränkt aber auch die kreative Freiheit ein. Kurz gesagt: Die Theorie ist wichtig, aber in der Praxis musst du testen, was bei welchem Tool wirklich funktioniert. Manches klappt erstaunlich gut – anderes leider (noch) gar nicht.

1.2 Welche KI ist die beste für Text-to-Video?

Wenn du ein komplettes Video nur mit einem Textprompt erzeugen willst, stehen dir mittlerweile eine ganze Reihe an Plattformen zur Verfügung – und die Ergebnisse können beeindruckend sein. Die Qualität hat sich rasant verbessert, und manche Szenen wirken heute schon fast so, als wären sie mit einer echten Kamera gedreht worden.

Das aktuell wohl bekannteste Tool in diesem Bereich ist **Google Veo 3**. Das liegt nicht nur an der exzellenten Bildqualität, sondern vor allem an einem revolutionären Feature: Veo kann Videos inklusive Ton generieren – und dieser Ton kann sogar Sprache enthalten, die perfekt lip-synchron mit den Lippenbewegungen der dargestellten Figuren ist. Besonders bemerkenswert: Die Spracheingabe funktioniert nicht nur auf Englisch, sondern auch auf Deutsch. Du kannst also direkt in den Prompt schreiben, was deine Figur sagen soll – und das erzeugte Video liefert eine überzeugende Vertonung gleich mit. Diese Qualität hat allerdings ihren Preis. Veo 3 ist mit Abstand das teuerste Tool in dieser Kategorie.

Wenn du dagegen vor allem auf die visuelle Qualität Wert legst, kam in vielen Tests ein anderes Tool besser weg: **Seedance AI** von der chinesischen Firma ByteDance. Vor allem bei klaren Prompts und realistischen Szenen zeigt Seedance oft die besten Resultate. Die Pro-Version liefert deutlich bessere Details und flüssigere Schnitte als die Light-Version, die manchmal Artefakte zeigt.

Sehr kreativ, manchmal aber auch etwas unberechenbar, arbeitet **Kling AI**. Kling bietet einige Alleinstellungsmerkmale wie die Funktion Multi-Elements, bei der man einzelne Elemente im Video gezielt hinzufügen, austauschen oder löschen kann. Auch der Bild-zu-Video-Modus ist spannend, da Kling hier interessante Kamerafahrten erzeugt – etwa einen langsamen Zoom aus einem AI-generierten Bild heraus.

Einen weiteren großen Namen in diesem Feld stellt **Sora** von OpenAI dar. Sora hat vor allem durch seine extrem hochwertige Text-to-Video-Qualität viel Aufmerksamkeit erregt. Die Clips wirken oft erstaunlich realistisch, mit feinen Details bei Licht, Schatten, Texturen und Bewegungen – besonders überzeugend bei Szenen, die in komplexen, realen Umgebungen spielen. Sora punktet außerdem mit längeren Videoausgaben von bis zu einer Minute, was für Storytelling und zusammenhängende Szenen ein echter Vorteil ist. Allerdings ist das Tool aktuell noch nicht frei verfügbar und wird in erster Linie professionellen Partnern sowie Testern bereitgestellt. Wer Zugang hat, berichtet jedoch von einer beeindruckenden filmischen Wirkung, die viele andere Tools derzeit nicht erreichen.

Hailuo AI

Ebenfalls empfehlenswert ist Hailuo AI, das in vielen Szenen durch eine besonders authentische Kameraführung auffällt. Hier wirken die Bewegungen oft filmischer als bei der Konkurrenz. Besonders positiv fiel Hailuo in Szenen auf, bei denen Reflexionen, Lichtstimmungen oder technische Details (wie ein Schutzhelm beim Schweißen) realistisch wiedergegeben wurden.

Was die verschiedenen Tools kosten, ist leider nicht ganz einfach zu vergleichen. Fast alle Plattformen arbeiten mit einem Credit-System, das man über ein Monatsabo auflädt. Wie viele Credits man für welches Abo bekommt, und wie viele davon ein Clip verbraucht, ist von Plattform zu Plattform unterschiedlich – genauso wie die Länge, Qualität oder der Tonumfang des fertigen Videos. Manche bieten Full HD oder 4K, andere nur einfache Auflösung. Einige generieren Ton, andere nicht.

Ich habe mir dennoch die Mühe gemacht, die durchschnittlichen Preise pro Clip (zwischen 5 und 10 Sekunden) zu analysieren. Die genauen Preise findest du in der folgenden Tabelle. Bitte beachte aber: Diese Daten sind eine Momentaufnahme und können sich jederzeit ändern. Und natürlich ist es ein bisschen so, als würde man Äpfel mit Birnen vergleichen – aber zumindest bekommst du eine grobe Orientierung, welche Plattform was kostet.

Plattform	Plan	Preis pro Monat	Credits pro Monat	Credits per Video	Preis pro Video (Euro)	Besonderheiten
Google Veo 3	Pay-per Use	kein Abo (optional $75 Pro-Plan)	keine Credits	$0,25–0,50 pro Sekunde (ohne Audio)	1,84–3,68 €	Fast vs. Standard Pricing
Hailuo AI	Ultra	$124,99	12.000	25 (768 p), 80 (1080 p)	0,23–0,76 €	Premium Features
Kling AI	Standard/ Pro/ Premium	variiert	variiert	20 (Kling 1.6) 100 (Kling 2.0)	0,14–0,98 €	unterschiedliche Modelle
Pika Labs	Standard	$10	700	Turbo: 5 Credits	0,01–0,02 €	viele Kreativ-Features
Seedance	Pro (jährlich)	$62,90	156.000 (pro Jahr)	320	1,42 €	große Mengen, günstiger pro Credit
Seedance	Starter	$29,90	3.000	320	0,87 €	geeignet für Social Media
Runway ML	Standard	ca. $15	625	Gen-4: 12 Credits/Sek (5 s=60)	0,55 €	Zugang zu Gen-3/4
OpenAI Sora	Plus	$20	ca. 1.000	10 s Video ca. 20 Credits	0,37 €	in ChatGPT Plus integriert
OpenAI Sora	Pro	$200	ca. 10.000	20 s Video ca. 40 Credits	0,37 €	1080 p, 20 s, ohne Wasser-zeichen
Runway ML	Pro	ca. $28	2.250	Gen-4 Turbo: 5 Credits/Sek	0,36 €	schnellere Modelle
Pika Labs	Fancy	$76	6.000	Turbo: 5 Credits	0,01 €	Roll-over teilweise

Tabelle 1.1 Kostenvergleich der wichtigsten KI-Video-Plattformen

Fazit: Keines dieser Tools ist perfekt. Manche Szenen muss man mehrmals generieren (»re-rollen«), um gute Ergebnisse zu bekommen. Je besser dein Prompt ist, desto besser wird meist auch das Resultat. Wenn du einen realistischen, filmischen Look suchst, wirst du mit Hailuo oder Seedance Pro wahrscheinlich am glücklichsten. Willst du dagegen kreative Freiheit und verrückte Effekte – etwa einen Tiger, der sich plötzlich in einen Schmetterling verwandelt – dann ist Kling AI vielleicht die spannendste Option. Und wenn du Wert auf High-End-Qualität inklusive Ton legst und bereit bist, entsprechend zu investieren, ist Google Veo 3 das derzeitige Nonplusultra. Aber wie so oft gilt: Am besten ist es, du probierst selbst aus, was für dein Projekt am besten passt – denn auch die beste KI kann nur so gut sein wie der Mensch, der sie füttert.

1.3 Google Veo 3 – Kurzvideo mit integriertem Audio

Als Google im Frühjahr 2025 sein neues Videogenerierungsmodell Veo 3 vorstellte, staunten viele nicht schlecht. Zum ersten Mal war es möglich, mit Googles KI nicht nur extrem realistische Kurzvideos zu erzeugen, sondern diese auch gleich mit einer passenden Audiospur auszustatten – von Umgebungsgeräuschen über Musik bis hin zu gesprochenem Dialog mit synchronisierten Lippenbewegungen. Die Clips sind derzeit auf acht Sekunden begrenzt, können aber eine erstaunliche erzählerische Wirkung entfalten. In meinem eigenen Flow-Account ist die deutsche Sprache bei Sprachausgabe bislang noch nicht auswählbar; über bestimmte Drittanbieter-Interfaces lässt sie sich zwar nutzen, doch offiziell wird sie in Flow selbst noch nicht angeboten.

Veo 3 ist Teil der Plattform Flow, die in enger Zusammenarbeit mit Filmschaffenden entwickelt wurde. Sie kombiniert Googles modernste KI-Modelle – darunter DeepMinds Veo und Imagine sowie das Sprachmodell Gemini – zu einem Arbeitsbereich, in dem man Projekte verwalten, Szenen erstellen und Clips zu ganzen Sequenzen verbinden kann. Wer ein Google AI Pro-Abo abschließt (aktuell 21,99 Euro pro Monat), bekommt Zugriff auf Veo 3. Die Zahl der möglichen Generationen ist limitiert, in Gemini sind es momentan drei Veo-3-Videos pro Tag; in Flow hängt das Kontingent zusätzlich vom gewählten Modell ab. Aber auch Einsteiger können Veo nun testen: 100 Credits sind monatlich umsonst!

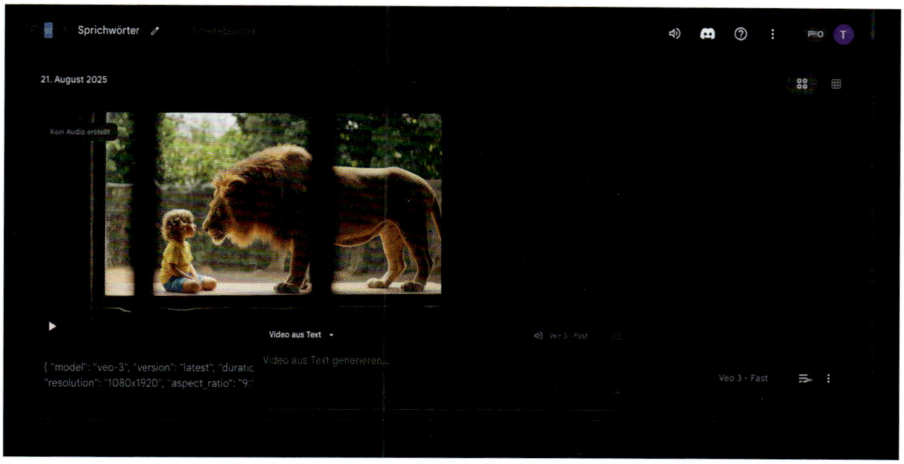

Abbildung 1.20 Google Flow Veo 3

Der Einstieg in Flow führt oft über Flow TV – eine Galerie, in der man sich inspirieren lassen kann. Hier lassen sich Kanäle durchstöbern, und mit einem Klick auf Show Prompt sieht man die Texte, die andere Nutzer eingegeben haben, um ihre Clips zu erzeugen. Diese Prompts lassen sich kopieren und leicht anpassen, um eigene Ideen umzusetzen.

Text-to-Video mit Veo 3

Um selbst zu starten, klickt man auf Create with Flow. Dann kann man entweder ein bestehendes Projekt öffnen oder ein neues Projekt beginnen.

Flow bietet drei zentrale Modi: Video aus Text – die direkte Generierung eines Videos aus einer Beschreibung, Video aus Frames – die Erstellung eines Clips auf Basis eines Start- oder Endbildes (oder beider) und Video aus Elementen – hier kombiniert man mehrere Bilder oder kurze Videos zu einer Szene, um Figuren, Objekte oder Orte konsistent zu halten.

Besonders spannend ist die Möglichkeit, Prompts im **JSON-Format** zu schreiben. JSON steht für JavaScript Object Notation und ist eigentlich ein technisches Datenformat, das in der Programmierung weit verbreitet ist. Für uns Kreative hat es einen entscheidenden Vorteil: Man kann die Anweisungen klar und eindeutig in einzelne Abschnitte gliedern – zum Beispiel »visual« für das Bild, »camera« für die Kamerabewegung oder »audio« für die Geräuschkulisse. Dadurch reduziert man Missverständnisse, die bei normalen Fließtextprompts schnell auftreten. So ist es mir selbst schon öfter passiert, dass die KI eine Kamera ins Bild gesetzt hat, obwohl ich eigentlich nur eine Kamerafahrt gemeint hatte. Mit JSON kann das nicht passieren, weil die KI sofort versteht: Dieser Befehl gehört zur Kamera, jener zum Audio, und ein anderer betrifft das Licht.

Hinzu kommt, dass man komplexere Szenen sehr sauber strukturieren kann, fast wie ein kleines Drehbuch. Ein JSON-Prompt ist dadurch nicht nur für die KI leichter zu lesen, sondern auch für den Menschen, der ihn später bearbeitet oder erweitert. Man sieht auf einen Blick, welche Elemente definiert sind und kann gezielt an einzelnen Stellen Änderungen vornehmen. Wer mag, kann sich dabei auch von einem Sprachmodell wie ChatGPT helfen lassen, um schnell ein sauberes JSON-Gerüst zu erstellen. Ein einfaches Beispiel sähe so aus:

```
{
  "visual": "Cinematic shot of a samurai walking through a
bamboo forest in the rain",
  "camera": "Slow dolly forward",
  "audio": "Soft rainfall, footsteps, distant thunder",
  "duration": "8s"
}
```

Sind alle Eingaben gemacht, genügt ein Klick auf den kleinen Pfeil im Promptfeld, um die Videos zu erzeugen. Flow zeigt sie direkt im Browser an, mit Optionen zum Vollbild, Download oder zur Übernahme in den Scenebuilder.

Hier lassen sich mehrere Clips zu einer Sequenz zusammenfügen. Mit WEITER ZU (Jump To) generiert die KI den nächsten Clip passend zum Ende des vorherigen, während VERLÄNGERN (Extend) eine Szene einfach fortsetzt. Ein gespeicherter Frame kann später als Start- oder Endpunkt neuer Clips dienen. Die Reihenfolge der Clips lässt sich frei anordnen, bevor man die komplette Szene exportiert. Allerdings funktionieren WEITER ZU und VERLÄNGERN nur mit Veo 3 Quality oder den älteren Veo-2-Modellen – nicht mit Veo 3 Fast.

Alle mit Veo 3 erzeugten Videos sind sowohl mit einem sichtbaren als auch einem unsichtbaren SynthID-Wasserzeichen versehen, um sie als KI-generiert zu kennzeichnen. Google hat Schutzmechanismen gegen problematische Inhalte integriert, dennoch kam es nach dem Start zu Missbrauchsfällen – etwa rassistischen Fake-Interviews auf Social Media –, die zeigen, dass auch modernste Systeme nicht unfehlbar sind. Für die meisten Kreativen überwiegt jedoch die

Faszination: Veo 3 liefert eine neue Stufe an Realismus, Konsistenz und Ausdruckskraft, die selbst in kurzen Clips das Potenzial für beeindruckende filmische Momente bietet.

Abbildung 1.21 Scenebuilder in Google Flow

YouTube-Video: Veo 3 (Flow):
Perfekte Prompts mit JSON
https://youtu.be/oLLq-C-wm_w

Praxis: Ein Musikvideo mit Veo 3 – Von der Idee zum Clip

IN THE SKY – so heißt mein Chill-Out-Track mit Thomas Lemmer. Der Titel hat mir die Bildsprache praktisch zugerufen: Himmel, Weite, Freiheit. Statt eines klassischen Performance-Videos wollte ich ein träumerisches Gefühl des Schwebens erzeugen. Mein Protagonist: ein Adler, der losfliegt, über den Wolken gleitet und sinnbildlich die Welt bereist – von den Alpen über Istanbul und die Wüste bei Abu Dhabi bis zu einem indischen Basar und hinaus aufs offene Meer, wo Delfine und Wale auftauchen. Realistisch? Nicht im dokumentarischen Sinn. Aber als poetischer Traum funktioniert es – und genau das macht Veo 3 so spannend: kurze Sequenzen mit starker Stimmung.

Abbildung 1.22 IN THE SKY – Ein Adler fliegt über die Welt.

Um von dieser ersten Idee zu einem Video zu kommen, habe ich wie so oft erst einmal ChatGPT eingeschaltet. Dort habe ich mein Konzept beschrieben und daraus ein Storyboard entwickeln lassen: Zuerst der Falkner, der den Adler starten lässt, dann die Flüge über Wolken, Berge, Städte, Wüsten und Meere, bis zur Landung zurück auf dem Arm des Falkners. Im nächsten Schritt habe ich die einzelnen Szenen verfeinert: Welche Kameraperspektive stelle ich mir vor, wie bewegt sich die Kamera, welche Stimmung soll der Shot transportieren?

Besonders hilfreich fand ich dabei, die Prompts im JSON-Format zu schreiben. Das zwingt einen, die Anweisungen klar zu gliedern – in Bereiche wie »visual«, »camera«, »audio« und »duration«. In jedem Promptblock habe ich den Adler exakt beschrieben: weißer Kopf, weiße Schwanzfedern, dunkler Körper, gelber Schnabel, goldene Augen und ausgebreitete, kräftige Flügel. Diese Detailgenauigkeit habe ich immer wiederholt, und dadurch blieb die Figur über das gesamte Video hinweg konsistent. Ein Beispiel dafür sah so aus:

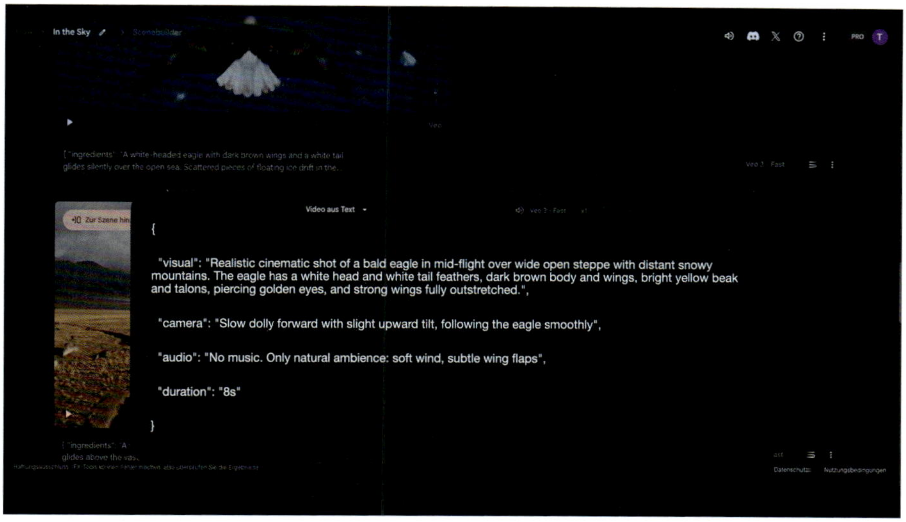

Abbildung 1.23 Der Prompt im JSON-Format

In Flow gibt es ja mehrere Möglichkeiten, Videos zu erstellen: direkt aus einer Textbeschreibung (Video aus Text), aus einem Start- oder Endbild (Video aus Frames) oder indem man verschiedene Bilder und Clips kombiniert (Video aus Elementen). Für mein Projekt habe ich vor allem den direkten Weg genutzt und später einzelne Frames gespeichert, um neue Szenen optisch daran anzulehnen. Mit Funktionen wie Jump To oder Extend lassen sich Clips verbinden oder verlängern – wobei Flow dabei manchmal automatisch auf ein älteres Modell wie Veo 2 zurückgreift. Dann geht zwar das automatisch erzeugte Audio verloren, aber das spielt bei einem Musikvideo ohnehin keine Rolle.

Spannend war für mich die Wahl zwischen Veo 3 Fast und Veo 3 Quality. In meinen Tests habe ich schnell gemerkt: Für mein Adler-Projekt brachte die Quality-Variante keinen sichtbaren Vorteil. Sehr deutlich spürbar war dagegen der Geschwindigkeitsunterschied. Im Fast-Modus erzeugt Veo die Clips erheblich schneller, und man verbraucht auch weniger Credits. Für kreative Workflows, bei denen man viele Varianten ausprobiert, ist das ein riesiger Vorteil – und deshalb habe ich mich für Fast entschieden.

Die Kamerasprache spielt natürlich eine große Rolle. Ein langsamer Dolly-Shot auf den Adler beim Start vermittelt gleich am Anfang ein filmisches Gefühl. Beim Gleitflug über den Wolken wirkt eine dezente Kreisfahrt sehr elegant und bei Städten oder Landschaften setze ich gern auf eine weiche Luftaufnahme mit viel

Weite und Lichtstimmung. Solche Beschreibungen nimmt Veo überraschend gut an, und sie machen oft den Unterschied zwischen »zufälligem Clip« und »filmischem Moment«.

Bei den Flugszenen gab es allerdings ein Problem: Der Adler flatterte mir zu hektisch mit den Flügeln. So sehr ich auch an den Prompts gefeilt habe – ruhig gleitende Flüge habe ich nicht zuverlässig hinbekommen. Meine Lösung fand ich erst in der Postproduktion: In Final Cut Pro gibt es eine AI-gestützte Zeit-Neuberechnung, die aus 25 oder 30 Bildern pro Sekunde nachträglich eine sehr saubere Zeitlupe erzeugt. Damit wurden die hektischen Bewegungen ruhiger und majestätischer, und ganz nebenbei brauchte ich dadurch auch nur halb so viel Material für denselben Abschnitt im Song. Ein schöner Nebeneffekt, der das Projekt noch schneller machte.

Und schnell war es wirklich: Schon nach zweieinhalb Stunden hatte ich genügend Material, die Timeline stand, und das Video war im Wesentlichen fertig. Für mich war das ein Rekordtempo – und die Rückmeldungen von Thomas Lemmer und dem Label waren begeistert. Genau das ist die Stärke von Veo 3 in Flow: Man kann in kürzester Zeit visuell starke Clips erzeugen, die trotz KI-Generierung filmische Qualität haben.

Natürlich blendet Google in Veo 3 ein sichtbares Wasserzeichen ein, und zusätzlich tragen alle Clips einen unsichtbaren SynthID-Marker, damit sie eindeutig als KI-generiert erkennbar bleiben. Für mein Video habe ich dieses Veo-3-Logo allerdings entfernt – mit unterschiedlichen Methoden. Manchmal habe ich das Bild einfach so beschnitten, dass die Ecke mit dem Logo nicht mehr zu sehen war. In anderen Szenen, etwa bei Wolkenaufnahmen, habe ich eine Stelle ohne Logo kopiert, mit einer weichen Maske über das Logo gelegt und so die Kanten unauffällig verschwinden lassen. Auf diese Weise konnte ich jede Szene so bearbeiten, dass das Wasserzeichen nicht mehr sichtbar war.

Im Nachhinein habe ich mich fast ein wenig darüber geärgert. Eigentlich wäre es der bessere Weg gewesen, das Logo im Bild zu lassen. Denn es stört den Filmlook kaum und macht auf elegante Weise sichtbar, dass die Szene KI-generiert ist – nicht als Makel, sondern als Transparenz. Für mich ist das heute die sympathischere Lösung, und vielleicht würde ich es bei einem nächsten Projekt so machen. Es gibt übrigens auch eigene Tools, die sich darauf spezialisiert haben, Wasserzeichen automatisch zu entfernen – von einfachen Programmen wie Hit-

Paw oder Apowersoft bis hin zu KI-basiertem Inpainting etwa in Runway oder Photoshop.

Am Ende bleibt das Fazit: Für kurze, poetische Musikvideos spielt Veo 3 seine Stärken voll aus. Die Bildqualität ist hoch, die Prompts werden erstaunlich präzise umgesetzt, und die Geschwindigkeit im Fast-Modus macht die Arbeit unglaublich effizient. Mit einem klaren Storybogen, ein bisschen Postproduktion und der richtigen Kamerasprache entsteht in erstaunlich kurzer Zeit ein Video, das den Song nicht nur illustriert, sondern emotional trägt.

YouTube-Video: IN THE SKY –
Thomas Lemmer & Thomas Foster
https://youtu.be/wXnSQ2_CvnU?si=jgaogGiypDHdpNGj

1.4 Seedance AI – Die Nummer Eins der Videogeneratoren

Laut dem aktuellen Video Arena Leaderboard von Artificial Analysis (einem Vergleich von 100 KI-Tools) führt Seedance 1.0 von ByteDance die Kategorie Text-to-Video an – noch vor dem viel gehypten Google Veo 3, das auf Platz 2 liegt. Während Veo 3 vor allem durch ein spannendes Feature auffällt – die Möglichkeit, neben dem Bildmaterial auch gleich Audio und Sprache zu generieren – konzentriert sich Seedance ganz auf eines: die bestmögliche Videoqualität.

Und genau hier setzt Seedance neue Maßstäbe: Die Clips wirken erstaunlich realistisch, Kamerabewegungen sind flüssig, Details scharf, und auch komplexe Szenen lassen sich überzeugend darstellen. Ich habe selbst viele Videos damit erstellt und war jedes Mal beeindruckt, wie professionell das Ergebnis aussieht.

Hinter Seedance steckt niemand Geringerer als ByteDance, das Unternehmen, das auch für TikTok und das beliebte Videoschnittprogramm CapCut verantwortlich ist. Damit wird klar: Diese Firma weiß, wie man visuelle Inhalte produziert – und das spürt man in jedem Frame, den Seedance erzeugt.

Ein weiterer Vorteil ist das Preis-Leistungs-Verhältnis: Seedance ist deutlich günstiger als Veo 3, das fast das Dreifache kostet. Wer also Wert auf visuell hochwertige Clips legt und den Ton ohnehin separat erstellt, bekommt mit Seedance die aktuell beste Lösung auf dem Markt.

So erzeugst du Videos mit Seedance AI

Nachdem du dich bei *Seedance.ai* eingeloggt hast, landest du zunächst auf einer Startseite. Dort klickst du auf SEEDANCE VIDEOS oder START CREATING, um zur Hauptoberfläche zu gelangen.

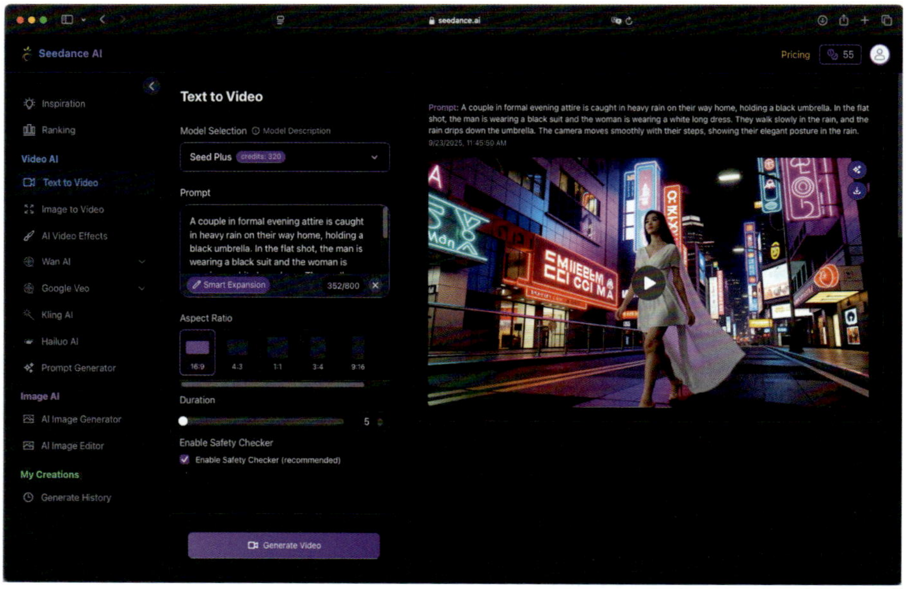

Abbildung 1.24 Seedance AI

Hier klickst du links auf VIDEO AI • TEXT TO VIDEO. Sobald du dort bist, erscheint die eigentliche Arbeitsfläche, in der du alle Einstellungen für die Videoerzeugung vornehmen kannst.

Ganz oben steht die Modellauswahl (MODEL SELECTION), die sowohl die Qualität als auch die Kosten bestimmt. Folgende Modelle stehen aktuell zur Verfügung:

- **Seed Plus:** Das Flaggschiff-Modell von Seedance. Es liefert die beste Videoqualität für realistische Szenen und kostet 320 Credits pro Video.
- **Seed Turbo:** Rund 50 % günstiger als Seed Plus, doppelt so schnell, aber qualitativ leicht schwächer.

- **Seed Art Plus/Seed Art Turbo:** Für illustrierte oder grafikbasierte Styles statt fotorealistischer Videos. Turbo ist hier wieder die günstigere und schnellere Variante.
- **WAN2.1-Turbo/WAN2.1-Plus:** Ein Open-Source-Modell, das über Seedance verfügbar ist. Ideal, wenn die Seed-Modelle nicht das gewünschte Ergebnis liefern.

Im Menü links findest du außerdem Alternativen wie Veo 3, HailuoAI oder Kling AI, falls du andere Tools testen möchtest.

Unterhalb der Modellauswahl findest du das Texteingabefeld für den Prompt. Du kannst theoretisch auch auf Deutsch arbeiten, doch ich empfehle dringend, englische Prompts zu verwenden. Meine Erfahrung: Die Ergebnisse sind damit deutlich besser.

Seedance zeigt dir einen Beispielprompt an. Kopiere diesen und nutze ChatGPT, um darauf basierend deinen eigenen Prompt erstellen zu lassen. Schreibe in ChatGPT beispielsweise: »Das ist ein Beispiel für einen Prompt. Bitte erstelle mir einen Prompt in diesem Stil für folgendes Motiv: ...« Beschreibe dann exakt dein gewünschtes Bild oder die Szene. Der Vorteil dieser Vorgehensweise ist, dass ChatGPT mehrere Prompts für eine zusammenhängende Story erstellen kann, ohne dass du jedes Detail wiederholen musst.

Extra-Tipp

Wenn du mehrere Beispiele zeigen willst, nutze das Menü INSPIRATION oben links. Dort findest du zahlreiche Prompts anderer Nutzer, die du kopieren und als zusätzliche Beispiele verwenden kannst.

Wichtige Einstellungen vornehmen

Unter dem Prompt-Feld stellst du das Seitenverhältnis ein. Es gibt verschiedene Voreinstellungen, z. B. 16:9 für YouTube, 9:16 für TikTok oder Instagram Reels oder 1:1 für quadratische Formate, aber auch 4:3, 3:4, sogar 9:1.

Darunter befindet sich der Duration-Slider. Er funktioniert nicht stufenlos, sondern wie ein Schalter von 5 Sekunden und 10 Sekunden. Ich denke, hieran erkennen wir, dass bald mehr Varianten zur Verfügung stehen werden. Der ENABLE

SAFETY CHECKER ist standardmäßig aktiv und verhindert problematische Inhalte (Gewalt, Pornografie). Dieser lässt sich aktuell nicht deaktivieren – auch nicht in der Pro-Version.

Video generieren und Ergebnisse optimieren

Jetzt geht es los: Klicke auf GENERATE. Lass den Browser offen, bis das Video fertig ist (in der Regel unter 2 Minuten). Rechts neben dem Ergebnis findest du dann den Download-Button sowie die Funktion OPEN IN WAN VACE, um das Video weiterzubearbeiten.

Tipp bei unzufriedenstellendem Ergebnis

- Überarbeite den Prompt (z. B. mithilfe von ChatGPT).
- Wechsle auf ein anderes Modell (z. B. von Seed Plus auf Seed Turbo oder WAN 2.1).

YouTube-Video: Seedance AI-Tutorial: So erstellst du in Minuten realistische Videos mit KI
https://youtu.be/GPlZr2wusFI?si=HCfC_T7txOmVdOE6

1.5 Kling AI – Das Tool für verrückte Ideen und kreative Freiheit

Kling AI gehört vielleicht nicht zu den »Big Playern« wie zum Beispiel OpenAI Sora oder HailuoAI, wenn es um die fotorealistischsten Ergebnisse geht – aber wenn es um kreative Möglichkeiten und Spaßfaktor geht, ist es ganz vorne mit dabei. Entwickelt von Kuaishou in China, ermöglicht Kling AI nicht nur klassische Text-to-Video-Generierung, sondern bringt ein paar richtig spannende Features mit, die es von anderen Tools unterscheiden.

Abbildung 1.25 Kling AI: Die Oberfläche

Die Vor- und Nachteile von Kling AI

Der große USP von Kling AI ist seine Flexibilität. Du kannst nicht nur Videos aus Textbeschreibungen erstellen, sondern hast noch weitere Möglichkeiten:

- **Image-to-Video:** Lade ein Bild hoch und bringe es in Bewegung – das funktioniert bei Kling AI erstaunlich gut.
- **Multi-Elements:** Kling AI ist eines der wenigen Tools, mit dem du Objekte in bestehenden Videos austauschen, hinzufügen oder löschen kannst. Klingt nach Science Fiction? Ist Realität! Aus einem Hund wird ein Roboterhund, aus einem Plastikschwert ein echtes Lichtschwert – und das alles mit ein paar Klicks.
- **Special Effects:** Kling AI eignet sich perfekt für TikTok, Instagram oder YouTube-Clips, wenn du auffällige Effekte brauchst.

Es gibt kaum ein Tool, das so mutig mit Prompts umgeht. Wenn du etwas Außergewöhnliches willst – Kling AI liefert (auch wenn nicht immer so, wie du dachtest). Sehr interessant ist die Multi-Elements-Funktion: SWAP/ADD/DELETE ist ein Gamechanger für jeden Content-Creator. Und die Software hat ein gutes Preis-Leistungs-Verhältnis: Für das, was Kling AI kann, ist es extrem erschwinglich.

Aber Kling AI hat noch Grenzen. Nicht immer perfekt realistisch: Für High-End-Filmproduktionen würde ich aktuell eher auf Tools wie HailuoAI oder Sora setzen. Kling AI ist mehr der »Kreativitäts-Booster« als der »Hollywood-Ersatz«. Manchmal arbeitet Kling AI ungenau: Es interpretiert Prompts gern kreativ – gut für spannende Ideen, weniger gut, wenn du absolute Präzision brauchst. Und sehr ärgerlich: Bei komplexen Szenen kommt es häufiger zu Artefakten, und Gesichter oder Hände können schon mal seltsam aussehen.

Fazit: Wenn du ein Tool suchst, das richtig Spaß macht, flexibel ist und dir kreative Möglichkeiten bietet, ist Kling AI eine super Wahl. Für Social-Media-Clips, kreative Experimente und Content, der auffallen soll, ist es eine der spannendsten Optionen auf dem Markt.

Ein Video mit der Text-to-Video-Funktion von Kling AI

Nachdem du dich bei Kling AI eingeloggt hast, findest du auf der linken Seite das Hauptmenü. Dieses beginnt mit den Punkten Home, Explore und Assets. Für die Videogenerierung scrollst du etwas weiter nach unten, bis du den Bereich AI Generation erreichst. Dort klickst du auf den Menüpunkt Video.

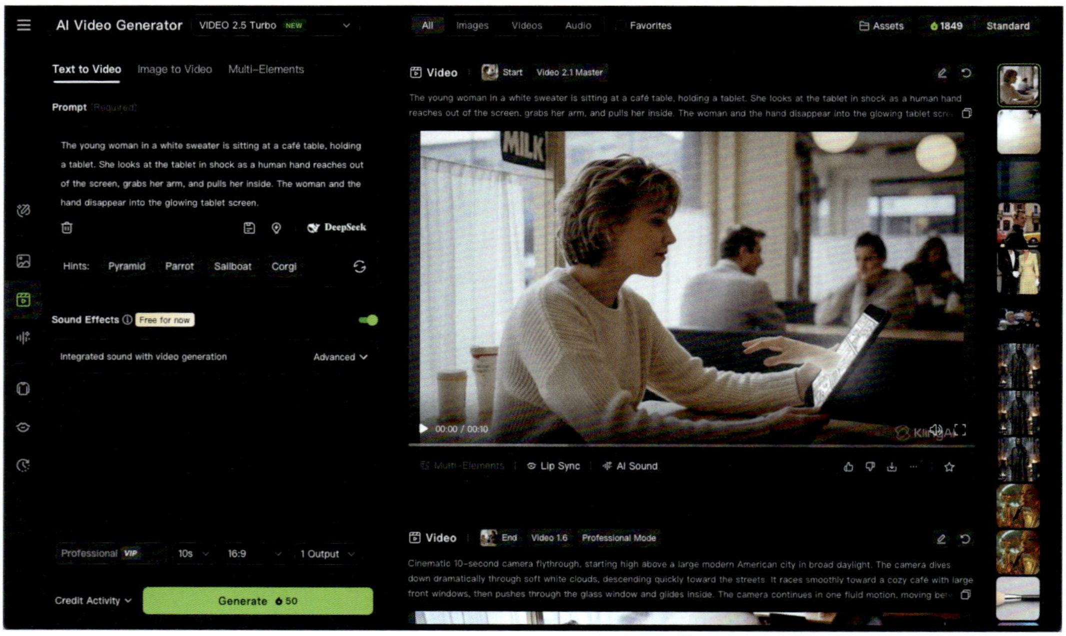

Abbildung 1.26 Text-to-Video in Kling AI

Oben auf der Seite wählst du das Modell aus, mit dem du arbeiten möchtest. Derzeit ist KLING 2.1 MASTER die leistungsstärkste Variante. Sie liefert die besten Ergebnisse, verbraucht aber auch am meisten Credits – für ein fünf Sekunden langes Video sind das aktuell rund 100 Credits.

Direkt darunter legst du fest, wie du dein Video erstellen möchtest. Zur Auswahl stehen drei Modi: TEXT TO VIDEO, IMAGE TO VIDEO und MULTI-ELEMENTS. Bei TEXT TO VIDEO wird das Video ausschließlich anhand deiner Texteingabe generiert, IMAGE TO VIDEO nutzt ein Bild als Grundlage und animiert es, und mit MULTI-ELEMENTS kannst du in einem bestehenden Video Objekte austauschen, hinzufügen oder entfernen.

Für unser Beispiel konzentrieren wir uns auf die Text-to-Video-Funktion. Du gibst einfach eine kurze Beschreibung deiner Szene ein, zum Beispiel »Ein Mann fährt mit dem Fahrrad einen Berg hinunter«. Kling AI nutzt diese Angabe als Basis, um ein Video zu erzeugen. Wenn du deinen Prompt verfeinern möchtest, kannst du dafür das integrierte Tool DEEPSEEK verwenden. Mit einem Klick auf den entsprechenden Button öffnet sich ein zusätzliches Fenster, in dem dir eine optimierte Version deines Prompts vorgeschlagen wird. Wenn dir diese gefällt, kannst du sie per Klick übernehmen.

Unterhalb des Texteingabefelds hast du die Möglichkeit, Soundeffekte hinzuzufügen. Dieser Service ist aktuell noch kostenlos, die Qualität ist aber nicht vergleichbar mit dem, was spezialisierte Tools wie Veo 3 bieten. Außerdem gibt es ein Feld für sogenannte Negative Prompts. Damit kannst du Dinge ausschließen, die in deinem Video nicht vorkommen sollen – zum Beispiel »keine verzerrten Gesichter« oder »keine zusätzlichen Hände«.

Anschließend stellst du die Länge des Videos ein, wahlweise fünf oder zehn Sekunden, und entscheidest dich für ein Seitenverhältnis. Zur Auswahl stehen 16:9 für YouTube, 9:16 für Instagram oder TikTok sowie 1:1 für quadratische Social-Media-Formate. Praktisch ist auch die Option, mehrere Versionen eines Videos gleichzeitig generieren zu lassen (hinter dem Button 1 OUTPUT). So kannst du verschiedene Interpretationen deines Prompts vergleichen. Beachte jedoch, dass jede zusätzliche Version auch zusätzliche Credits kostet.

Ein weiterer Regler erlaubt es dir, die Kreativität des Modells zu steuern. Soll Kling AI möglichst nah an deinem Prompt bleiben, wählst du den Modus RELEVANT. Willst du der KI mehr Freiraum geben, um kreative Ideen einzubringen, stellst du den Regler in Richtung CREATIVE.

Wenn alles eingestellt ist, klickst du auf Generate. In meinen Tests dauerte die Erstellung eines fünf Sekunden langen Videos etwa vier Minuten. Während das Video gerendert wird, kannst du schon weitere Projekte starten – das beschleunigt den Workflow erheblich.

Das fertige Video erscheint auf der rechten Seite des Fensters. Unterhalb des Videos findest du links mehrere Optionen wie Multi-Elements, Lip Sync, Extend und AI Sound, um dein Video direkt zu bearbeiten oder zu erweitern. Rechts unterhalb des Videos befindet sich der Button zum Download. Achte hier unbedingt darauf, dass die Option Without Watermark aktiviert ist, damit kein Kling AI-Logo eingeblendet wird.

Wenn du dein Video noch detaillierter editieren möchtest, kannst du dafür den Editor öffnen. Den Zugang dazu findest du über das kleine Bleistift-Symbol rechts oberhalb des Videos.

Tipp

Starte mit einfachen Prompts und steigere die Komplexität Schritt für Schritt. Kling AI belohnt kreative Ideen – also experimentiere ruhig ein wenig.

YouTube-Video: Kling AI-Tutorial – Alles über Video-Generierung, Effekte & Multi-Elements
https://youtu.be/UKhvg6O0RHY?si=y9B9USRir6eKH7kP

1.6 Sora 2 (OpenAI) – Videos mit Ton, Cameos und einem Schritt Richtung Social Media

Als OpenAI im Februar 2024 die ersten Sora-Clips zeigte, war der Effekt enorm: Tokyo Walk, die Hunde im Schnee – Bilder, die plötzlich wie echte Drehs wirkten. Als Sora dann später tatsächlich nutzbar wurde, war die Konkurrenz schon näher herangerückt, und viele empfanden die erste Version im Alltag als weniger spektakulär als die Demos versprachen. Entsprechend vorsichtig bin ich mit den Erwartungen an Sora 2. Die neue Generation wurde am 30. September 2025 vorgestellt, zunächst nur in den USA und Kanada und nur als iOS-App. Ich konnte sie zum Zeitpunkt der Fertigstellung dieses Buches daher noch nicht selbst testen. Was ich hier beschreibe, beruht auf den offiziellen Demonstrationen und den ersten, noch spärlichen Nutzerstimmen.

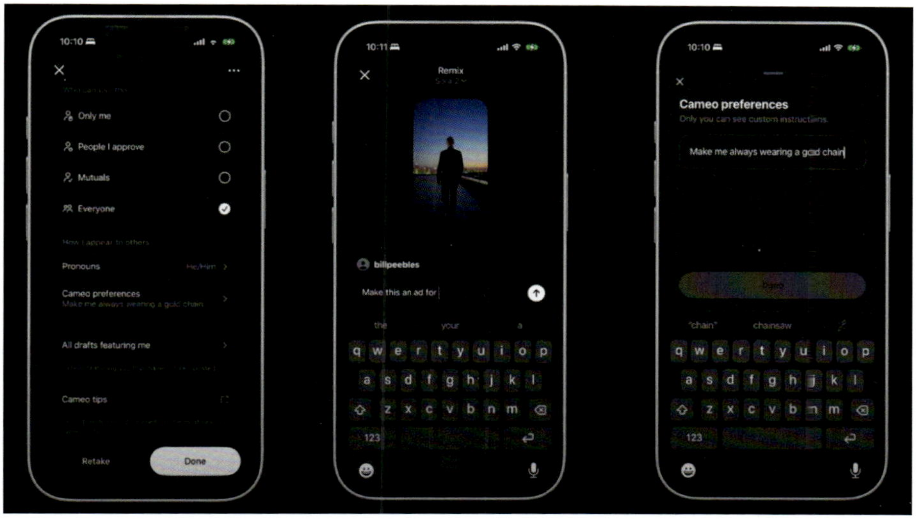

Abbildung 1.27 Sora 2 von Open AI

Was sich wirklich ändert

Der entscheidende Unterschied zu Sora 1: Jedes Video kommt jetzt mit Ton. Dialoge, Geräusche, Musikbetten – alles wird in einem Rutsch erzeugt, inklusive Lippensynchronität. Dazu verspricht Sora 2 spürbar mehr Realismus bei Bewegung, Kollision und Körpermechanik: Turnübungen, Sprünge, Rückwärtssaltos, Sport – alles soll plausibler wirken und weniger »wegteleportieren«, wenn es die Physik kompliziert macht.

Gleichzeitig wurde die Steuerbarkeit verbessert: längere, in sich kohärente Sequenzen statt bloßer Einzelshots, mehr Halt über mehrere Einstellungen hinweg und feinere Anweisungen, die das Modell zuverlässiger beachtet. In der Praxis bedeutet das: Du kannst cineastische Looks, Anime-Ästhetik oder Fotorealismus mit präziseren Kamera- und Stilvorgaben kombinieren, ohne dass das Bild ständig aus dem Ruder läuft. Die offiziell gezeigten Beispiele wurden in Full-HD (1080p) präsentiert; die maximale Länge einzelner Clips liegt zum Start bei kurzen, Social-Media-tauglichen Spannweiten und wird vielerorts mit »bis zu 16 Sekunden« beschrieben.

Cameo: Dein Abbild in jeder Szene

Die auffälligste Neuerung ist »Cameo«. Dahinter steckt ein Identitätsworkflow direkt in der App: Du nimmst dich inklusive Sprache auf, führst eine Lebendigkeitsprüfung durch und entscheidest anschließend, wer dein Abbild nutzen darf – nur du selbst, ausgewählte Kontakte, gegenseitige Follower oder alle. Ab diesem Moment kann dich Sora 2 als »Darsteller« in beliebige Prompts einfügen: in ein Musikvideo, einen Werbespot, einen skurrilen Sketch. In den Demos fällt auf, wie stark die Wahrnehmung kippt, sobald reale Mimik, kleine Gesten und eine passende Stimme zusammenkommen.

Wichtig ist dabei die Kontrolle: Laut OpenAI behalten Nutzerinnen und Nutzer Eigentumsrechte an Videos, in denen ihr Cameo steckt, können deren Verwendung einsehen, Freigaben entziehen und Inhalte löschen lassen. Zusätzlich werden generierte Clips beim Export als KI-Inhalte gekennzeichnet; das soll Herkunft und Verantwortlichkeiten nachvollziehbar machen.

Praxisblick: Chancen und Grenzen

Mit Sora 2 rückt OpenAI die soziale Benutzung ins Zentrum. Die iOS-App vereint Feed, Erstellen, Remixen und das gemeinsame Besetzen von Szenen. Es wirkt eher wie ein neues, videobasiertes Kommunikationsformat als wie ein reines Produktionswerkzeug: kurze Clips, Trends, Remixes, Cameos unter Freundinnen und Freunden. Gleichzeitig betont OpenAI Sicherheitsbarrieren: strengere Voreinstellungen für Jugendliche, deutliche Kennzeichnungen und Moderation gegen missbräuchliche Inhalte. Das ist mehr als Kosmetik. Denn je realistischer die Ergebnisse wirken, desto wichtiger werden Einwilligung, Provenienz und Grenzen bei heiklen Themen. Für die professionelle Arbeit heißt das: Rechte und Releases sind nicht weniger relevant, nur anders gelagert.

Aus Filmsicht ist Sora 2 vor allem dort interessant, wo schnelle Visualisierungen helfen: Mood-Clips, Übergänge, visuelle Metaphern, kleine Inserts, Experimente mit Kameraideen und Lichtstimmungen. Die Audiogenerierung spart einen zusätzlichen Schritt und macht Skizzen überzeugender: Statt stummem

Rohmaterial erhältst du sofort eine Szene mit Atmo, Geräuschen und Dialogfetzen. Bei längeren dramatischen Passagen, präziser Charakterkontinuität und anspruchsvoller Schauspielregie bleibt Vorsicht geboten. Auch wenn die Physik besser ist, kann sie in Details kippen; Gesichter, Hände und Objekte neigen bei ungewöhnlichen Konstellationen weiterhin zu Artefakten. Und: Längere Erzählungen, die über mehrere Einstellungen einen stabilen Weltzustand halten, sind die Königsdisziplin. Genau hier verspricht Sora 2 Fortschritte – dieses Versprechen muss die Praxis erst einlösen.

Verfügbarkeit und Fahrplan

Zum Start läuft Sora 2 über eine iOS-App, zunächst in den USA und Kanada, invite-only. Parallel wird ein Webzugang samt Kontingenten angekündigt sowie eine spätere API für die Integration in Editoren. Außerdem soll »Storyboard« folgen – ein Werkzeug, mit dem sich Shot-für-Shot gezielter steuern lässt. Für professionelle Ansprüche ist zudem ein höherwertiges Pro-Modell vorgesehen. Das gesamte Paket deutet darauf hin, dass OpenAI Sora aus der reinen Modellecke heraus in Richtung Plattform entwickelt: Erst Social-App und Community, darauf aufbauend Creator-Tools, schließlich API-Zugänge.

Einordnung für dieses Buch

Ich halte Sora 2, so wie es präsentiert wurde, für einen echten Schritt nach vorn. Entscheidend ist nicht, ob jedes einzelne Demo perfekt ist. Entscheidend ist, dass Video-KI Ton, Bewegung und Regieanweisungen in einem System zusammenführt – und dass die Bedienoberfläche so niedrigschwellig wird, dass Ideen in Minuten ausprobiert sind. Für hochwertige Produktionen bleibt Handwerk unverzichtbar: Licht, Casting, Set, Montage und Sounddesign verschwinden nicht, sie verschieben sich. Sora 2 hat das Potenzial, ein starkes Ideentool und ein Baustein im Short-Form-Bereich zu werden, vielleicht auch als visuelle Skizzenmaschine für längere Projekte.

Weil ich die App in Europa aktuell noch nicht testen konnte, verzichte ich hier bewusst auf Urteile jenseits der Demos. Sobald Sora 2 bei uns verfügbar ist, werde ich die Praxis nachreichen: Wie gut funktionieren längere, zusammenhängende Szenen? Wie stabil bleibt ein Cameo-Charakter über mehrere Shots? Und wie weit komme ich mit Storyboard, wenn Timing, Anschluss und Blocking wirklich zählen? Bis dahin gilt: Sora 2 nähert sich dem, was viele von KI-Video erwarten – ein Werkzeug, das nicht nur schöne Clips macht, sondern auch Regieabsichten versteht. Wenn die reale Nutzung das bestätigt, wird es eines der wichtigsten Systeme im Werkzeugkasten moderner Film- und Videoproduktion.

Kapitel 2

Bilder mit KI erzeugen

Die besten Bildgeneratoren für den Filmbereich

Bevor aus deinen Ideen bewegte Szenen werden, entstehen erst starke Bilder: Keyframes, Moodboards, Charakterdesigns. In diesem Kapitel bekommst du den Überblick über die wichtigsten Wege der KI-Bildgenerierung – von spezialisierten Generatoren bis zu multimodalen Modellen – und erfährst, wie du in Minuten filmreife Stills erzeugst, die sich nahtlos zu Animationen und Videos weiterführen lassen. Zum Schluss zeige ich, warum Firefly, Leonardo.Ai und Midjourney für Filmprojekte aktuell meine Favoriten sind.

2.1 Der Workflow

Die Bildgenerierung mit künstlicher Intelligenz hat sich in den letzten Monaten rasant weiterentwickelt. Es gibt inzwischen eine Vielzahl an Tools, die auf ganz unterschiedliche Technologien setzen – vom spezialisierten Bildgenerator über große Sprachmodelle wbis hin zu KI-Tools für Videoproduktion, die ganz nebenbei auch beeindruckende Bilder erzeugen.

Gerade im Filmbereich ist ein besonders beliebter Workflow, zunächst Bilder zu erzeugen und daraus anschließend bewegte Sequenzen zu erstellen. Viele der heutigen KI-Videotools erlauben es, direkt aus Standbildern – ob selbst hochgeladen oder innerhalb des Tools erstellt – eindrucksvolle Animationen und Filmszenen zu generieren. Der Workflow bestände aus zwei Schritten:

1. Du arbeitest mit einem klassischen Bildgenerator wie Midjourney, Adobe Firefly, Leonardo.Ai oder NanoBanana, um einen Look oder eine Szene zu kreieren.
2. Diese wird in ein Videotool wie Kling AI, Hailuo AI oder andere geladen, um daraus animierte Inhalte zu machen.

Genau aus diesem Grund habe ich diesem Thema ein eigenes Kapitel gewidmet. Dieses Kapitel konzentriert sich auf drei Tools, die ich besonders empfehlenswert finde: Adobe Firefly, Leonardo.Ai und Midjourney. Doch bevor ich dir zeige, wie man damit arbeitet, gebe ich dir einen Überblick über die aktuelle Tool-Landschaft – und warum genau diese drei Werkzeuge für mich die Favoriten sind.

2.2 Unterschiedliche Wege zur Bildgenerierung

Die KI-gestützte Bildgenerierung bietet heute eine beeindruckende Vielfalt an Möglichkeiten – doch welcher Ansatz passt am besten zu deinen Anforderungen? Im Folgenden stellen wir dir vier grundlegende Wege zur KI-Bildgenerierung vor, die jeweils ihre eigenen Stärken und Einsatzgebiete haben.

Spezialisierte Bildgeneratoren

Tools wie Midjourney, Leonardo.Ai und Adobe Firefly wurden gezielt für das Erzeugen von Bildern entwickelt – und liefern dementsprechend hochwertige, stilistisch konsistente Ergebnisse. Midjourney überzeugt dabei durch eine außergewöhnliche Bildästhetik, kreative Vielfalt und eine schnelle Generierung. Leonardo.Ai bietet präzise Kontrolle über Stile, Motive und Bearbeitung dank Features wie dem Canvas-Editor oder dem Infinity-Mode, und Adobe Firefly ist nahtlos in Photoshop und Illustrator integrierbar und punktet durch rechtliche Sicherheit: Alle generierten Inhalte basieren auf Adobe Stock, was bei kommerziellen Projekten ein klarer Vorteil ist.

Multimodale Large Language Models

Auch KI-Systeme, die ursprünglich für Text gebaut wurden – sogenannte Large Language Models wie ChatGPT (mit DALL·E 3), Gemini von Google oder Grok 3 von xAI –, können heute beeindruckende Bilder erzeugen. Alle drei unterstützen verschiedene Seitenverhältnisse (z. B. 1:1, 16:9, 9:16 etc.) und erzeugen visuell starke Bilder. Besonders ChatGPT/DALL·E 3 ist führend, wenn es darum geht, Textinhalte korrekt im Bild darzustellen – etwa auf Tafeln, Schildern oder Buchseiten. Grok 3 und Gemini sind extrem schnell – beide generieren in etwa 11 Sekunden zwei Bilder, was sie ideal für schnelle Workflows macht. ChatGPT braucht aktuell rund 20 Sekunden, bietet dafür aber eine leistungsstarke API, über die sich die Bildgenerierung automatisieren lässt – z. B. direkt in Verbindung mit Google Drive oder Content-Management-Systemen. Auch Grok 3 unterstützt diese Art von API-Integration – und ist damit nicht nur schnell, sondern auch für Automatisierung geeignet.

Kommen wir nun zu einem Praxisbeispiel: Einem vollautomatischen Post. Stell dir vor, du bist DJ und hast dir vorgenommen, jeden Morgen auf Instagram ein inspirierendes Bild mit einem coolen Spruch zu posten. Klingt gut – aber in der Realität fehlt dir oft die Zeit. Jetzt kommt KI ins Spiel:

1. Du schreibst zunächst ein kleines Skript, das jeden Tag automatisch ein Zitat auswählt.
2. Dieses Zitat wird an die Bildgenerator-API von ChatGPT oder Grok 3 geschickt.
3. Die KI erzeugt ein passendes Motiv – etwa eine Bühne im Sonnenaufgang mit dem Zitat im Himmel geschrieben.
4. Das Bild wird automatisch auf Google Drive gespeichert.
5. Ein Tool wie Zapier oder Make.com greift das Bild auf und postet es direkt auf deinen Instagram-Account.

Und das Beste: Das Ganze passiert, während du noch schläfst. Kein manuelles Hochladen, kein Öffnen der App – einfach vollautomatisiert. So kannst du täglich posten, ohne täglich daran denken zu müssen.

Video-KIs mit Bildfunktion

Auch Tools, die eigentlich für Video gemacht sind, liefern erstaunlich gute Bilder. Runway ML und Kling AI sind Beispiele dafür. Beide generieren Einzelbilder, die sich qualitativ nicht vor spezialisierten Bildtools verstecken müssen. Besonders spannend: Bei Kling AI lassen sich einzelne Frames aus Videosequenzen extrahieren – perfekt für filmische Stills, Thumbnails oder Poster. Dennoch fehlt diesen Tools oft die Bearbeitungstiefe oder der rechtliche Rahmen, wie ihn Firefly bietet – was sie eher für experimentelle oder visuelle Ideen als für klassische Grafik Jobs prädestiniert.

Open-Source-Lösungen: Stable Diffusion

Ein Sonderfall ist Stable Diffusion, denn es ist komplett Open Source und kann lokal auf deinem eigenen Rechner laufen – sogar offline. Das bietet große Datensicherheit und Unabhängigkeit von Cloud-Diensten. Viele Nutzer schätzen das, wenn sie sensible Inhalte erzeugen oder KI in ihre eigenen Systeme integrieren wollen.

Fazit: Alle hier genannten Tools erzeugen heute hochwertige Bilder – viele sind schnell, flexibel und lassen sich in kreative Workflows integrieren. Die Wahl des richtigen Werkzeugs hängt davon ab, was du vorhast. Midjourney ist dabei mein persönlicher Favorit, weil es hohe Qualität mit schneller Umsetzung verbindet. Leonardo.Ai eignet sich hervorragend für präzise visuelle Kontrolle und Bearbeitung. Adobe Firefly ist die beste Wahl für alle, die in der Adobe-Welt zu Hause sind und auf rechtlich abgesicherte Inhalte angewiesen sind. Und wenn es um Automatisierung geht, sind ChatGPT und Grok 3 durch ihre API-Zugänge unschlagbar – vor allem, wenn du Inhalte auf Knopfdruck (oder ganz ohne Knopfdruck) veröffentlichen willst.

2.3 Midjourney – KI-Kunst aus der Zukunft

Wenn man zum ersten Mal ein Bild sieht, das mit Midjourney erstellt wurde, fällt es schwer zu glauben, dass hier keine Kamera, kein Pinsel und kein menschlicher Künstler im Spiel war – sondern ein Bot in einem Chatprogramm. Midjourney gehört zu den beeindruckendsten Tools, wenn es darum geht, mit künstlicher Intelligenz visuelle Welten zu erschaffen. Ob fotorealistische Porträts, surreale Fantasie-Landschaften oder stilisierte Filmstills: Midjourney liefert Bilder, die oft so ausdrucksstark und detailreich sind, dass sie sofort als Film-Storyboard durchgehen könnten.

Entwickelt wurde das Tool vom gleichnamigen Unternehmen mit Sitz in San Francisco – gegründet von David Holz, der zuvor schon mit Leap Motion die Welt der Mensch-Computer-Interaktion verändert hat. Seit der ersten öffentlichen Beta im Juli 2022 hat sich Midjourney rasant weiterentwickelt. Besonders beliebt ist das Tool bei Kreativen, Designern und Designerinnen und inzwischen auch bei Filmemacher*innen, die visuelle Konzepte, Charakterdesigns oder ganze Stimmungen mit einem einfachen Textbefehl erzeugen wollen. Dabei ist Midjourney mehr als nur ein Generator für schöne Bilder – es ist ein Fenster in die kreative Zukunft der Filmproduktion. Und genau deshalb schauen wir es uns in diesem Kapitel ganz praktisch an.

So funktioniert die Bildgenerierung in Midjourney

Nachdem du dich bei Midjourney eingeloggt hast, findest du – wie bei vielen KI-Tools im Medienbereich – ganz oben ein Texteingabefeld für den sogenannten Prompt. Hier kannst du zum Beispiel ganz simpel »Eine Katze« eingeben, die Enter-Taste drücken, und schon startet Midjourney mit der Generierung von vier Katzenbildern. Oder wie ich »Gold und Platin Schallplattenpreise«.

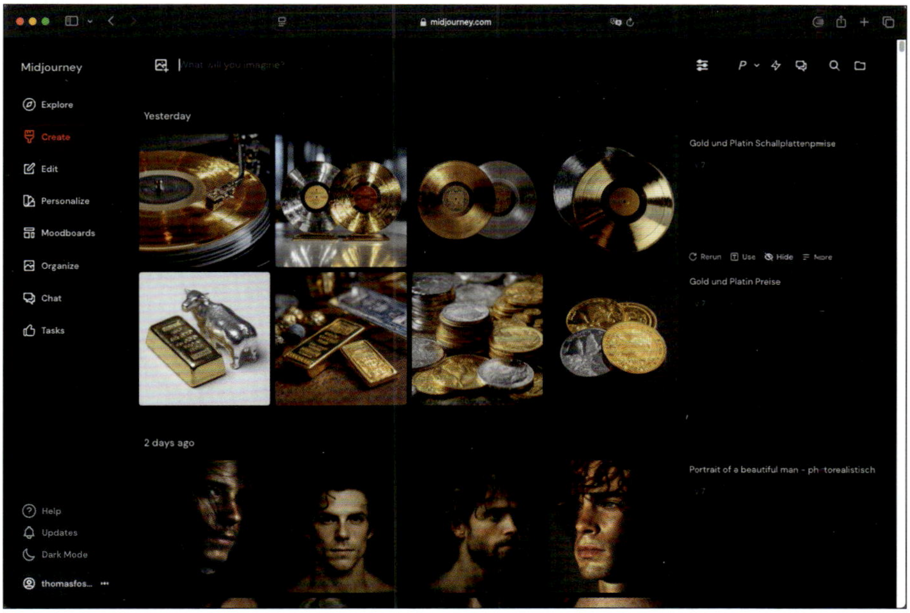

Abbildung 2.1 Die Bedienoberfläche von Midjourney

Um die Ergebnisse zu sehen, klickst du im linken Menü auf CREATE. Dann erscheinen deine generierten Bilder als Vorschau. Klickst du eines der Bilder an, wird es groß dargestellt. Zum Durchblättern kannst du entweder rechts die Miniaturbilder nutzen oder ganz einfach mit den Pfeiltasten auf deiner Tastatur zwischen den Bildern wechseln – superpraktisch.

Natürlich sind die meisten Prompts komplexer als nur »Eine Katze«. Der wahre Trick besteht daher darin, möglichst detaillierte und kreative Beschreibungen zu verfassen. Denn der Prompt entscheidet letztlich darüber, wie das Bild aussieht. Der Prompt ist im Grunde unser Briefing an die Maschine. Je präziser und gleichzeitig inspirierender wir formulieren, desto besser kann die KI verstehen, welchen Weg sie einschlagen soll.

Mein Trick für bessere Prompts

Ich persönlich nutze ChatGPT, um gute Prompts zu erzeugen. Ich aktiviere einfach die Spracheingabe, erzähle ChatGPT, welches Bild ich mir vorstelle, und lasse mir daraus einen passenden Prompt generieren. Wenn mir ein Thema wichtig ist, lasse ich mir gleich mehrere Varianten erstellen und probiere verschiedene Ansätze aus. Den Text kopiere ich dann direkt in Midjourney.

Aber nicht immer muss man den Prompt komplett selbst erdenken. Um Inspiration zu finden, klickst du im linken Menü auf EXPLORE. Dort findest du unzählige Beispiele anderer User. Wenn dir ein Bild gefällt, klickst du es an – und siehst rechts den zugehörigen Prompt. Das Coole: Du kannst diesen Prompt direkt übernehmen! Sobald du mit der Maus darüberfährst, erscheint ein kleines »+ use text«. Klickst du drauf, wird der Text automatisch in das Eingabefeld übernommen – und du kannst ihn nach deinen Vorstellungen anpassen.

Ein kleiner Tipp zur Sprache

Viele sagen, dass KI-Tools bessere Ergebnisse liefern, wenn man sie in der Originalsprache verwendet, also in der Sprache, in der sie programmiert wurden. Im Fall von Midjourney ist das Englisch. Deshalb lasse ich mir die Prompts von ChatGPT immer auf Englisch generieren. Ob das wirklich immer bessere Ergebnisse bringt oder einfach nur andere – das konnte ich bis heute nicht eindeutig sagen. Aber anders sind sie auf jeden Fall.

Die erweiterten Einstellungen (Settings)

Rechts neben dem Eingabefeld findest du ein Symbol mit drei kleinen Schiebereglern. Klickst du darauf, öffnet sich das **Settings-Menü** mit weiteren Optionen für deine Bildgenerierung. Hier kannst du Midjourney noch gezielter steuern.

- IMAGE SIZE: Hier stellst du das Bildformat ein. Für Videoprojekte ist oft 16:9 ideal. In Social Media hingegen ist 9:16 sehr beliebt. Du kannst aber auch Formate wie 1:2, 3:4 oder 6:5 wählen.
- AESTHETICS: In diesem Bereich findest du drei Regler: STYLIZATION, WEIRDNESS und VARIETY. Sie bestimmen, wie künstlerisch, außergewöhnlich oder vielfältig dein Bild wird.
- MODEL: Hier kannst du den MODUS (STANDARD oder RAW), die VERSION des Midjourney-Modells und die GESCHWINDIGKEIT (Fast, Relax oder Turbo) einstellen.

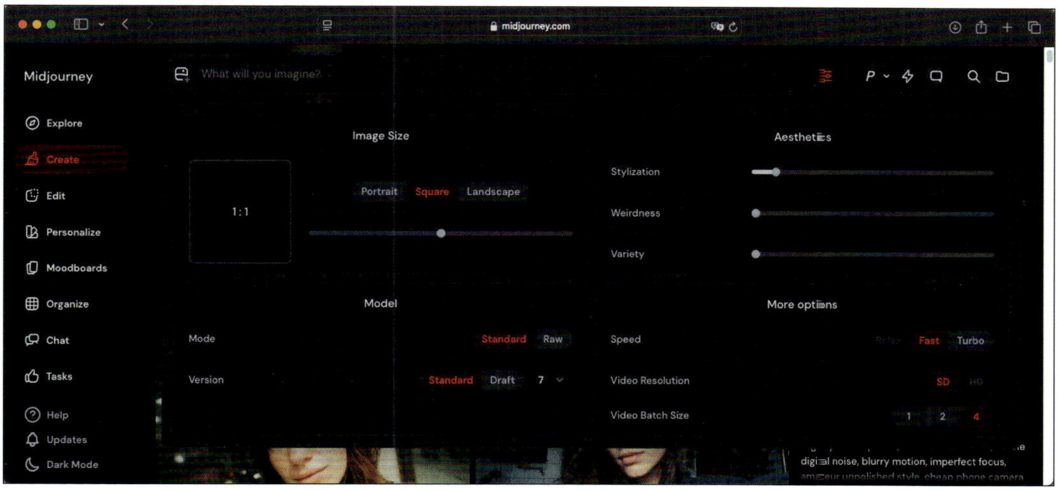

Abbildung 2.2 Settings-Menü

Schauen wir uns diese Einstellungsmöglichkeiten nun noch genauer an.

Der Stylization-Regler steuert, wie sehr Midjourney seine künstlerische Freiheit auslebt. Ein niedriger Wert sorgt dafür, dass das Bild dem ursprünglichen Prompt sehr genau folgt, während ein höherer Wert mehr kreative Freiheiten zulässt, was zu künstlerischeren, aber weniger präzisen Bildern führt. Du kannst den Wert zwischen 0 und 1000 anpassen.

Mit dem Weirdness-Regler kannst du deinen Bildern eine besondere und ungewöhnliche Note verleihen. Wenn du den Wert erhöhst, wird Midjourney kreativ und lässt die Bilder außergewöhnlicher oder sogar ein wenig verrückt wirken. Der Wert kann von 0 (normal) bis 3000 reichen. Höhere Werte sorgen für mehr experimentelle und unerwartete Ergebnisse.

Mit VARIETY (auch bekannt als CHAOS) kannst du mehr Abwechslung in den generierten Bildern erzielen. Ein höherer Chaos-Wert bedeutet, dass die vier Bilder, die Midjourney erstellt, stärker voneinander abweichen. Ein Wert von 0 gibt dir sehr ähnliche Bilder, während höhere Werte überraschendere und vielfältigere Ergebnisse liefern.

Der Speed-Regler gibt an, wie schnell deine Bilder generiert werden. Du kannst zwischen FAST, RELAX und TURBO wählen. Diese Optionen helfen dir, die Geschwindigkeit nach deinen Bedürfnissen und deinem Plan zu steuern.

- FAST ist die schnellste Option, sie nutzt eine begrenzte Menge an GPU-Zeit.
- RELAX: Unbegrenzte Nutzung, aber die Bilder werden langsamer generiert.
- TURBO: Schnellste Geschwindigkeit, aber sie verbraucht mehr GPU-Zeit und ist nur für bestimmte Versionen verfügbar.

RAW MODE reduziert die ästhetischen Effekte, die Midjourney standardmäßig auf Bilder anwendet, und sorgt für realistischere und detailgetreuere Ergebnisse. Dieser Modus eignet sich, wenn du mehr Kontrolle über die Bildgestaltung haben möchtest und klare, präzise Details angibst. Er funktioniert besonders gut, wenn du spezifische Stilrichtungen oder realistisches Design wünschst.

Mit der Einstellung VERSION kannst du die Midjourney-Version auswählen, die du verwenden möchtest. Jede neue Version bringt Verbesserungen in der Bildqualität, unterschiedliche künstlerische Stile oder neue Funktionen. Version 7 ist die neueste und bietet präzisere Details und eine verbesserte Handhabung von Texten und Bildkomponenten.

Wenn du im Create-Bereich eines der von dir erzeugten Bilder anklickst, öffnet sich die Detailansicht. Links siehst du dein Bild in groß, und auf der rechten Seite findest du eine Reihe von praktischen Funktionen – damit kannst du dein Bild weiterbearbeiten, verändern oder speichern.

Abbildung 2.3 Der Create-Bereich

Oben rechts befindet sich das Symbol mit dem Pfeil nach unten. Das ist die Download-Funktion, mit der du dein Bild direkt auf deinen Computer speichern kannst. Gleich daneben gibt es ein Herz-Symbol – klickst du darauf, kannst du das Bild liken und es später leichter wiederfinden.

Darunter findest du den Bereich Creation Actions, in dem du verschiedene Möglichkeiten hast, dein Bild weiterzuentwickeln oder neu zu interpretieren. Hier eine einfache Übersicht der Funktionen.

Mit Vary kannst du neue Versionen deines Bildes erstellen – also Variationen des Originals. Dabei gibt es zwei Optionen:

- Subtle: Kleine Veränderungen, die das Grundmotiv erhalten. Ideal, wenn du das Bild schon gut findest, aber leichte Änderungen ausprobieren willst.
- Strong: Deutlichere Abweichungen, bei denen die Grundidee bleibt, aber das Bild kreativer oder anders interpretiert wird.

Mit Upscale kannst du dein Bild in hoher Auflösung speichern. Das ist wichtig, wenn du es ausdrucken oder professionell verwenden möchtest. Subtle Upscale vergrößert das Bild mit minimalen Veränderungen, Creative Upscale vergrößert es und verleiht ihm dabei oft neue Details oder Korrekturen (z. B. an Händen oder Gesichtern).

Bei MORE findest du zwei Optionen. RERUN erzeugt das Bild einfach nochmal – mit demselben Prompt, aber einem leicht anderen Ergebnis. EDITOR öffnet logischerweise den Bildeditor von Midjourney (sofern verfügbar), mit dem du direkt im Bild weiterarbeiten kannst.

Abschließend noch die Funktion USE: Diese Funktion ist besonders spannend, wenn du weiter experimentieren willst:

- IMAGE nutzt das Bild als Vorlage für einen neuen Prompt.
- STYLE überträgt den Stil auf ein anderes Bild.
- PROMPT nutzt den ursprünglichen Textprompt erneut oder passe ihn an.

Ganz oben rechts in diesem Bereich gibt es noch den Link MORE OPTIONS. Klickst du darauf, erscheint ein weiteres Menü, in dem du zusätzliche Funktionen aktivieren kannst.

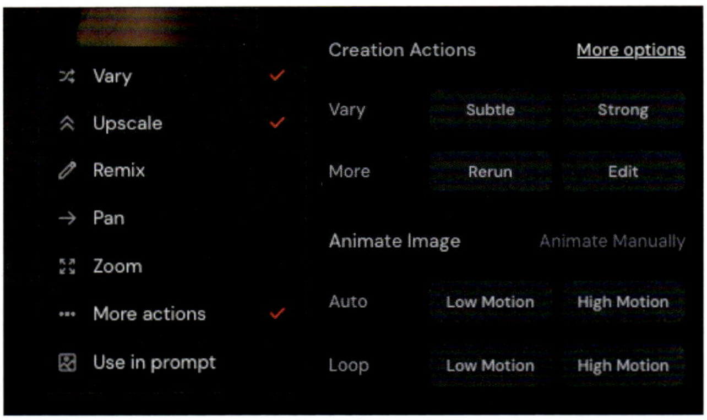

Abbildung 2.4 Die Bearbeitungsfunktionen

- REMIX: Damit kannst du das Bild mit einem leicht veränderten Prompt neu generieren. Diese Zusatzfunktionen sind ideal, wenn du mehr Kontrolle willst oder mit einem Bild besonders intensiv arbeiten möchtest. Welche Funktionen du siehst, hängt übrigens auch davon ab, welche Midjourney-Version du nutzt.
- PAN: Ermöglicht es dir, das Bild in eine Richtung zu erweitern – praktisch für Szenen oder Hintergründe.

- ZOOM: Nutzt die Zoom-out-Funktion, um den Bildausschnitt zu vergrößern und mehr Kontext hinzuzufügen.
- USE IN PROMPT: Ermöglicht es dir, das Bild direkt in einen neuen Prompt einzubinden, zum Beispiel als Bild-zu-Bild-Vorlage.

Der neue Editor – Bilder direkt verändern und umstylen

Eine meiner Lieblingsfunktionen bei Midjourney ist der neue Editor. Du findest ihn im linken Menü unter dem Punkt EDIT. Hier kannst du nicht nur Bilder verändern, sondern ganze Bildteile entfernen, neu gestalten oder in einen völlig anderen Stil umwandeln – und das alles mit wenigen Klicks und einem passenden Textprompt.

Abbildung 2.5 Der Editor

Im Editor kannst du entweder ein eigenes Bild von deiner Festplatte hochladen oder die URL eines Bildes eingeben, das du online gefunden hast. Wenn du ein Bild aus deinem Midjourney-Account bearbeiten willst, klickst du einfach unter CREATE auf das entsprechende Bild und findest unten rechts den Editor-Button. Damit öffnest du eine vereinfachte Version des Editors. Für alle Funktionen klickst du dort auf OPEN IN FULL EDITOR.

Das wichtigste Tool im Editor ist das Erase-Werkzeug. Damit kannst du bestimmte Bereiche deines Bildes großzügig entfernen – etwa den Hintergrund, deine Kleidung oder einzelne Objekte. Danach gibst du oben in das Textfeld ein, was du stattdessen sehen möchtest. Wichtig: Der Textprompt sollte auf Englisch sein.

Dazu ein Beispiel: Du hast ein Foto von dir selbst, löschst deine Frisur mit dem Erase-Tool und gibst oben ein: »A man is wearing a hat«. Dann klickst du auf SUBMIT EDIT – und schon erstellt Midjourney vier neue Varianten, auf denen du (höchstwahrscheinlich) einen Hut trägst.

Abbildung 2.6 Arbeiten mit dem Erase-Tool

Das Tolle ist: Du musst nicht pixelgenau löschen. Die KI versteht in der Regel, was du meinst, und ergänzt die Details logisch. Du kannst also auch einfach den ganzen Oberkörper entfernen und schreiben: »A man is wearing a suit« – und voilà: Du im Anzug.

Ganz kurz möchte ich dir jetzt noch die weiteren Werkzeuge des Editors vorstellen:

- SELECT: Wenn du lieber markieren willst, statt zu radieren, kannst du das mit dem Select-Tool tun. Klickst du zum Beispiel auf den Hintergrund, erkennt Midjourney automatisch den Bereich und markiert ihn für dich. Danach kannst du ihn mit einem Klick auf REMOVE löschen.

- Restore: Du hast versehentlich zu viel gelöscht? Kein Problem! Mit dem Restore-Tool kannst du ausgewählte Bildbereiche wiederherstellen.
- Brush Size: Hier stellst du ein, wie groß dein Radiergummi (bzw. dein »Pinsel«) sein soll. Praktisch, wenn du entweder sehr fein oder großflächig arbeiten möchtest.
- Move/Resize: Damit kannst du das Bild auf der Fläche verschieben oder neu positionieren. Auch die kleinen weißen Striche rund ums Bild helfen dir, den Bildausschnitt direkt zu verändern.

Rechts neben Edit findest du den Bereich Retexture – und hier beginnt der eigentliche Spaß: Du kannst den Stil deines Bildes komplett verändern, ohne den Inhalt zu ändern. Ein paar Beispiele, was du eingeben kannst:

- »A car as a black and white sketch«: Das Bild wird zur Schwarz-Weiß-Zeichnung.
- »A car in watercolor style«: Das Auto erscheint im Aquarell Stil.
- »A car in pixel art style«: Dein Bild sieht aus wie ein Pixel-Spiel.
- »A car as a comic book illustration«: Du bekommst eine Comic-Version deines Bildes.

Natürlich funktioniert das nicht nur mit Autos – auch Porträts, Landschaften oder Gebäude lassen sich so kreativ umwandeln. Probier es aus!

Unten links im Editor findest du zwei wichtige Buttons: Über Download Image kannst du das bearbeitete Bild direkt auf deinem Rechner speichern, über Upscale to Gallery wird das Bild in deinem Midjourney-Create-Bereich gespeichert – und zwar in einer hochauflösenden Version.

Personalize – Dein persönlicher Stil

Midjourney kann nicht nur Bilder generieren – es kann auch lernen, was dir persönlich gefällt. Genau dafür gibt es die Funktion Personalize, die du im linken Menü findest. Wenn du daraufklickst, zeigt dir Midjourney jeweils zwei Bilder nebeneinander. Deine Aufgabe ist es, bei jedem Bildpaar das auszuwählen, das dir besser gefällt. Und davon gibt es viele – wer ein vollständiges Profil erstellen möchte, sollte mit etwa 200 Entscheidungen rechnen.

Was passiert dabei im Hintergrund? Midjourney analysiert deine Entscheidungen und erkennt Muster: Magst du lieber bunte oder gedeckte Farben? Stylische oder düstere Settings? Realistische Porträts oder fantasievolle Kreaturen? Aus diesen Entscheidungen erstellt die KI ein persönliches Geschmacksprofil, das künftig bei der Bilderstellung berücksichtigt wird.

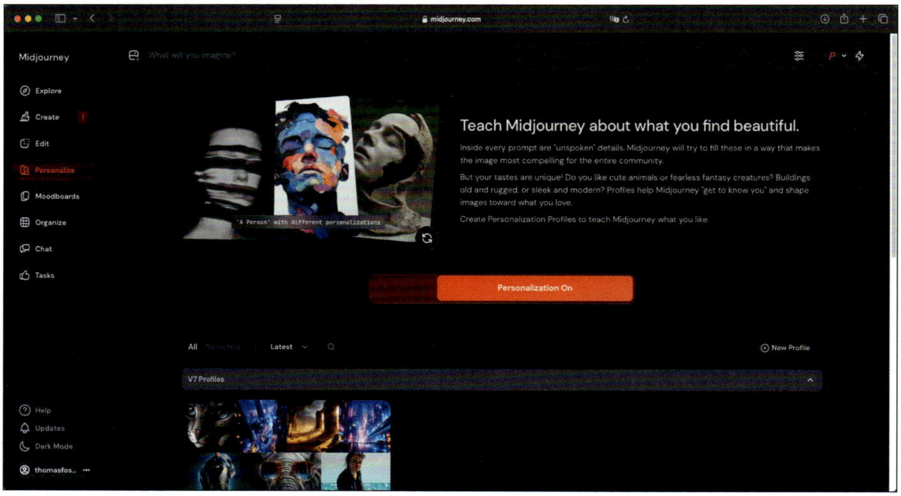

Abbildung 2.7 Der Personalize-Bereich

Und so funktioniert das in der Praxis: Sobald du das Personalize-Feature aktiviert hast, beeinflusst Midjourney automatisch deine Bilder – basierend auf deinem erlernten Stil.

Du kannst das Feature an zwei Stellen ein- oder ausschalten: Direkt im Menüpunkt PERSONALIZE oder mit einem Klick auf das P-Symbol rechts neben dem Texteingabefeld

Zitat

Ein schönes Zitat von Midjourney selbst dazu: »Inside every prompt are ›unspoken‹ details. Midjourney will try to fill these in a way that makes the image most compelling for the entire community. But your tastes are unique!«

Oder frei übersetzt: In jedem Prompt steckt mehr, als man schreibt – aber Midjourney kann lernen, was du schön findest, nicht nur was der Durchschnitt mag.

Zusätzlich kannst du mit sogenannten Moodboards arbeiten: Dabei sammelst du Bilder, die dich inspirieren, um Midjourney visuell zu zeigen, welchen Look du bevorzugst. Auch das fließt in dein Personalization-Profil ein.

Wer öfter mit Midjourney arbeitet, sollte sich unbedingt ein solches Profil anlegen. Denn je besser die KI deinen Geschmack kennt, desto passender werden die generierten Bilder – ganz ohne, dass du es jedes Mal aufs Neue erklären musst.

Organize – Ordnung muss sein

Wenn du regelmäßig mit Midjourney arbeitest, wirst du schnell merken: Es kommen ziemlich viele Bilder zusammen! Damit du den Überblick nicht verlierst, gibt es den Bereich ORGANIZE – dein persönliches Bildarchiv, in dem du deine Werke bequem sortieren, filtern und strukturieren kannst.

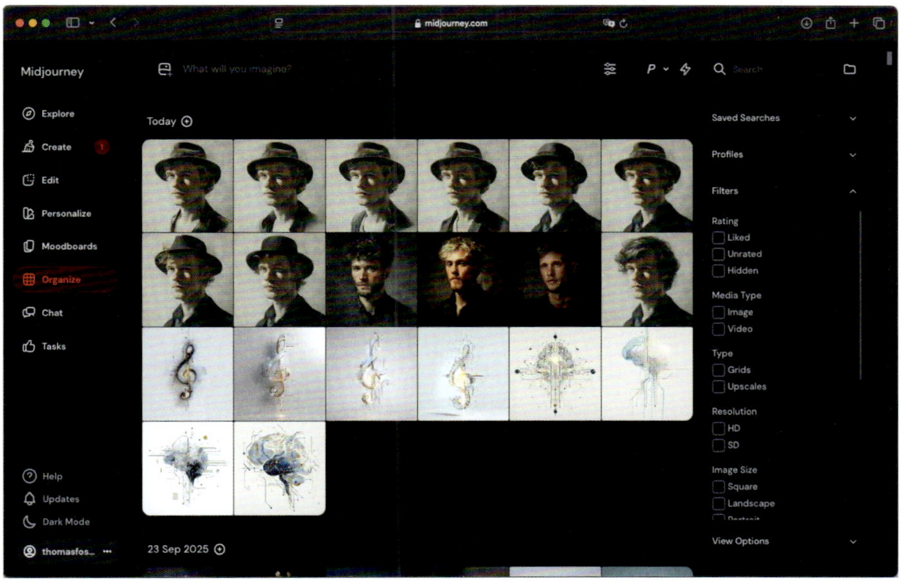

Abbildung 2.8 Der Organize-Bereich

Du kannst mehrere Bilder auf einmal auswählen, indem du einfach in den schwarzen, leeren Bereich klickst und mit gedrückter Maustaste über die gewünschten Bilder ziehst. Alternativ kannst du auch mit gedrückter ⇧-Taste weitere Bilder hinzufügen, indem du sie einzeln anklickst.

Die ausgewählten Bilder kannst du dann ganz einfach in Ordner verschieben – oder wie Midjourney sie nennt: Folders. Du kannst so viele Ordner anlegen, wie du willst, was vor allem dann hilfreich ist, wenn du an verschiedenen Projekten arbeitest oder deine Ergebnisse thematisch sortieren möchtest – etwa »Porträts«, »Science Fiction« oder »Stiltests«.

Damit du nicht nur gut sortieren, sondern auch besser **finden** kannst, gibt es oben zwei praktische Funktionen:

- View Options: Hier kannst du einstellen, wie groß die Bilder angezeigt werden sollen. Praktisch, wenn du schnell durchscrollen willst oder lieber eine große Vorschau brauchst.
- Filters: Mit den Filtern kannst du gezielt danach suchen, was du brauchst. Zum Beispiel kannst du nur Bilder anzeigen, die du geliked hast, oder nur Bilder aus einer bestimmten Midjourney-Version. Oder aber nur jene, die du mit einem bestimmten Seitenverhältnis erstellt hast.

Organize klingt erstmal unspektakulär – ist aber Gold wert, wenn du viel mit Midjourney arbeitest. Denn Ordnung spart Zeit, schafft Überblick und macht es einfacher, deine besten Werke wiederzufinden oder gezielt weiterzubearbeiten.

Chat – Mit der Community sprechen

Im Menüpunkt Chat kannst du dich mit anderen Midjourney-Usern austauschen. Es gibt verschiedene Themenbereiche, in denen du Fragen stellen oder Tipps bekommen kannst. Ob Technikfragen, Stilberatung oder einfach kreativer Austausch – hier findest du eine aktive Community, die sich gegenseitig unterstützt.

Tasks – Sag Midjourney, was du willst

Unter Tasks kannst du direkt Feedback an Midjourney geben. Du kannst Vorschläge für neue Funktionen machen, vorhandene Vorschläge anderer User ansehen und vor allem: für Features abstimmen, die du dir am meisten wünschst. Je mehr User für ein bestimmtes Feature stimmen, desto wahrscheinlicher ist es, dass es im nächsten Update umgesetzt wird. Ein cooles Tool, um die Entwicklung der Plattform aktiv mitzugestalten!

Der Draft Mode – Bilder in Lichtgeschwindigkeit

Eines der coolsten Features, das leicht übersehen wird, ist der Draft Mode. Du findest ihn direkt über dem Texteingabefeld – er sieht aus wie ein kleiner Blitz. Sobald du ihn aktivierst, wird dein nächstes Bild in Rekordzeit generiert.

In meinen Tests hat die normale Generierung etwa 20 Sekunden für vier Bilder gebraucht, mit aktiviertem Draft Mode nur 5 Sekunden! Und das Beste: Ich konnte keinen großen Unterschied in der Bildqualität feststellen. Die Ergebnisse sahen trotzdem hervorragend aus – perfekt zum schnellen Ausprobieren von Ideen. Was steckt dahinter? Laut Midjourney ist Draft Mode eine zehnmal schnellere Methode, um erste Bildideen zu skizzieren – bei halbem GPU-Verbrauch. Das bedeutet: Schneller, günstiger und trotzdem visuell stark.

Du kannst Draft Mode auf zwei Arten nutzen: Mit Text und mit Sprache. Beim Text gibst du deinen Prompt wie gewohnt ein. Für die Sprache aktivierst du das Mikrofon und sprichst deine Bildidee einfach ein! Das ist besonders praktisch, wenn du spontan eine Idee hast und nicht tippen willst.

Ein kleiner Hinweis: Im Draft Mode beschreibst du dein Bild eher in natürlicher Sprache, nicht als technisch optimierten Prompt. Wenn du dein Bild nach der schnellen Vorschau in voller Qualität generieren willst, klickst du auf ENHANCE – und Midjourney erstellt es nochmal im Standardmodus.

Tipp

Du kannst Draft Mode auch außerhalb des Editors aktivieren, indem du einfach --draft ans Ende deines Prompts anhängst.

Fazit: Warum Midjourney für viele das beste Bild-Tool ist

Midjourney gehört nicht ohne Grund zu den beliebtesten Tools zur KI-Bildgenerierung. Die Qualität der Bilder ist beeindruckend – von realistischen Porträts über fantasievolle Landschaften bis hin zu stilisierten Kunstwerken. Egal ob du Moodboards für deinen Film entwirfst, Szenen visualisierst oder einfach kreativ experimentierst: Midjourney liefert fast immer Ergebnisse, die begeistern. Auch ich nutze es regelmäßig – und aus meiner Sicht ist es aktuell das beste Tool, wenn es um die rein visuelle Qualität geht.

Einzig beim Thema Text im Bild (also sichtbare Schriftzüge wie Schilder, Logos oder Titel) liegt DALL·E 3, das man direkt über ChatGPT verwenden kann, momentan noch vorne. Wer auf präzise Buchstaben und klare Typografie angewiesen ist, sollte DALL·E unbedingt testen. Doch was den Look, die Stilvielfalt und die künstlerische Kontrolle betrifft, ist Midjourney für mich nach wie vor ungeschlagen. Vor allem die Möglichkeit, über das Personalize-Feature seinen eigenen Stil zu entwickeln und mit Tools wie dem Draft Mode blitzschnell zu experimentieren, macht Midjourney zu einem echten Kreativwerkzeug. Wenn du mit KI Bilder erstellen willst – sei es für Film, Social Media, Konzeptkunst oder einfach zum Spaß – solltest du Midjourney auf jeden Fall ausprobieren.

Und jetzt auch Video!

Seit Mitte 2025 hat Midjourney nun auch sein erstes Videomodell veröffentlicht. Damit lassen sich nicht nur Bilder generieren, sondern auch kurze Animationen erstellen – entweder automatisch aus einem Standbild oder mit zusätzlichem Prompt, um die Bewegung gezielt zu steuern. Die Clips dauern zunächst nur ein paar Sekunden, können aber Schritt für Schritt verlängert werden, sodass am Ende bis zu rund 20 Sekunden entstehen. Zur Auswahl stehen verschiedene Modi: von subtilen Low Motion-Bewegungen bis zu dynamischeren High Motion-Kamerafahrten.

In der Praxis wirkt die neue Funktion eher wie ein kreatives Extra als ein vollwertiger Ersatz für spezialisierte Text-to-Video-Systeme wie Google Veo. Doch gerade, weil Midjourney ohnehin für seine Bildqualität geliebt wird, macht es Spaß, diese Bilder nun auch zum Leben zu erwecken. Für Storyboards oder kleine Animationstests kann das eine spannende Ergänzung sein – auch wenn die großen Kinofilme noch auf sich warten lassen.

YouTube-Video: Midjourney-Tutorial:
So einfach machst du geniale KI-Bilder
https://youtu.be/5UcRfP0OKHk

2.4 Adobe Firefly – KI-Bildgenerierung mit Rechtssicherheit

Wenn man an Bildbearbeitung denkt, kommt man an Adobe kaum vorbei. Die Creative Suite von Adobe ist seit Jahrzehnten der Goldstandard für professionelle Grafiker*innen – mit Programmen wie Photoshop, Illustrator oder After Effects, die weltweit in Werbeagenturen, Redaktionen und Filmstudios im Einsatz sind. Dass diese Firma irgendwann auch ein eigenes KI-Tool zur Bilderzeugung an den Start bringt, war nur eine Frage der Zeit. Und genau das ist mit Adobe Firefly passiert.

Firefly ist ein KI-Bildgenerator, der sowohl als Webanwendung über den Browser läuft als auch direkt in Photoshop integriert ist. Und das macht richtig Spaß: Wer schon mal versucht hat, einer Person auf einem Foto im Nachhinein eine Kaffeetasse in die Hand zu zaubern, weiß, wie mühsam das per Hand sein kann. Mit Firefly markierst du einfach die Stelle, gibst in natürlicher Sprache ein: »Kaffeetasse in der Hand« – und die KI erledigt den Rest. Sie fügt das Objekt so ein, dass es realistisch wirkt – mit Schatten, Lichtreflexen und allem, was dazugehört.

Auch störende Elemente im Bild lassen sich auf diese Weise entfernen. Wenn bei einem Shooting im Hintergrund jemand durchs Bild gelaufen ist – markieren, »remove person« eingeben, fertig. Besonders cool: Diese Funktionen sind nahtlos in Photoshop eingebaut. Wer also ohnehin mit der Adobe Creative Cloud arbeitet, braucht kein zusätzliches Tool – die KI ist schon drin.

Das volle Potenzial entfaltet Firefly aber auf der Firefly-Webseite. Dort kannst du komplette Bilder rein aus Textbeschreibungen erstellen. »Ein futuristisches Filmset in Schwarz-Weiß, dramatische Lichtstimmung, Retro-Look« – ein paar Sekunden später hast du genau das auf dem Bildschirm. Zum Testen stehen dir ein paar kostenlose Credits zur Verfügung. Wer mehr will, kann ein entsprechendes Abo dazubuchen – oder hat Firefly ohnehin schon über sein Creative-Cloud-Abo mit dabei.

Der große Unterschied: Rechtssicherheit

Ein wichtiger Punkt, gerade für professionelle Produktionen: die rechtliche Lage bei KI-generierten Bildern ist oft noch unklar. Viele KI-Bildgeneratoren wurden mit frei verfügbaren Bildern aus dem Internet trainiert – ohne dass die Urheber je ihre Zustimmung gegeben haben. Das sorgt für Diskussionen, insbesondere im kommerziellen Einsatz. Adobe geht hier einen anderen Weg: Firefly wurde ausschließlich mit Bildern aus Adobe Stock trainiert, also mit Inhalten, an denen Adobe die Rechte besitzt. Das bedeutet: Wer mit Firefly Bilder generiert, ist rechtlich auf der sicheren Seite – zumindest deutlich besser abgesichert als bei vielen anderen Tools. Und genau das macht Firefly auch für professionelle Produktionen besonders interessant.

Die Oberfläche

Nach dem Login auf der Website von Adobe Firefly landet man in der Regel direkt auf der Startseite. Sollte das nicht der Fall sein, klickt man entweder oben auf das rote Logo mit dem Buchstaben Fi oder im oberen Menü auf Startseite. Dort sieht man ein zentrales Texteingabefeld für sogenannte Prompts – also kurze Beschreibungen dessen, was man generieren möchte. Ich empfehle jedoch, nicht sofort loszulegen, sondern zunächst den passenden Arbeitsbereich auszuwählen.

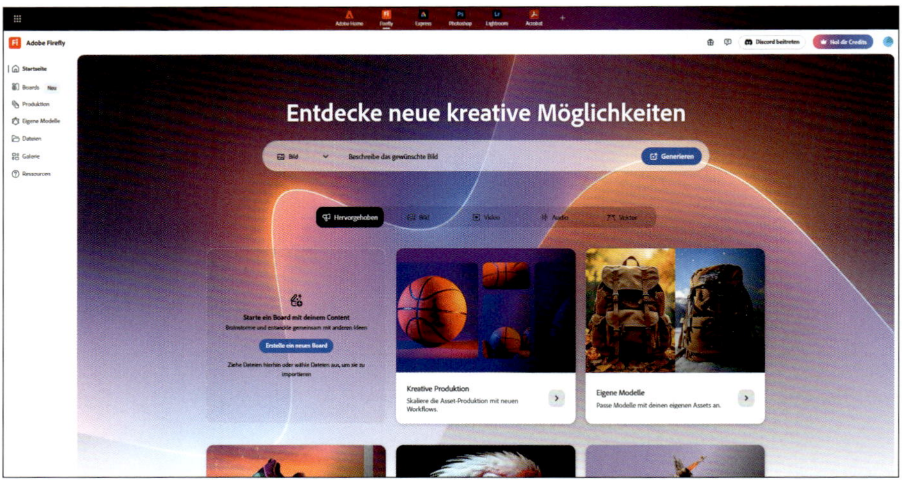

Abbildung 2.9 Die Startoberfläche von Adobe Firefly

Direkt unter dem Eingabefeld befindet sich ein horizontaler Menü-Slider mit fünf Bereichen. Der erste Hervorgehoben ist eine Art Startübersicht. Der zweite Punkt – Bild – ist der wichtigste für uns. Hier lassen sich Bilder mithilfe von KI generieren oder bearbeiten. Danach folgen die Bereiche Video, Audio und Vektor.

Unter VIDEO kann man mit einem Textprompt oder einem Bild ein kurzes Video erstellen. Im Audiobereich lassen sich zum Beispiel gesprochene Sätze in andere Sprachen übersetzen oder einfache Soundeffekte erzeugen. Man kann sogar einen sprechenden Avatar generieren, der den gewünschten Text wiedergibt. Der Bereich VEKTOR schließlich dient der Erstellung von Vektorgrafiken, also Bildern, die sich direkt in Illustrator weiterbearbeiten lassen. Da sich dieses Kapitel auf die Arbeit mit Bildern konzentriert, wählen wir den Bereich BILD aus und klicken dort auf die erste Funktion: TEXT ZU BILD.

Im neuen Fenster erscheint unten mittig das zentrale Eingabefeld mit der Überschrift PROMPT. Hier beschreibst du in wenigen Worten, was auf dem Bild zu sehen sein soll. Firefly versteht Deutsch sehr gut, du kannst also direkt schreiben: »Ein Blumenstrauß auf einem Tisch in einem Café«. Ein Klick auf GENERIEREN genügt – nach etwa zehn bis zwanzig Sekunden erscheinen vier Bildvorschläge.

Abbildung 2.10 Die erste Bildgenerierung ist gelungen.

Wenn du eines der Bilder anklickst, wird es vergrößert dargestellt. Du kannst mit kleinen Pfeilen rechts und links zwischen den Varianten wechseln oder auch einfach die Pfeiltasten deiner Tastatur verwenden. In der rechten oberen Ecke jedes Bildes findest du zwei Schaltflächen: Mit dem Pfeil nach unten kannst du das Bild auf deine Festplatte herunterladen, mit dem Ps-Button öffnest du es direkt in Photoshop. Ein Klick auf den grauen Hintergrund außerhalb des Bildes bringt dich zurück zur Übersicht aller vier Vorschläge.

Nun kannst du deinen Textprompt weiterbearbeiten. Iteratives Arbeiten nennt man das. Je detaillierter deine Beschreibung, desto gezielter das Ergebnis. Ich nutze dafür gerne mein Mikrofon, beschreibe meine Bildidee laut und lasse mir von ChatGPT einen präzisen Prompt formulieren. Natürlich kannst du auch selbst herumprobieren – oft helfen schon kleine Änderungen, um das Bild in die gewünschte Richtung zu bringen.

Auf der linken Seite des Fensters findest du zahlreiche Optionen zur Feineinstellung: MODELL, CONTENT-TYP, VISUELLE INTENSITÄT, KOMPOSITION und STILE.

Ganz oben kannst du das Modell wählen, mit dem die Bilder generiert werden. In der Regel empfiehlt es sich, immer das neueste Modell zu verwenden, da es die besten Resultate liefert. Darunter stellst du das Seitenverhältnis ein. Wenn du ein Bild für einen Film brauchst, ist das Format 16:9 ideal. Für Instagram bietet sich 9:16 an. Auch quadratische Formate oder klassische Größen wie 4:3 oder 3:4 sind möglich.

Besonders interessant ist die Einstellung des sogenannten CONTENT-TYPS. Du kannst wählen, ob das Bild wie ein realistisches Foto aussehen soll oder wie ein Kunstwerk. Bei der Einstellung FOTO versucht Firefly, ein möglichst naturgetreues Bild zu erstellen. KUNST liefert Ergebnisse, die eher wie eine Illustration oder ein Grafikdesign wirken. Wenn du dich nicht festlegen möchtest, kannst du die automatische Erkennung aktivieren – Firefly entscheidet dann selbst, welcher Stil zum Prompt passt.

Abbildung 2.11 Die Blumen einmal als Foto, einmal als Kunst

Eine zentrale Rolle spielt der Regler Visuelle Identität. Je weiter du ihn nach rechts schiebst, desto perfekter wirkt dann das Bild – als wäre es von einem Top-Fotografen mit aufwendigem Set und idealem Licht produziert worden. Drehst du den Regler nach links, wirken die Bilder realistischer, fast wie spontane Schnappschüsse. Für filmische oder inszenierte Looks ist die rechte Position ideal. Für dokumentarische oder unperfekte Szenen kann auch ein zurückhaltender Stil sinnvoll sein.

Referenzbilder für Komposition und Stil

Firefly erlaubt es dir außerdem, eigene Bilder als Referenz hochzuladen – entweder für die Komposition oder für den Stil. Bei der Komposition geht es darum, was auf dem Bild wo platziert ist. Du kannst also eine Skizze hochladen, die deine Vorstellung grob vorgibt, und Firefly erzeugt daraus ein Bild, das dieser Bildaufteilung folgt. In einem meiner YouTube-Videos habe ich zum Beispiel ein Foto eines Skateboarders verwendet und dazu den Prompt »Ein Affe fährt Skateboard in der Großstadt« geschrieben. Das Ergebnis zeigte einen Affen in exakt derselben Körperhaltung wie der Junge auf dem Originalbild – aber in einer neuen Kulisse.

Wenn du stattdessen den Stil beeinflussen willst, kannst du ein Bild hochladen oder eine Vorlage aus der Galerie auswählen. In diesem Fall ist nicht wichtig, was auf dem Bild zu sehen ist – sondern **wie** es aussieht: ob es gezeichnet wirkt, in Neonfarben leuchtet oder schwarz-weiß gehalten ist. Die KI übernimmt diesen Stil und kombiniert ihn mit dem Inhalt deines Prompts.

Effekte und Stimmung

Ein weiteres praktisches Tool sind die Effekte, die du unterhalb der Stilreferenz findest. Hier kannst du Einfluss auf Farbe, Lichtstimmung und Kamerawinkel nehmen. Du kannst das Bild zum Beispiel in warmem Ton rendern lassen, eine Gegenlichtsituation wählen oder den Blickwinkel ändern. Alle ausgewählten Effekte erscheinen automatisch im Promptfeld und lassen sich dort wie üblich auch wieder löschen.

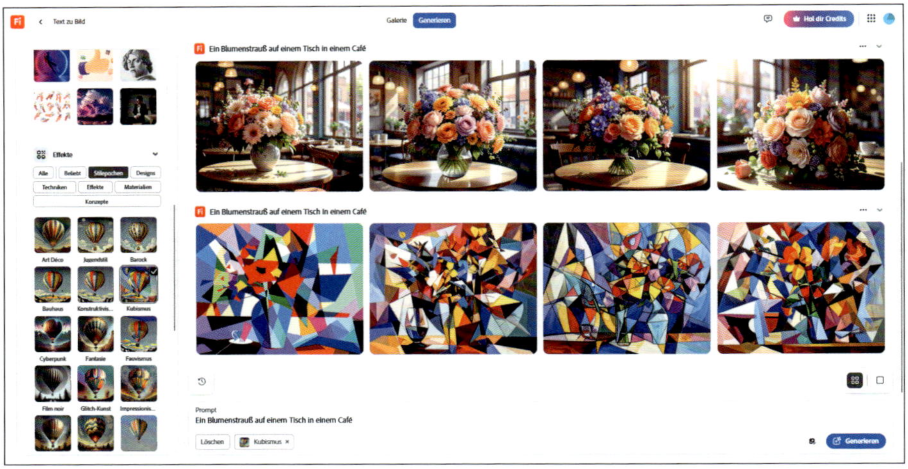

Abbildung 2.12 Kubistische Blumen wurden über einen Effekt erstellt.

Weitere Bearbeitungsoptionen

Wenn du mit der Maus über eines der generierten Bilder fährst, erscheint oben links ein kleines Bleistift-Symbol. Das öffnet die erweiterten Bearbeitungsoptionen. Besonders nützlich ist dabei die Funktion ÄHNLICHE GENERIEREN. Damit erstellt Firefly vier neue Bilder, die auf dem gewählten Bild basieren – mit kleinen, aber feinen Abweichungen. Ideal, um die perfekte Variante zu finden.

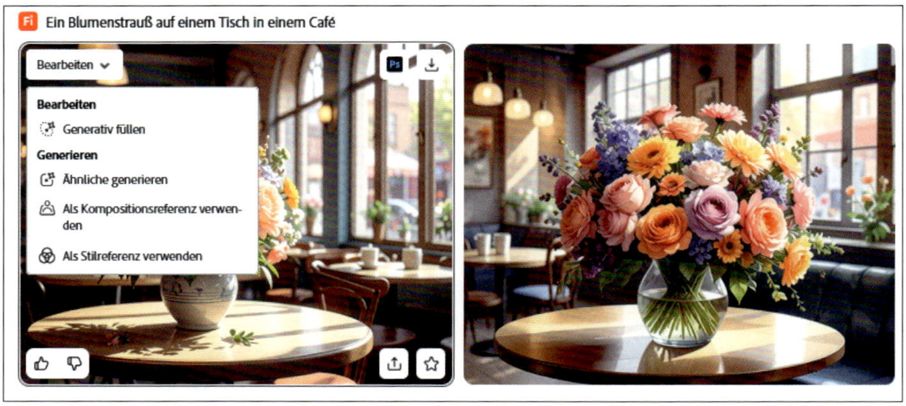

Abbildung 2.13 Die Bearbeitungsfunktionen

Bilder bearbeiten mit Generativ füllen

Wenn wir zurück zur Startseite von Adobe Firefly gehen und im Menü wieder Bild auswählen, finden wir eine weitere sehr praktische Funktion: Generativ füllen. Damit lassen sich bestehende Bilder bearbeiten – also Elemente entfernen, neue hinzufügen oder das Bildformat verändern.

Nach dem Klick auf Generativ füllen öffnet sich eine neue Seite. Zentral im oberen Bereich finden wir den blauen Button Bild hochladen. Darüber lassen sich Bilder direkt von der Festplatte in Firefly laden. Alternativ kann man auch ein bereits generiertes Bild auswählen. Dafür klickt man auf das Bild, öffnet über das Bleistift-Symbol das Bearbeitungsmenü und wählt dort ebenfalls Generativ füllen, um in diesen Modus zu wechseln.

Auf der linken Seite sehen wir nun die vier Bearbeitungsmöglichkeiten: Entfernen, Einfügen, Erweitern und Verschieben. Besonders sinnvoll wird die Funktion Verschieben, wenn man zuvor ins Bild hineingezoomt hat. Das geht ganz einfach, indem man die Maus über den gewünschten Bildbereich zieht und mit dem Mausrad nach oben scrollt. Mit gedrückter ⇧-Taste lässt sich der Bildausschnitt zusätzlich seitlich verschieben. Um wieder herauszuzoomen, scrollt man entsprechend nach unten.

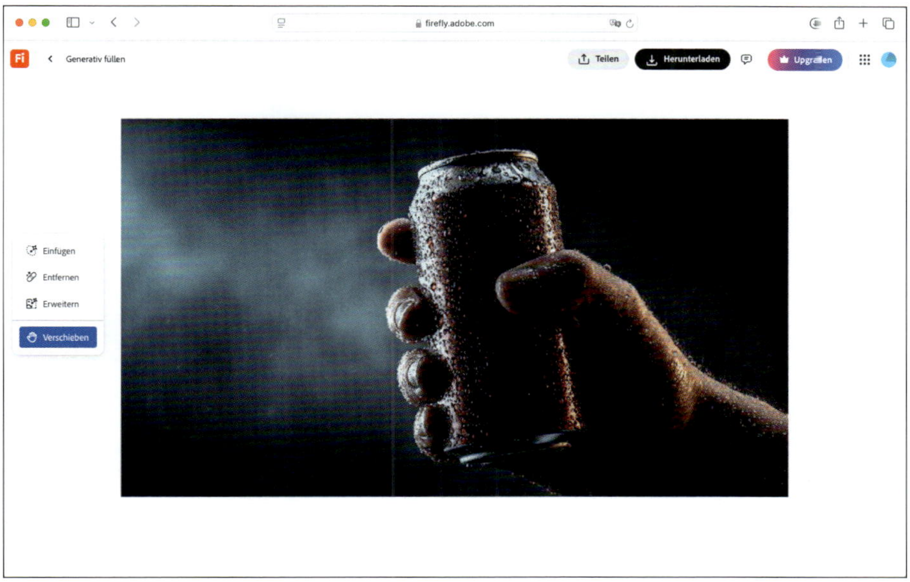

Abbildung 2.14 Bilder bearbeiten über Generativ füllen

Starten wir mit der Funktion ENTFERNEN. Sobald diese aktiviert ist, wird der Mauszeiger zu einem Kreis mit einem kleinen Kreuz – unser Pinselwerkzeug. Unter dem Bild kann man die Pinselgröße, die Härte und die Deckkraft einstellen. Standardmäßig ist der Pinsel auf 64 Pixel, harte Kanten und 100 Prozent Deckkraft eingestellt. Die Härte bestimmt, wie weich die Übergänge der Kante sind. Je weicher, desto sanfter blendet sich das Entfernte ins Bild ein.

In unserem Beispiel wollen wir einen Daumen korrigieren. Diesen markieren wir großzügig mit dem Pinsel – ruhig etwas über den Rand hinaus, denn Firefly erkennt, was gemeint ist, und generiert automatisch einen passenden Hintergrund. Nach einem Klick auf ENTFERNEN erscheint in wenigen Sekunden eine Auswahl von drei Bildern, bei denen das markierte Objekt durch neue Bildinhalte ersetzt wurde.

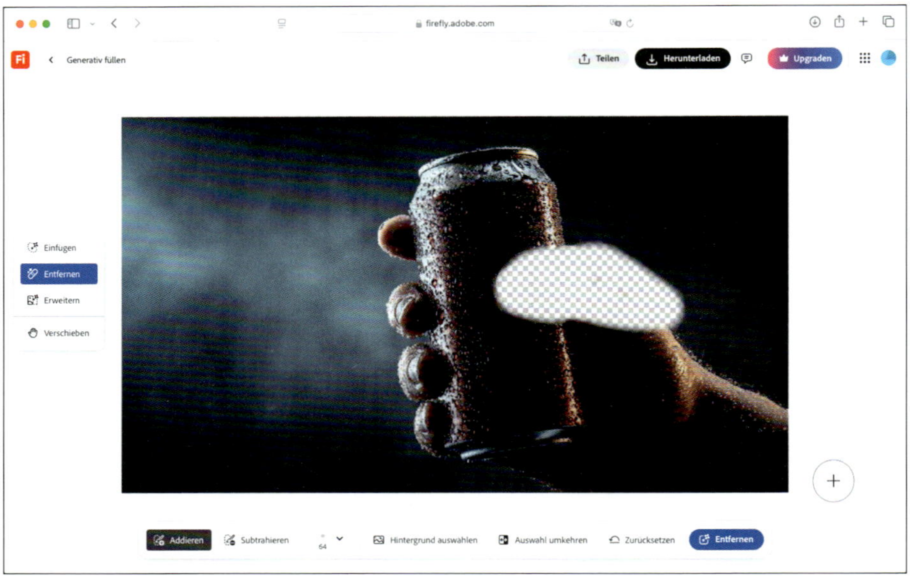

Abbildung 2.15 Die Entfernen-Funktion

Als Nächstes wechseln wir auf EINFÜGEN. Auch hier markieren wir wieder einen Bereich im Bild – diesmal die Stelle, an der etwas Neues erscheinen soll. Sobald die Fläche markiert ist, öffnet sich ein Texteingabefeld. In unserem Beispiel handelt es sich wieder um den Daumen. Wir markieren rechts neben der Dose eine freie Fläche und geben als Prompt einfach »Erstelle einen Daumen« ein.

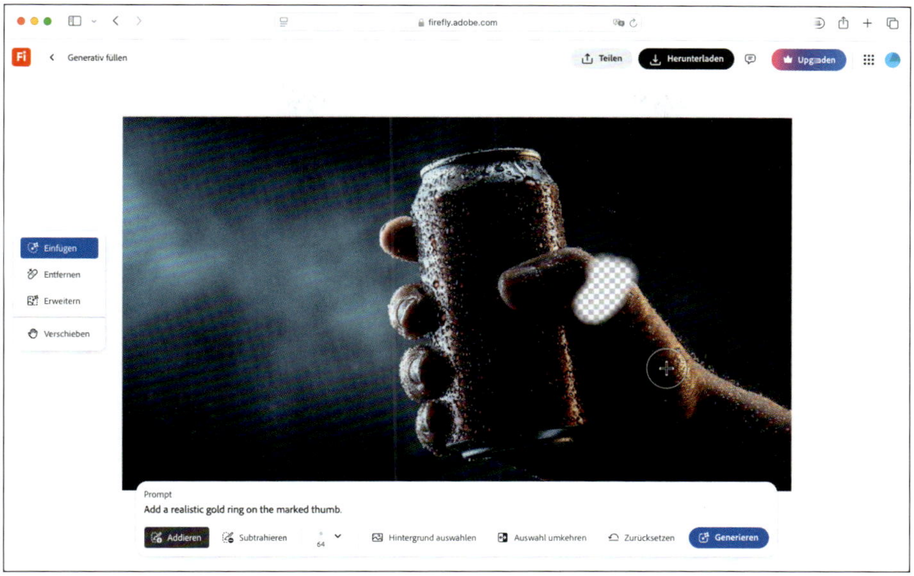

Abbildung 2.16 Die Einfügen-Funktion

Mit einem Klick auf GENERIEREN erstellt Firefly drei Varianten. Falls man mit den Vorschlägen noch nicht zufrieden ist, kann man entweder den Prompt überarbeiten oder rechts unter den drei Bildern auf MEHR klicken, um weitere Varianten zu generieren. So lange, bis das Ergebnis überzeugt.

Jetzt wechseln wir zur Funktion ERWEITERN. Stell dir vor, du hast ein quadratisches Bild, möchtest es aber im Film verwenden – dort brauchst du meistens ein Seitenverhältnis von 16:9. Bisher musste man dafür das Bild beschneiden oder hineinzoomen. Mit Firefly geht das deutlich eleganter: Entweder du ziehst den weißen Rahmen am Rand nach außen, oder du klickst direkt auf den Button BREITBILD 16:9 unter dem Bild. Firefly zeigt dir nun, welche Bereiche links und rechts neu generiert werden. Ein Klick auf GENERIEREN genügt – und das Bild wird in die gewünschte Breite erweitert. Das funktioniert auch nach oben und unten, wenn man andere Seitenverhältnisse benötigt.

Zurück auf der Startseite unter BILD findest du noch weitere spannende Features. SZENE ZU BILD erlaubt es, mit einfachen 3D-Formen eine Szene zu bauen, die dann per KI zu einem realistischen Bild umgewandelt wird. Diese Funktion ist aktuell noch eher experimentell, aber bereits jetzt lassen sich interessante Raum- und Objekt Anordnungen simulieren.

Die Funktion Texteffekte richtet sich vor allem an Designer*innen. Hier kannst du Texte generieren, deren Buchstaben eine bestimmte Oberflächenstruktur bekommen – zum Beispiel Metall, Feuer, Wasser oder auch Fantasie Materialien. Das ist nützlich für Logos, Plakate oder Thumbnails, ersetzt aber natürlich kein vollständiges Layoutprogramm.

Fazit

Am meisten überzeugt Adobe Firefly dort, wo es um Bilderzeugung und Bildbearbeitung mit KI geht. Besonders die Möglichkeit, mit eigenen Prompts ganz gezielt Bilder zu gestalten, sie anschließend zu verändern, anzupassen und rechtssicher weiterzuverarbeiten, macht Firefly zu einem echten Profi-Tool. Es ist nicht einfach ein kreatives Spielzeug, sondern ein vollwertiges Werkzeug für den modernen Medienalltag – gerade in der Film- und Videoproduktion, wo es auf starke Bilder und klare Lizenz Lagen ankommt.

YouTube-Video: Adobe Firefly-Tutorial
https://youtu.be/UIyqA4oXpH4?si=RXZx6AMJS3aXqJSC

2.5 Leonardo.Ai – KI-Allrounder mit großer Community

Leonardo.Ai zählt zu den beliebtesten Tools für KI-generierte Bilder. Schon im kostenlosen Plan erhältst du täglich 150 Tokens – genug, um etwa 10 bis 20 Bilder zu erstellen, je nach verwendetem Modell. Zwar sind einige Funktionen wie Alchemy in der Gratis-Version gesperrt, dennoch lassen sich beeindruckende Resultate erzielen. Mit dem kostenpflichtigen Plan für rund 12 Euro im Monat stehen dir 8500 Tokens zur Verfügung. Das klingt nicht nur nach viel – es ist es auch: Mit einem sparsamen Modell wie Cinematic Kino kannst du damit bis zu 2125 Bilder erzeugen. Selbst bei dem aufwendigsten Modell GPT-Image-1, das 60 Tokens pro Bild benötigt, bleiben immerhin 141 Bilder pro Monat – und das ist im Vergleich zur Konkurrenz ein starkes Angebot.

Ein Überblick über das Interface

Wenn du Leonardo.Ai öffnest, findest du auf der linken Seite das Hauptmenü. Ganz oben steht HOME – hier kannst du dir zahlreiche Beispiele ansehen, die andere Nutzer bereits erstellt haben. Direkt darunter folgt LIBRARY, wo all deine eigenen Bilder gespeichert sind.

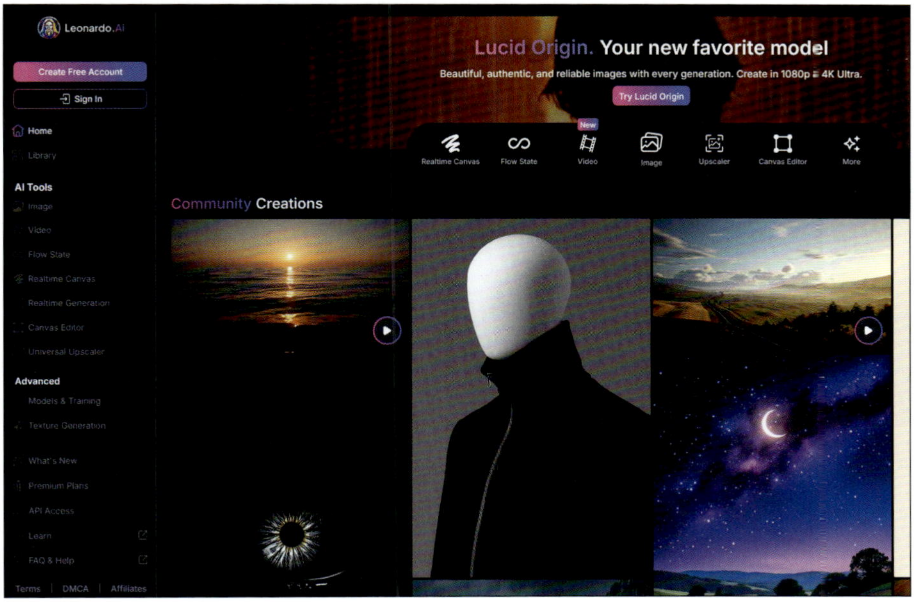

Abbildung 2.17 Die Startoberfläche von Leonardo.Ai

Im Anschluss findest du die verschiedenen AI-Tools. Das wichtigste Tool ist ganz oben: IMAGE – das zentrale Tool zur Bilderstellung. Klickst du darauf, öffnet sich ein neues Fenster mit dem folgenden Aufbau: Oben befindet sich das Texteingabefeld (Promptfeld) für deine Beschreibung, rechts daneben siehst du den blauen Generate-Button, mit dem du den Bildprozess startest. Darunter werden die generierten Bilder angezeigt, und links findest du ein Einstellungsmenü mit zahlreichen Optionen.

Das wichtigste gleich zu Beginn: die Wahl des Blockmodells. Je nachdem, welches Modell du auswählst, verändert sich der Token-Preis pro Bild, welcher im Generate-Button angezeigt wird.

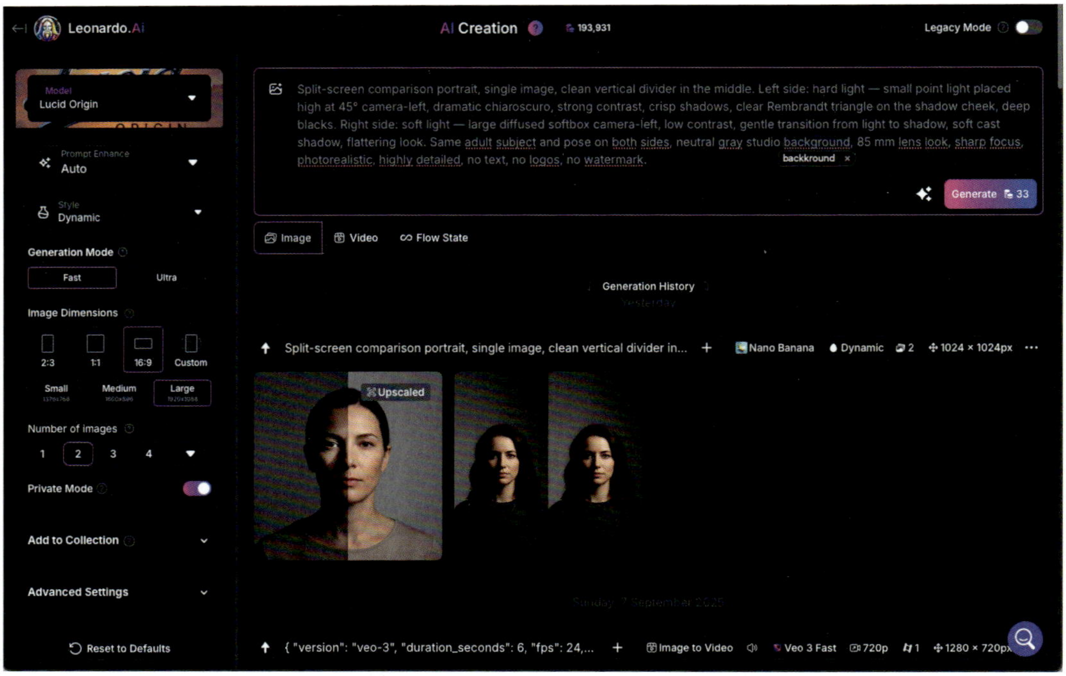

Abbildung 2.18 Die Arbeitsoberfläche

Hier einige Beispiele: *GPT-Image 1* kostet 60 Tokens, *Flux 1 Context* kostet 50 Tokens und einfachere Modelle wie *Anime* nur 10 Tokens (detaillierter gehe ich auf die Modellunterschiede im nächsten Abschnitt ein).

Ebenfalls entscheidend: das Bildformat. In der linken Menüleiste unter IMAGE DIMENSIONS kannst du das Seitenverhältnis anpassen. Für Social Media eignen sich vertikale Formate wie 4:5, 2:3 oder 9:16, für Filme oder YouTube empfiehlt sich das klassische 16:9 Querformat.

Nun gibst du in das Promptfeld eine genaue Beschreibung dessen ein, was du sehen möchtest. Ob du den Prompt auf Deutsch oder Englisch eingibst, macht übrigens keinen Unterschied – beides funktioniert zuverlässig. Mit einem Klick auf GENERATE startet die KI den Prozess. Je nach Einstellung unter NUMBER OF IMAGES links wird entweder ein Bild oder gleich mehrere Varianten erzeugt – in der Regel innerhalb weniger Sekunden.

Nach der Generierung: Funktionen im Bildfenster

Wenn du auf ein Bild klickst, öffnet es sich in voller Größe. Links unten findest du den Upscale-Button, mit dem du die Auflösung des Bildes erhöhen kannst – bis zur doppelten Größe. Rechts befinden sich gleich mehrere nützliche Buttons:

- GENERATE VIDEO macht aus deinem Bild eine kurze animierte Sequenz.
- COPY IMAGE TO CLIPBOARD kopiert das Bild in die Zwischenablage.
- ORGANIZE erlaubt es dir, Bilder in Ordner zu sortieren.
- DOWNLOAD IMAGE speichert das Bild lokal auf deinem Gerät.
- DELETE IMAGE entfernt das Bild dauerhaft.

Im Menü mit den drei Punkten finden sich noch weitere nützliche Funktionen. Mit REMOVE BACKGROUND kannst du den Hintergrund des Bildes automatisch entfernen – ideal, wenn du das Hauptmotiv freistellen möchtest, z. B. für ein Composing oder einen transparenten Export.

DESCRIBE WITH AI erstellt für dich einen Prompt-Vorschlag basierend auf dem ausgewählten Bild. Das ist besonders praktisch, wenn du ein gelungenes Bild von jemand anderem siehst und ein ähnliches Motiv erzeugen willst. Ein Beispiel: Du entdeckst ein schönes Katzenbild und möchtest stattdessen einen Hund im gleichen Stil. Dann klickst du auf DESCRIBE WITH AI, ersetzt im vorgeschlagenen Prompt das Wort »Cat« durch »Dog« – und kannst direkt loslegen, ohne selbst von Null zu starten.

Eine weitere spannende Funktion ist EDIT IN CANVAS. Damit kannst du das Bild direkt im Leonardo-Canvas weiterbearbeiten, Elemente hinzufügen oder entfernen, oder Teile des Bildes neu generieren lassen. Auf die Möglichkeiten des Canvas-Tools gehe ich später im Detail ein – es lohnt sich!

Die verschiedenen Modelle

Sehen wir uns nun ausführlich die vielen verschiedenen Leonardo-Modelle an.

- **GPT-Image 1:** Das aktuell leistungsfähigste Modell für Texte in Bildern – perfekt, wenn Schriftzüge oder Text-Elemente ins Bild integriert werden sollen (z. B. Tafeln, Schilder, Buchseiten).

- **Flux 1 Context:** Hochwertige Bildqualität mit Kontextverständnis – besonders geeignet für komplexe, realistische Szenen mit mehreren Objekten oder Handlungselementen
- **Lucid Realism:** Erzeugt gestochen scharfe, realistische Bilder – ideal für Werbegrafiken, Stock-ähnliche Fotos oder moderne Produktdarstellungen
- **Phoenix 1.0:** Das vielseitigste Allround-Modell – funktioniert zuverlässig für viele Stile und Themen, besonders gut für kreative Experimente
- **Flux Dev:** Entwicklerfokussiertes Modell für fortgeschrittene Anwendungen – eignet sich besonders für präzise Promptsteuerung und technische Bildwelten
- **Flux Schnell:** Die schnelle Variante von Flux – ideal für schnelles Prototyping und Variationen, wenn es auf Geschwindigkeit ankommt
- **Phoenix 0.9:** Der Vorgänger von Phönix 1.0 – liefert solide Ergebnisse mit geringerem Ressourcenverbrauch, gut geeignet für einfache Szenen oder Tests
- **Anime:** Für alle, die Anime-Stil lieben – erzeugt ausdrucksstarke, bunte Charaktere im klassischen, japanischen Stil
- **Cinematic Kino:** Für Bilder mit Filmlook – liefert Ergebnisse wie aus einem Hollywood-Blockbuster mit dramatischer Lichtsetzung und cineastischem Stil
- **Concept Art:** Ideal für Gamedesign, Filmkonzepte oder Weltenerstellung – schnelle Skizzen und stilisierte Entwürfe mit künstlerischem Anspruch
- **Graphic Design:** Optimiert für klare Linien, plakative Typografie und modernes Layout – perfekt für Poster, Plakate oder visuelle Kampagnen
- **Illustrative Albedo:** Für illustrative Oberflächen und Texturen – wird häufig in 3D-Designs verwendet, um stilisierte Materialien zu generieren
- **Leonardo Lightning:** Extrem schnelles Modell für schnelle Variationen – ideal für Entwurfsphasen, wenn man viele Prompts in kurzer Zeit testen möchte
- **Lifelike Vision:** Für extrem realistische Bilder – von Porträts bis zu Stillleben; fast nicht von echten Fotos zu unterscheiden
- **Portrait Perfect:** Spezialisiert auf hochwertige, charakterstarke Porträts – ideal für KI-generierte Gesichter mit Tiefe und Emotion
- **Stock Photography:** Für professionelle, alltagstaugliche Bilder – optimiert auf den Stil klassischer Stockfotos, perfekt für Webseiten und Präsentationen

Weitere Einstellmöglichkeiten

Neben der Modellauswahl findest du auf der linken Seite der Image-Seite von Leonardo.Ai zahlreiche zusätzliche Einstellungsmöglichkeiten, mit denen du das Aussehen und die Organisation deiner Bilder noch präziser steuern kannst.

- STYLE: Wähle einen visuellen Stil, der auf dein Bild angewendet werden soll – etwa PASTELL, SKIZZE, 3D oder REALISTISCH. Diese Vorgabe beeinflusst die Ästhetik und Stimmung des generierten Bildes.
- CONTRAST steuert die Bildkontraste – von weich (Low) bis kräftig (High). Nicht alle Modelle unterstützen diese Option, etwa Flux derzeit nicht.
- GENERATION MODE: Drei Qualitätsstufen stehen zur Auswahl: FAST für schnelle, aber grobe Ergebnisse, QUALITY fr ein ausgewogenes Verhältnis von Qualität und Geschwindigkeit und ULTRA für höchste Qualität bei längerer Rechenzeit (nur bei bestimmten Modellen verfügbar)
- IMAGE DIMENSIONS: Hier kannst du das Seitenverhältnis und die Auflösung deines Bildes festlegen – mit voreingestellten Formaten wie 1:1, 16:9, 9 16 oder benutzerdefiniert. Wichtig für Social Media, Filmformate oder Druck.
- NUMBER OF IMAGES: Gibt an, wie viele Bilder bei einer Prompt-Eingabe erzeugt werden sollen. Praktisch, wenn du Variationen sehen möchtest – kostet allerdings entsprechend mehr Tokens.
- ADD TO COLLECTION: Hier kannst du Bilder automatisch einem Ordner (Collection) zuweisen. Das ist dann hilfreich, wenn du an einem Projekt arbeitest und möchtest, dass alle neu generierten Bilder gleich in einer passenden Sammlung landen. Du kannst beliebig viele Collections erstellen und verwalten.

Unter ADVANCED SETTINGS findest du weitere Steuerungsmöglichkeiten.

- MODELWAHL (falls nicht über das Hauptmenü gewählt)
- PHOTOREAL: Aktiviert die fotorealistische Verbesserung
- NEGATIVE PROMPT: Gibt an, was *nicht* im Bild vorkommen soll
- TRANSPARENCY: Erstellt Bilder mit transparentem Hintergrund (je nach Modell)
- TILING: Erzeugt nahtlose Texturen für 3D oder Muster
- USE FIXED SEED: Für reproduzierbare Ergebnisse – das Bild kann mit denselben Einstellungen erneut erzeugt werden.

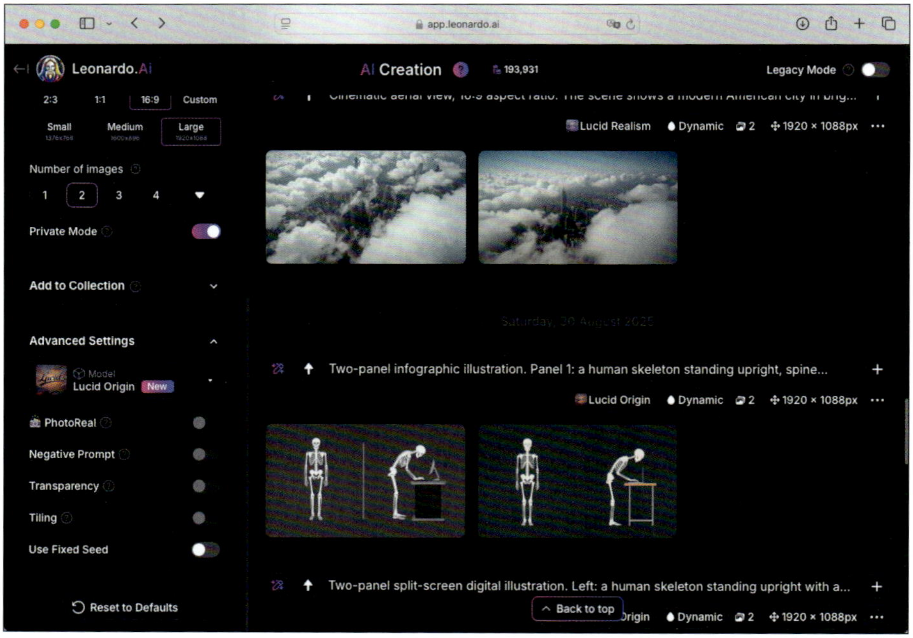

Abbildung 2.19 Advanced Settings

Image Guidance – Bilder gezielt mit Referenzen steuern

Eine besonders effiziente Möglichkeit, Einfluss auf die Ergebnisse der KI zu nehmen, ist die Funktion Image Guidance. Du findest sie direkt links neben dem Texteingabefeld – erkennbar am kleinen Bildsymbol. Ein Klick darauf öffnet ein Menü, in dem du zwischen drei Referenztypen wählen kannst: Style Reference, Character Reference und Content Reference. Je nach gewähltem Modell kannst du bis zu vier Referenzbilder gleichzeitig verwenden. Diese können auf drei Wegen eingebunden werden:

- Als eigene Fotos von deiner Festplatte (z. B. mit dem Smartphone aufgenommen)
- Als Bilder, die du selbst in Leonardo erstellt hast
- Als Bilder anderer User, die du z. B. in der Home-Galerie findest

Mit Style Reference übernimmst du den visuellen Stil eines Bildes – also etwa, ob es eher wie ein Gemälde, ein Cartoon, ein Foto oder eine Bleistiftzeichnung wirkt. Diese Funktion eignet sich ideal, wenn du z. B. eine Szene im Stil eines bestimmten Künstlers oder einer Epoche gestalten möchtest.

Mit Character Reference kannst du Figuren oder Personen aus einem Bild übernehmen. So ist es zum Beispiel möglich, ein Bild von sich selbst hochzuladen – und sich anschließend als Astronaut, Ritter, Model oder Comicfigur generieren zu lassen. Gerade für Familienmitglieder, Freunde oder Social-Media-Content bietet das enormen Spaßfaktor. Allerdings muss man wissen: Die Ähnlichkeit ist in der Regel nicht 100 % exakt – wahrscheinlich aus Schutzgründen gegen Missbrauch wie Deepfakes. Die KI erkennt also Charakterzüge, aber wandelt sie meist leicht ab.

Mit Content Reference lassen sich Formen, Kompositionen und Gegenstände übernehmen. Ein Beispiel: Du lädst ein Foto deines Autos hoch – und lässt dir von Leonardo zeigen, wie dieses Auto in New York aussieht, in der Farbe Rot und mit futuristischem Hintergrund. Die Position des Objekts, die Perspektive und oft sogar grobe Lichtstimmungen bleiben dabei erhalten.

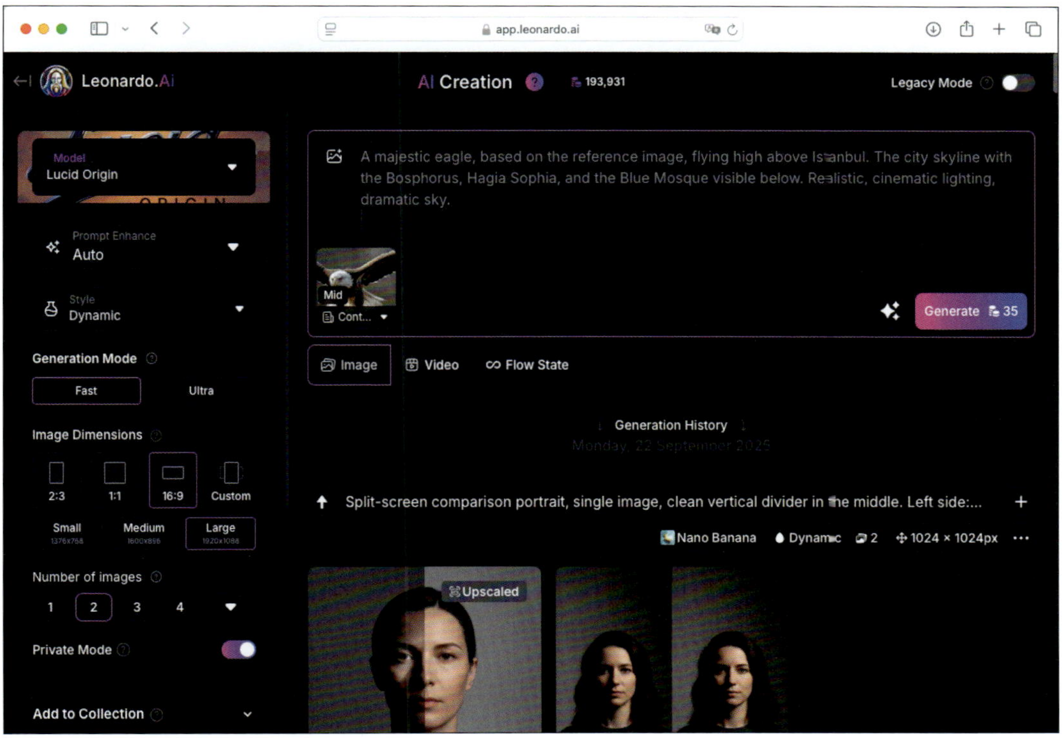

Abbildung 2.20 Content Reference

In Bezug auf die Referenzbilder gibt es noch mehr Kontrolle mit STRENGTH und weiteren Optionen: Sobald du ein oder mehrere Referenzbilder ausgewählt hast, erscheinen sie klein unterhalb deines Texteingabefelds. Wenn du mit der Maus darüberfährst, kannst du mit dem kleinen X rechts oben eine Referenz wieder entfernen. Mit dem Pfeil nach unten kannst du den Einfluss (STRENGTH) der Referenz einstellen – von LOW bis MAXIMUM. Das ist besonders hilfreich, wenn du mehrere Referenzen verwendest: So kannst du gezielt steuern, welche davon dominanter sein soll.

Add to Collection

Eine weitere praktische Funktion ist ADD TO COLLECTION direkt unterhalb der Prompteingabe. Damit kannst du deine generierten Bilder automatisch in einem bestimmten Ordner (Collection) speichern lassen. Das ist besonders sinnvoll, wenn du an einem konkreten Projekt arbeitest, bei dem viele Varianten entstehen – so bleibt alles automatisch organisiert. Du kannst beliebig viele Collections anlegen und jeweils gezielt aktivieren.

Der Canvas-Editor: Dein KI-Bildbearbeitungsstudio

Der Canvas-Editor von Leonardo.Ai ist ein leistungsstarkes Tool, das dir ermöglicht, KI-generierte Bilder präzise zu bearbeiten und zu verfeinern. Mit Funktionen wie Inpainting, Out Painting, Maskierung und Skizzieren bietet er eine Vielzahl von Möglichkeiten zur kreativen Gestaltung. Zusätzlich erlaubt er dir, die Bildkomposition gezielt zu steuern: Du kannst einzelne Bereiche präzise auswählen, löschen oder ersetzen, eigene Elemente hinzufügen oder den Stil des gesamten Bildes verändern. Licht, Farbe und Perspektive lassen sich außerdem aneinander anpassen, um harmonische und realistische Ergebnisse zu erzielen.

Der Canvas-Editor ist über die linke Seitenleiste unter »Canvas« erreichbar. Hier kannst du bestehende Bilder hochladen oder neu generierte Werke weiterbearbeiten. Folgende wichtige Funktionen findest du hier:

- **Bild hochladen:** Lade ein Bild von deinem Computer, aus deinen bisherigen Generationen oder aus der Community hoch.
- **Auswahlwerkzeug:** Verschiebe Elemente auf der Leinwand, einschließlich des Generierung Rahmens.

- **Maskieren & Radieren:** Markiere Bereiche, die du ändern möchtest, oder entferne unerwünschte Elemente.

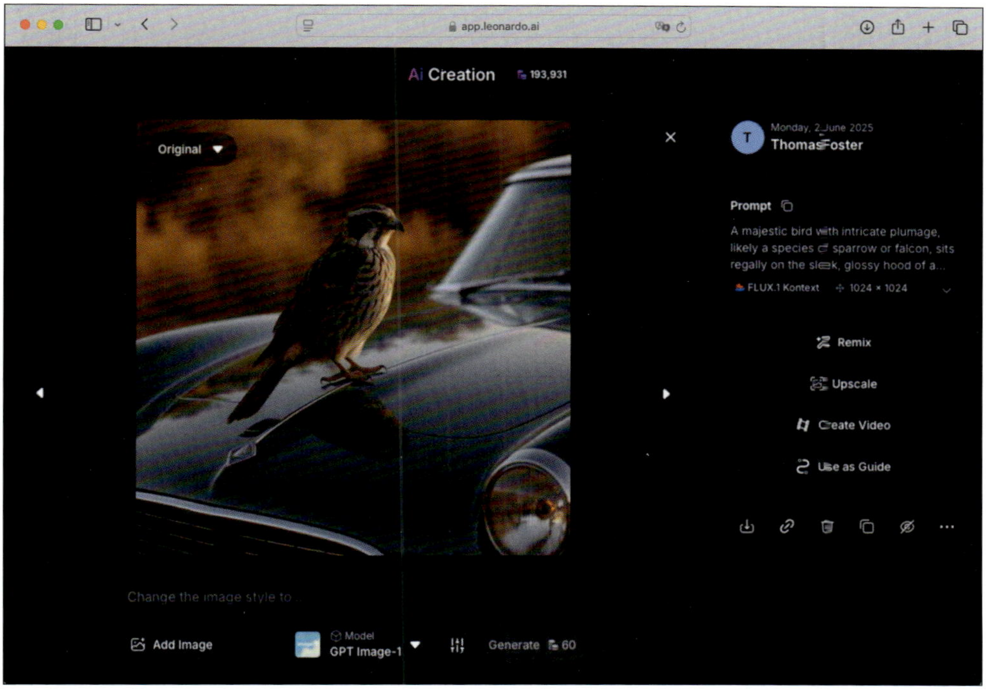

Abbildung 2.21 Der Canvas-Editor

- **Skizzieren:** Füge grobe Zeichnungen hinzu, um der KI Hinweise für die Generierung zu geben.
- **Inpainting & Out Painting:** Ersetze oder erweitere Bildbereiche nahtlos.
- **Fokusmodus:** Bearbeite spezifische Bildbereiche mit erhöhter Präzision.
- **Modellauswahl:** Wähle das passende KI-Modell für deine Bearbeitung aus.
- **Prompteingabe:** Gib Textbeschreibungen ein, um die gewünschten Änderungen zu steuern.
- **Stärke der Bearbeitung:** Bestimme, wie stark die Änderungen das Originalbild beeinflussen sollen.
- **Variationen & Download:** Erzeuge mehrere Versionen deiner Bearbeitung und lade die besten Ergebnisse herunter.

Anwendung

Wenn du nicht genau weißt, wofür du den Canvas-Editor verwenden sollst, überlege doch einmal folgende Anwendungsbereiche:

- Fehlerkorrektur: Entferne unerwünschte Elemente oder korrigiere Details im Bild.
- Stiländerung: Passe den Stil eines Bildes an, z. B. von realistisch zu cartoonhaft.
- Hintergrundbearbeitung: Ersetze oder erweitere Hintergründe, um neue Szenen zu erstellen.
- Objekterweiterung: Füge neue Elemente hinzu oder erweitere bestehende Objekte im Bild.
- Personalisierung: Integriere persönliche Fotos oder spezifische Charaktere in deine Bilder.

YouTube-Video: Leonardo.Ai-Tutorial:
Alle Bildfunktionen einfach erklärt
https://youtu.be/1jijXTYTIE4

2.6 NanoBanana – KI-Bildbearbeitung, die Gesichter und Details treu hält

Ende August hat Google unter dem Codenamen NanoBanana ein neues Bildmodell freigeschaltet, das die Bildfunktionen von Gemini deutlich nach vorn bringt. Hinter dem Namen steckt Gemini 2.5 Flash Image: ein System, das Bilder nicht nur generiert, sondern vorhandene Fotos in mehreren Schritten kontextbewusst editiert – und dabei Gesichter, Tiere oder Objekte erkennbar gleichhält. Für mich war das der Aha-Moment: Ich lade ein Foto von mir hoch, sage in normaler Sprache »anderes Outfit«, »neue Umgebung«, »Kamera leicht von links vorne«, und bekomme eine Serie stimmiger Varianten, ohne dass mein Gesicht plötzlich »kippt«.

Besonders stark ist NanoBanana, wenn mehrere Quellen zusammenkommen. Ich kann mein Porträt und ein Produktfoto kombinieren, sodass ich dieses Produkt glaubwürdig in der Hand halte. Ich kann mir neue Blickwinkel geben lassen, den Ausdruck ändern oder ein Motiv in eine andere Szene setzen – und trotzdem bleibt die Person dieselbe. Genau diese Mischung aus Schritt-für-Schritt-Edits, Blickwinkelwechseln und Identitätstreue hebt NanoBanana von früheren Tools ab. In meinen Tests habe ich damit u. a. Thumbnail-Motivserien gebaut, Look-Varianten für Social-Visuals erzeugt und schnelle Produkt-Mockups erstellt, die ich früher mit viel Retuschezeit oder Fototerminen hätte abfangen müssen.

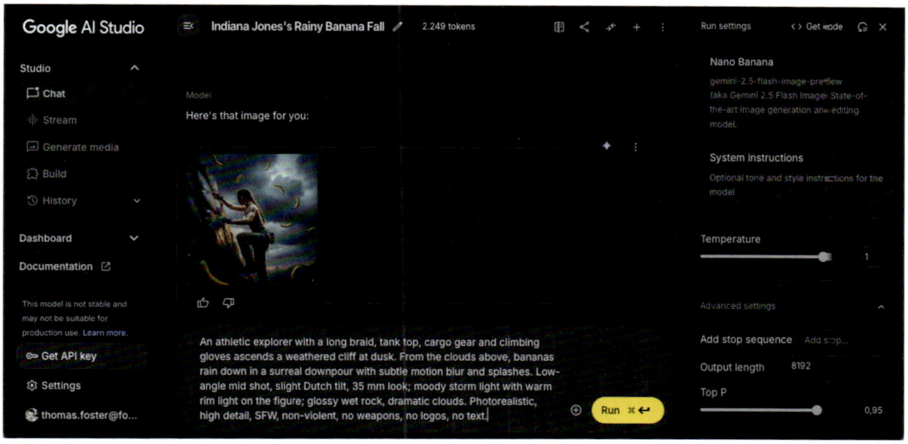

Abbildung 2.22 Nano Banana in Google AI Studio

Zum Ausprobieren reicht die Gemini-App (Web und mobil); dort funktionieren die wichtigsten Bearbeitungen bereits in der kostenlosen Version – Limits gibt es vor allem bei Umfang und Anzahl. Für größere oder wiederkehrende Workflows nutze ich Google AI Studio, also die Entwickleroberfläche von Google; wer Prozesse anbinden will, kann dasselbe Modell zusätzlich per API ansprechen (Vertex AI). Das ist optional, aber hilfreich, wenn man sich kleine interne Tools bauen oder automatisiert Varianten erzeugen möchte. Preislich bleibt das entspannt: eine Ausgabe kostet nur wenige Cent pro Bild – ausreichend günstig, um in Iterationen zu denken, statt auf den ersten Versuch zu hoffen.

Im Alltag nutze ich NanoBanana vor allem für Folgendes:

- Outfit- und Requisitenwechsel
- Hintergründe

- Lichtstimmungen
- Mimik und Pose
- Kameraperspektiven
- Multi-Image-Fusion (Porträt plus Produkt, Person plus Tier, Objekt in Raum).
- Design-/Textur-Transfer: Muster auf Kleidung oder Oberflächen übertragen, Holz statt Metall, matte statt glänzende Materialien oder Ähnliches.

Für Kreative bedeutet das: Thumbnails, Key-Visuals, Produkt-Shots, Moodboards und Lookbooks sind schnell gebaut – und, wichtig für Serien, stil- und gesichtstreu.

Aber es gibt auch noch Grenzen. Google kennzeichnet Ausgaben automatisch (sichtbar und mit SynthID) und setzt strenge Sicherheitsregeln durch. In meinen Versuchen wurden Prominenten-Uploads und Edits mit klar erkennbaren Stars – sowohl in der App als auch in AI Studio – konsequent abgelehnt. Das erklärt, warum im Netz Beispiele zirkulieren, die anders wirken: Je nach Oberfläche, Region oder Modellstand wurden Guardrails zeitweise lockerer gehandhabt. Zusätzlich bleiben typische KI-Macken: gelegentlich eine zusätzliche Hand, unlogische Details, nicht perfekt gerenderter Text oder ignorierte Seitenverhältnisse. Das passiert seltener als früher, ist aber nicht weg.

Was sich für mich bewährt: kleine, präzise Schritte statt eines Sammelprompts – erst Outfit, dann Hintergrund, dann Kamera. Referenzbilder helfen enorm (Stoffmuster, Produkt-Close-ups, Lichtstimmungen). Und bei heiklen Details wie Händen, Logos oder Stoffstrukturen arbeite ich lieber mit näheren Bildausschnitten. Ich lasse mir zwei bis drei Varianten ausgeben und wähle die beste, statt Perfektion beim ersten Schuss zu erwarten. So fühlt sich die Arbeit wie ein Gespräch an: kurze Ansage, Ergebnis prüfen, nächste Ansage – und am Ende steht eine konsistente Bildreihe.

Unterm Strich ist NanoBanana für mich ein Generationssprung. Die Ergebnisse kommen schnell, bleiben über mehrere Edits hinweg konsequent, und viele Arbeitsschritte, die früher Retusche-Know-how oder umfangreiche Shootings gebraucht hätten, lassen sich heute direkt im Dialog mit der KI erledigen. Für Bild-Workflows in Film- und Videoprojekten – vom Key-Visual bis zur Produkt-Stills-Serie – öffnet das Türen, die vor Kurzem schlicht nicht praktikabel waren.

YouTube-Video: NanoBanana killt Photoshop
https://youtu.be/MBvqEwegIRQ?si=CeExxosxvEjZ86bA

2.7 Seedream 4.0 – KI-Bildbearbeitung auf neuem Niveau

Kurz vor Abgabe dieses Buches hat Bytedance – also die Firma hinter TikTok – ihr neues Bildmodell Seedream 4.0 vorgestellt.

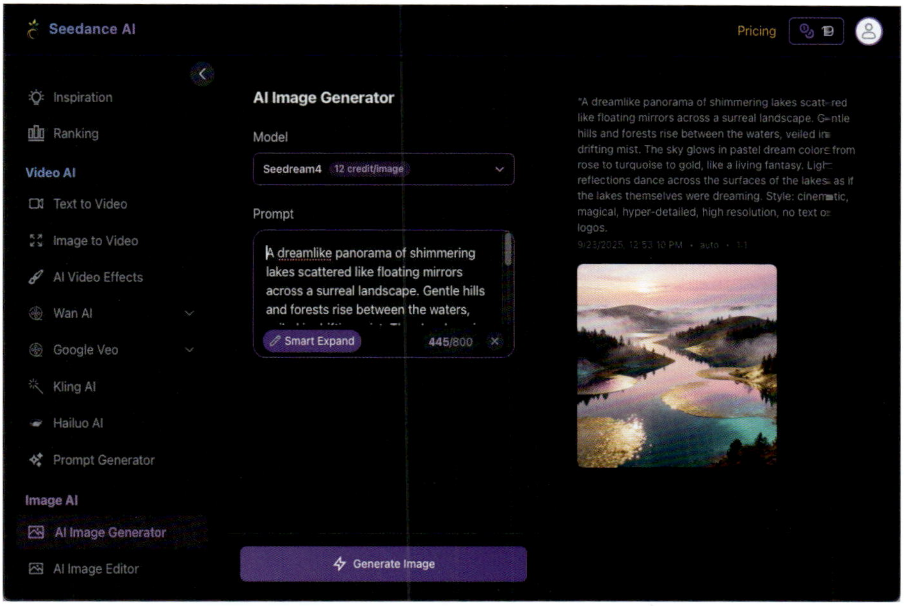

Abbildung 2.23 Der Bildgenerator Seedream 4

Und ehrlich gesagt: Das setzt noch mal einen drauf. Während NanoBanana (Gemini 2.5 Flash Image) mich mit konsistenten Gesichtern und kontextbewussten Edits begeistert hat, legt Seedream 4.0 vor allem bei Auflösung, Flexibilität und Bildbearbeitung nach:

- **4K statt 1K oder 2K:** Bilder kommen direkt in Kinoqualität, ohne dass man später hochskalieren muss. Auch ungewöhnliche Formate – 9:16 fürs Handy oder breite Cinemascope-Looks – lassen sich sofort erzeugen.
- **Perspektiven wechseln wie im Film:** Ich kann ein einziges Foto hochladen und per Prompt den Blickwinkel verändern – »von hinten«, »von oben«, »leicht schräg« – und bekomme Versionen, die wirken, als hätte ich die Szene tatsächlich neu fotografiert.
- **Bearbeiten statt nur generieren:** Seedream 4.0 nimmt bestehende Bilder, entfernt Objekte, passt Lichtstimmungen an oder tauscht Details aus – alles mit einem schlichten Textbefehl. Ein altes Familienfoto in Schwarzweiß? Prompt: »Colorize and repair scratches« – und man hält ein farbig restauriertes Bild in der Hand.
- **Konsistente Produktserien:** Besonders stark ist das Modell darin, ganze Linien von Objekten in einheitlichem Look zu gestalten. Für Designer oder Marketing-Teams heißt das: komplette Mockups in Sekunden.

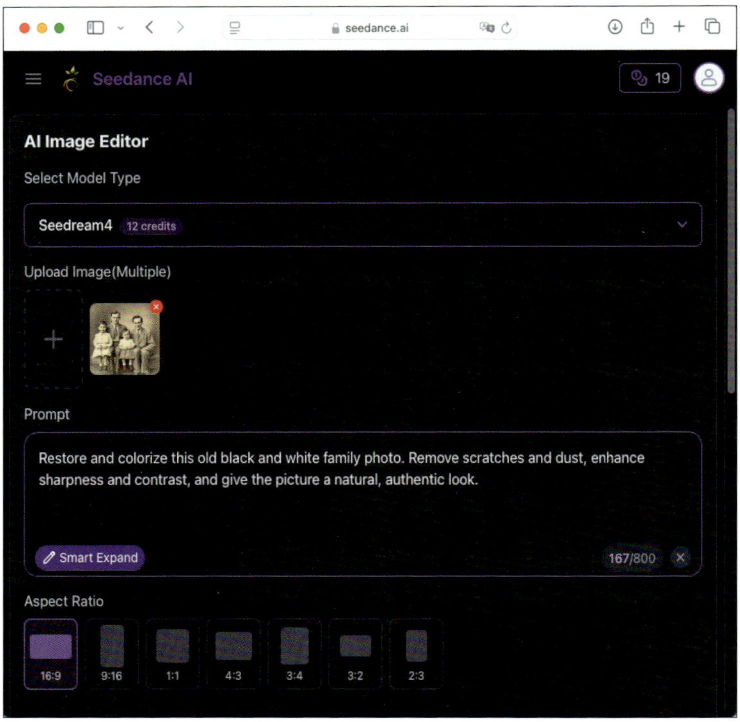

Abbildung 2.24 Bearbeiten mit Seedream

In Benchmarks hat Seedream 4.0 viele Kategorien vor Gemini 2.5 gewonnen, vor allem bei Stiltransfer und Bildbearbeitung. Klar, auch hier gibt es noch Limitierungen: Texte im Bild sind nicht immer perfekt gesetzt, und bei sehr komplexen Prompts können Fehler auftauchen. Aber die Richtung ist eindeutig: Von Woche zu Woche verschwinden frühere Schwächen.

Ich selbst nutze Seedream 4.0 direkt über die Homepage von Seedance AI, wo sich das Modell unkompliziert auswählen lässt. Darüber hinaus ist es auch auf Plattformen wie FAL.ai oder Replicate verfügbar, die generell Zugang zu vielen verschiedenen KI-Modellen bieten.

Für mich zeigt Seedream 4.0 vor allem eines: Wir stehen mitten in einem Wettrennen, bei dem jedes neue Modell in kürzester Zeit das bisherige übertrifft. NanoBanana fühlte sich wie ein Generationssprung an – Seedream 4.0 macht direkt den nächsten.

2.8 Praxis: Ein Pixar-Style-Kurzfilm zu »Life Feels Good With You Around«

Die Grundidee war schnell klar: ein kleiner Koala, der in Berlin bei Nele landet, neugierig die Welt entdeckt und am Ende eine echte Freundschaft findet. Visuell sollte das nach Pixar schmecken – weich, warm, charmant – aber trotzdem eigenständig bleiben. Bevor ich etwas animiert habe, habe ich die Geschichte komplett in Stills entwickelt: als Keyframes, als kleine Panels, als Moodshots. Genau hier spielen KI-Bildgeneratoren ihre Stärke aus: Man kann in kurzer Zeit viele Varianten bauen, Stimmungen testen und eine Bildwelt formen, die später nahtlos in Bewegung übergeht.

Abbildung 2.25 Life feels good: ein Film im Pixar-Stil

Der Schlüssel: konsistente Charaktere

Das größte Problem bei KI-Bildern ist nicht die Auflösung oder der Stil – es sind konsistente Figuren. Ein Charakter darf nicht von Szene zu Szene plötzlich andere Augen, eine andere Frisur oder eine andere Proportion haben. Deshalb habe ich mir von beiden Hauptfiguren Ankerbilder erstellt: ein klares Bild vom Koala (Frontansicht, leichtes Dreiviertelprofil) und eines von Nele (neutrale Pose, Gesicht klar erkennbar). Beide Dateien habe ich im Projektordner mit einem Sternchen versehen, damit sie ganz oben stehen.

Mein Workflow in ChatGPT (mit DALL·E 3 als Bildmodell) war dann konsequent gleich: Vor jedem Prompt habe ich im Eingabefeld das kleine Plus-Symbol genutzt und die passende Referenz wieder hochgeladen. Nur Koala? Nur Koala-Bild. Nur Nele? Nur Nele-Bild. Beide im Frame? Beide hochladen. Das wirkt banal, ist aber entscheidend: Verlässt man sich auf die »Erinnerung« des Systems, rutscht die Identität gerne weg – plötzlich ist Nele jünger, hat kürzere Haare oder der Koala sieht ganz anders aus. Mit dem ständigen Re-Attach der Referenzen blieben beide Figuren über die ganze Produktion stabil.

Ich habe meine Szenen nicht mit Fachbegriffen wie »35 mm Brennweite« oder »Dolly-Shot« entworfen. Stattdessen habe ich ChatGPT, meine Gedanken einfach so gesagt, wie sie mir in den Sinn kamen: »Der Koala sitzt auf dem Sofa, schaut neugierig zum Fernseher, die Sonne fällt durchs Fenster, es soll gemütlich wirken.« ChatGPT hat daraus dann Prompts formuliert, die viel filmischer klangen, als ich es je hingekriegt hätte.

Und genau das ist der Punkt, den ich wichtig finde: Man muss selbst kein Kamera-Profi sein. Es reicht, wenn man seine Vorstellungen beschreibt. ChatGPT übersetzt das Ganze dann automatisch in eine Sprache, die das Bildmodell versteht. Ob man »warm getöntes Abendlicht« sagt oder einfach »die Sonne scheint orange durchs Fenster« – das Resultat wird funktionieren.

Wenn die KI »versteht«, aber das Bild nicht passt

Ein schönes Beispiel für die Tücken ist die »Elefanten-Nummer«. In der Szene entdeckt der Koala die Fernbedienung, zappt sich in eine Doku und sieht dort einen Elefanten. Kurz darauf versucht er, sich mit Neles Haushaltsgegenständen zu verkleiden: Staubsaugerrohr als Rüssel, Topfdeckel als Ohren. ChatGPT hat sofort verstanden, was ich wollte – aber DALL·E 3 lieferte oft Bilder, die nicht funktionierten. Mal fehlte der Staubsauger, mal sah der Koala seltsam aus, mal war die Idee nicht lesbar.

Die Lösung war, die Szene in mehrere Frames aufzuteilen: erst Koala mit Fernbedienung, dann der Elefant im TV, dann Koala, der die Requisiten entdeckt, und schließlich das fertige Elefanten-Kostüm. So wurde der Gag verständlich – und die KI konnte die Elemente Schritt für Schritt umsetzen.

Abbildung 2.26 Problem gut gelöst

Warum habe ich mich überhaupt für ChatGPT entschieden? Ich habe den Koalabären im Pixar-Stil in mehreren Tools ausprobiert – Midjourney, Leonardo.Ai, ein paar weitere Plattformen – und parallel auch in ChatGPT, wo die Bilder mit DALL·E 3 erzeugt werden. Und in diesem ganz konkreten Beispiel waren die Ergebnisse aus ChatGPT für mich mit Abstand die besten: der Look war am nächsten an dem, was ich mir vorgestellt hatte, die Bilder hatten genau diese freundliche, animierte Anmutung.

Das Problem zeigte sich erst im Workflow. Während Midjourney extrem schnell arbeitet und gleich vier Bilder parallel ausspuckt, dauert bei ChatGPT jede Generierung vergleichsweise lange. Man kann immer nur ein Bild nach dem anderen erstellen, und währenddessen lässt sich kein zweiter Prompt starten. Dazu kommt, dass ChatGPT oft noch einmal nachfragt (»Soll ich dieses Bild jetzt erstellen?«), sodass man leicht denkt, die Berechnung sei schon im Gange, obwohl noch nichts passiert ist.

Das macht die Arbeit mühsamer und deutlich langsamer, als ich es von anderen Tools gewohnt war. Deshalb habe ich am Ende nicht alle Bilder ausschließlich hier erstellt, obwohl die Qualität unschlagbar war. Eine Lösung fand ich später mit Sora: dort basiert die Bildgenerierung ebenfalls auf DALL·E 3, die Ergebnisse sehen also gleich aus – aber man kann mehrere Prompts gleichzeitig laufen lassen. Und noch später kam der ChatGPT-Agent hinzu, mit dem sich mehrere Bildaufträge automatisch nacheinander abarbeiten lassen. Den gab es zu dem Zeitpunkt meines Projekts noch nicht, aber beim Test danach war schnell klar: Für zukünftige Workflows könnte das eine deutlich bessere Lösung sein.

Fazit: Für *Life Feels Good With You Around* hat mir der Bild-First-Ansatz geholfen, die Tonalität zu finden: ein weicher, freundlicher, leicht verspielter Look. Entscheidend waren die Ankerbilder und die Disziplin, sie vor jedem Prompt neu anzuhängen. Die Bildqualität war stark – aber der Workflow in ChatGPT/DALL·E war zugleich langsam und umständlich. Für mich bleibt das ein zweischneidiges Erlebnis: tolle Bilder, aber anstrengende Umsetzung.

Wie man diese Stills anschließend in Bewegung versetzt – also animiert und zu fließenden Szenen zusammensetzt – darum geht es im nächsten Kapitel »Vom Standbild zur Bewegung«.

YouTube-Video: Der Film »Life Feels Good With You Around«
https://youtu.be/9WC-S0DtUM4?si=uPlZtDbLTlIPmGRi

YouTube-Video: So habe ich einen Pixar-Film mit KI gemacht
https://youtu.be/XrfGKgWp2fo?si=GG64g2qLH8-UT0Y3

Kapitel 3

Vom Standbild zur Bewegung

Image-to-Video: Und Action!

Ein einziges Bild genügt – und die KI lässt es atmen: Köpfe drehen sich, Stoffe wehen, die Kamera setzt in Bewegung an. In diesem Kapitel zeige ich dir, wie du mit regieartigen Prompts Handlung, Umgebung, Licht und Kamerafahrt definierst und aus einem Still einen filmischen Shot machst. Mit den passenden Tools wird aus dem Standbild in Minuten eine Szene, die aussieht, als wäre sie gedreht.

3.1 Der richtige Prompt

Wenn du mit einem Standbild arbeitest und daraus eine animierte Szene erzeugen möchtest, gelten die gleichen Grundprinzipien wie bei normalen Video-Prompts, aber mit ein paar Unterschieden. Das Subjekt ist bereits im Bild vorhanden, also musst du es nicht erneut ausführlich beschreiben. Umso wichtiger ist die Handlung: Was soll die Person tun? Soll sie lächeln, den Kopf drehen oder loslaufen? Denke auch an die Umgebung – kleine Details wie fallender Regen, wehende Blätter oder vorbeifliegende Vögel machen die Szene lebendiger. Licht und Atmosphäre lassen sich oft verstärken oder verändern, indem du sie beschreibst (»die Sonne bricht durch Wolken, Lichtstrahlen tanzen auf dem Boden«).

Ein entscheidender Punkt ist die Kamerabewegung: Sie kann das Standbild richtig filmisch wirken lassen. Manche Tools lassen dich dafür Presets auswählen (z. B. Zoom-In oder Dolly Shot), andere erfordern eine Textbeschreibung.

Das wäre eine Checkliste für einen vollständigen Animations-Prompt:

- **Handlung:** Welche Bewegung soll die Person machen?
- **Umgebung:** Welche zusätzlichen Animationen beleben die Szene?
- **Licht & Stimmung:** Soll sich das Licht ändern oder betont werden?
- **Kamera:** Soll gezoomt, geschwenkt oder gefahren werden? (Text oder Preset)

Ein Beispiel-Prompt: »Die Frau im roten Kleid hebt langsam den Kopf und lächelt, während leichter Wind ihr Haar bewegt. Im Hintergrund fliegen ein paar Vögel vorbei, Blätter wehen über den Boden. Warmes Sonnenlicht bricht durch die Wolken und beleuchtet ihr Gesicht. Kamera: sanfter Zoom-In auf ihr Gesicht, dann leichte Drehung nach links.«

Auf die Erstellung eines Prompts, der genau deine Vorstellungen vom Ergebnis wiedergibt, bin ich ja in Abschnitt 1.1 bereits eingegangen. Lies dort bei Bedarf gerne noch einmal nach. Schauen wir uns aber nun die Image-to-Video-Funktionen der einzelnen Tools einmal an.

3.2 Image-to-Video mit Seedance

Nachdem du dich bei Seedance.ai eingeloggt hast (siehe Abschnitt 1.4), musst du möglicherweise erneut auf START CREATING oder SEEDANCE VIDEOS klicken, um in den Hauptbereich zu gelangen.

Auf der linken Seite findest du verschiedene Menüpunkte. Das oberste Menü TEXT TO VIDEO kennst du bereits. Für unsere aktuelle Aufgabe wechseln wir jedoch zu IMAGE TO VIDEO.

Auch hier steht an erster Stelle die Wahl des richtigen Modells. Für die bestmögliche Qualität empfehle ich SEED PLUS – das Spitzenmodell von Seedance, das realistische Ergebnisse liefert. Kosten: 320 Credits pro Videogenerierung. Wer sparen möchte, kann SEED TURBO wählen. Es ist nur leicht schwächer in der Qualität, aber deutlich günstiger und schneller. Sollte das Ergebnis nicht zufriedenstellend sein, kannst du auch auf andere Modelle ausweichen, z. B.: Veo 3, Hailuo 02 oder Kling 2.1 Pro/Master.

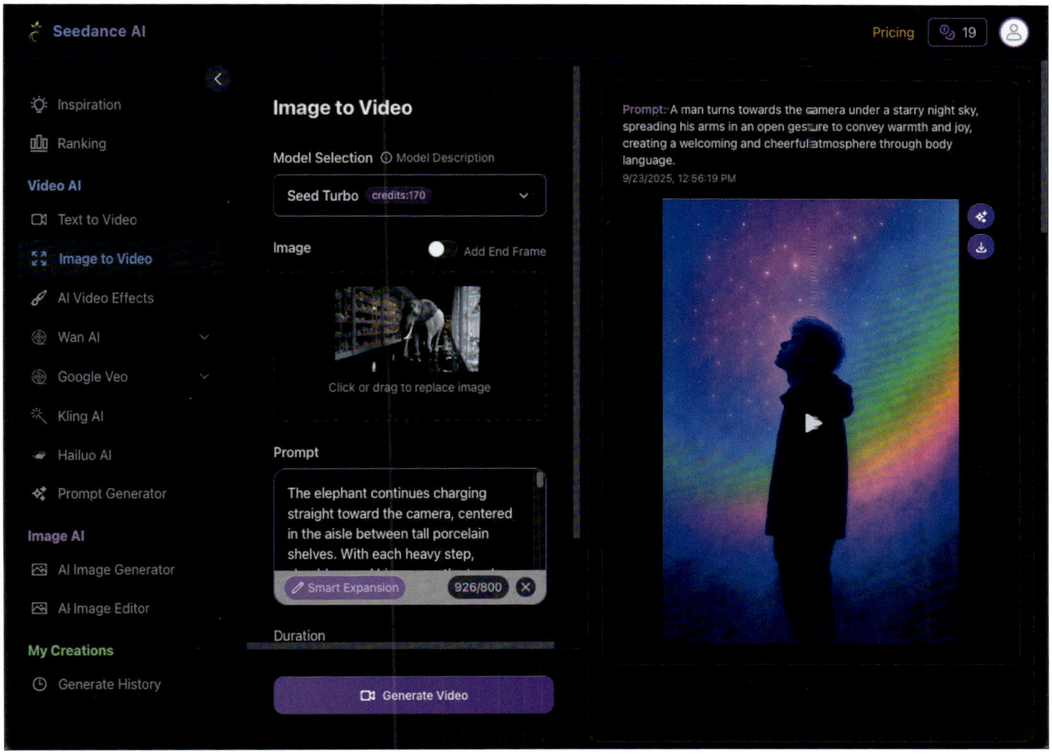

Abbildung 3.1 Seedance: Der Image-to-Video-Bereich

Der nächste Schritt musst du ein Bild hochladen. Im Bereich IMAGE ist zunächst ein Beispielbild geladen. Klicke darauf, um ein eigenes Bild auszuwählen. Du kannst es über den Upload-Button von deiner Festplatte laden. Sobald das Bild geladen ist, wird es angezeigt und kann in die Animation integriert werden.

Jetzt kommt der wichtigste Teil: die Beschreibung, wie sich das Bild bewegen soll. Schreibe den Prompt auf Englisch (optional auch auf Chinesisch, da die Engine aus China stammt). Beschreibe dabei präzise, was sich bewegen soll – z. B.:

- »The man puts on his hat and adjusts his tie«
- »The woman takes off her glasses and waves«

Du kannst auch Kamerabewegungen oder Animationen für den Hintergrund hinzufügen, z. B. »camera slowly moves forward« oder »trees in the background sway in the wind«.

Als sinnvoller Workflow hat sich dieses Vorgehen herausgestellt: Ich nutze ChatGPT, um solche Prompts zu optimieren.

1. Ich beschreibe ChatGPT das Bild (was ist darauf zu sehen?).
2. Ich erkläre, dass ein Bewegungsprompt für Seedance erstellt werden soll.
3. Ich gebe die gewünschten Handlungen an.

Anschließend lasse ich mir von ChatGPT verschiedene Varianten des Prompts formulieren – von kurzen, klaren Beschreibungen bis hin zu detailreicheren Versionen, die Licht, Stimmung und Kamerabewegung berücksichtigen. So kann ich gezielt testen, welche Formulierungen Seedance am besten versteht und welche Ergebnisse meinen Vorstellungen am nächsten kommen.

Tipps zu den Prompts

- Mehrere aufeinanderfolgende Handlungen funktionieren meist nicht. Beispiel: »geht vor, setzt sich hin, nimmt einen Gegenstand« ist in der Praxis oft zu komplex.
- Unterschiedliche Handlungen für mehrere Personen gleichzeitig sind ebenfalls schwierig.

Unterhalb der Eingabe des Prompts findest du die zusätzliche Einstellung zur Dauer: Du kannst wählen, ob dein Video 5 oder 10 Sekunden dauern soll (über einen einfachen Schalter auswählbar). Danach klickst du auf Generate, um das Video zu starten. Die Generierung dauert in der Regel rund 1:40 Minuten. Währenddessen solltest du den Browser geöffnet lassen.

Neben dem fertigen Video findest du anschließend einen Download-Button, um das Video auf die Festplatte zu speichern. Unter Generate History (im Menü links unten) kannst du außerdem ältere Projekte aufrufen und erneut herunterladen.

YouTube-Video: Seedance AI-Tutorial: So erstellst du in Minuten realistische Videos mit KI.
https://youtu.be/GPlZr2wusFI

3.3 Image-to-Video mit Hailuo AI

In meinen ersten Versuchen, KI-generierte Bilder zu animieren, war Hailuo eines der Tools, das mich wirklich überrascht hat – im besten Sinne. Mein typischer Workflow sah dabei so aus: Ich habe mit Midjourney stilvolle Einzelbilder erstellt, etwa im Pixar-Look – und anschließend ein Tool gesucht, das diese Bilder überzeugend in Bewegung bringt. Während manche Plattformen visuell beeindruckende Ergebnisse liefern, dabei aber oft ein recht überladenes und techniklastiges Interface mitbringen, war es ausgerechnet Hailuo AI, das mich mit einer klaren, übersichtlichen Oberfläche und bemerkenswert guten Animationen überzeugt hat.

Gerade bei meinem Video im Pixar-Stil – mit dem kleinen Koala und dem Mädchen aus Abschnitt 2.4 – schnitt Hailuo im Vergleich zu anderen Tools teilweise am besten ab. Die Kamera-Animationen wirkten flüssig, die Übergänge stimmig und die Charaktere wurden erstaunlich konsistent in Bewegung gesetzt.

Auch das visuelle Interface von Hailuo ist für mich ein Pluspunkt: Während man sich bei anderen Tools manchmal durch Untermenüs und Seitenspalten wühlen muss, wirkt hier alles intuitiv und logisch aufgebaut. Man findet schnell, was man braucht – was gerade bei komplexeren Projekten enorm Zeit spart.

Aber nicht nur mein persönlicher Eindruck zählt: Technologisch gesehen gehört Hailuo zu den ambitioniertesten Plattformen am Markt. Entwickelt wurde es von der chinesischen Firma MiniMax, die zu den sogenannten »AI Tigers« in Asien zählt und unter anderem auch mit Investoren wie Alibaba, Tencent und IDG Capital zusammenarbeitet. Ihre neueste Version erlaubt sogar präzise Kamerafahrten per Textprompt – von sanften Zooms bis hin zu komplexen Dolly Shots. Genau diese Kontrolle über die virtuelle Kamera ist einer der Gründe, warum Hailuo sich mehr und mehr als ernstzunehmendes Tool für kreative Filmschaffende etabliert.

Nach dem Einloggen bei Hailuo AI landet man in einem übersichtlichen Interface, das im Vergleich zu anderen Plattformen angenehm aufgeräumt wirkt. Auf der linken Seite befindet sich das Hauptmenü. Unter EXPLORE bzw. ENTDECKEN kannst du dir anschauen, was andere Nutzer*innen bereits erstellt haben – und das ist nicht nur inspirierend, sondern auch lehrreich. Denn klickt man auf ein Video, sieht man direkt den zugehörigen Textprompt, der zu diesem Ergebnis geführt hat.

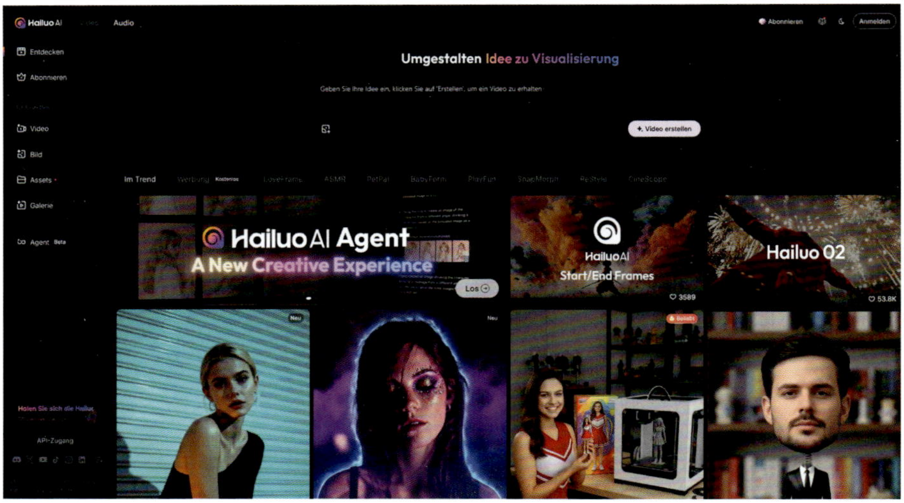

Abbildung 3.2 Starten Sie mit Hailuo AI.

Der Menüpunkt SUBSCRIBED/ABONNIEREN zeigt an, welches Abo-Modell du gewählt hast – und welche Optionen es generell gibt. Der spannende Teil beginnt unter AI CREATE/ERSTELLEN: Hier findest du die Bereiche VIDEO und IMAGE/BILD – und da wir ein Standbild animieren wollen, klicken wir auf VIDEO. Jetzt öffnet sich das eigentliche Animationstool.

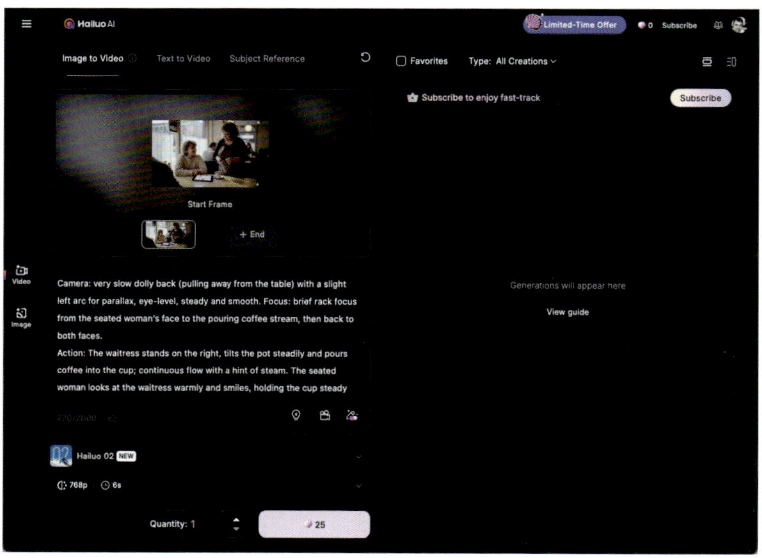

Abbildung 3.3 Image-to-Video in Hailuo AI

Oben kannst du zwischen drei Modi wählen. Mit IMAGE TO VIDEO wird ein vorhandenes Bild in Bewegung versetzt. Mit TEXT TO VIDEO entsteht aus einem reinen Textprompt ein komplettes Video, und mit SUBJECT REFERENCE lädst du ein Porträt hoch und lässt diese Person in einem neuen Video agieren. Gerade bei SUBJECT REFERENCE habe ich festgestellt, dass KI-generierte Bilder deutlich besser funktionieren als echte Fotos – aber beides ist grundsätzlich möglich.

Für unseren Anwendungsfall wählen wir IMAGE TO VIDEO. Oben im Fenster erscheint nun ein großer Upload-Bereich (CLICK TO UPLOAD OR DRAG IMAGE HERE). Hier kannst du ein Bild von deiner Festplatte laden oder – wenn du schon mal etwas mit Hailuo AI erstellt hast – einfach ein vorhandenes Bild aus deinem Verlauf per Drag & Drop hineinziehen. Darunter befindet sich das wichtigste Feld: das Textprompt-Feld. Hier beschreibst du möglichst präzise, wie sich das Bild bewegen soll – inklusive Kamerafahrten, Bewegungen von Personen, Stimmungen und so weiter.

Rechts unten im Prompt-Feld findest du drei kleine Symbole, die dir beim Schreiben helfen: Eine Glühbirne öffnet die Preset Library mit vorgefertigten Stilen und Looks, das Kamerasymbol erlaubt dir, aus typischen Kamerabewegungen wie Zooms, Schwenks oder Dolly Shots auszuwählen und ein Bleistift-Symbol entscheidet, ob Hailuo AI deinen Textprompt noch automatisch optimieren soll – oder ihn exakt so umsetzt, wie du ihn geschrieben hast.

Darunter wählst du aus, mit welchem Modell Hailuo AI dein Video generieren soll. Ich empfehle immer das aktuelle Modell – derzeit ist das Hailuo 02. Darunter kannst du die Videolänge (zwischen 6 und 10 Sekunden) sowie die Qualität (768p oder 1080p) einstellen. Wichtig: Die 10-Sekunden-Videos stehen erst ab der Pro-Version oder einem höheren Abo wie »Master« oder »Ultra« zur Verfügung.

Unter QUANTITY kannst du angeben, wie viele Varianten deines Videos generiert werden sollen. Aber Vorsicht: Jede zusätzliche Version kostet natürlich auch zusätzliche Credits.

Die Generierung dauert in der Regel zwei bis drei Minuten. Sobald das Video fertig ist, kannst du es anklicken, um es in voller Größe anzusehen. Wenn du es herunterladen willst, musst du mit der Maus kurz auf den Download-Button zeigen – dann erscheint die Option WITHOUT WATERMARK. Erst wenn du diese wählst, bekommst du das Video ohne Hailuo AI-Logo.

Drei Punkte

Über die drei kleinen Punkte rechts findest du weitere Optionen: Du kannst das Video in einen Ordner verschieben, es löschen oder – wenn dir das Ergebnis noch nicht gefällt – mit Recreate eine neue Version erzeugen.

YouTube-Video: Hailuo-Videotutorial: Beeindruckende KI-Videos in Minuten
https://youtu.be/AJyy6rySF3w

3.4 Image-to-Video mit Kling AI

Kling AI bietet zwei einfache Wege, um aus einem Bild ein Video zu machen. Einmal direkt aus den Ergebnissen heraus: Hattest du zuvor ein Bild mit Kling AI generiert, kannst du es direkt in der Galerie verwenden. Wenn du mit der Maus darüberfährst, erscheint der Button Generate Video – ein Klick, und schon startest du die Bild-zu-Video-Generierung. Die zweite Variante führt über das Menü: Du kannst auch links im Menü den Punkt Video Generation • Image to Video wählen. Jetzt kannst du ein Startbild auswählen: Entweder über Upload, um ein Bild von deiner Festplatte zu laden, oder über Select from History, um eines deiner früher erzeugten Bilder zu nutzen. Optional kannst du auch ein End Frame laden, also ein zweites Bild, das definiert, wie das Video am Schluss aussehen soll.

Anschließend gibst du wie gewohnt deinen Prompt ein – am besten so präzise wie möglich: Beschreibe, wie sich Landschaft, Kamera oder Personen bewegen sollen – etwa vorbeifahrende Autos, fliegende Vögel oder sanfte Wellen am Meer.

Ganz oben im Interface wählst du das Video-Modell. Für maximale Qualität empfehle ich Kling 2.1, obwohl auch ältere Versionen wie 1.6 Image-to-Video unterstützen. Du kannst Soundeffekte aktivieren (noch kostenlos), negative Prompts zum Ausschluss verwenden und festlegen, ob das Video fünf oder zehn Sekunden lang sein soll. Auch die Option für mehrere Versionen gleichzeitig steht zur Verfügung – denk dabei an erhöhte Kosten.

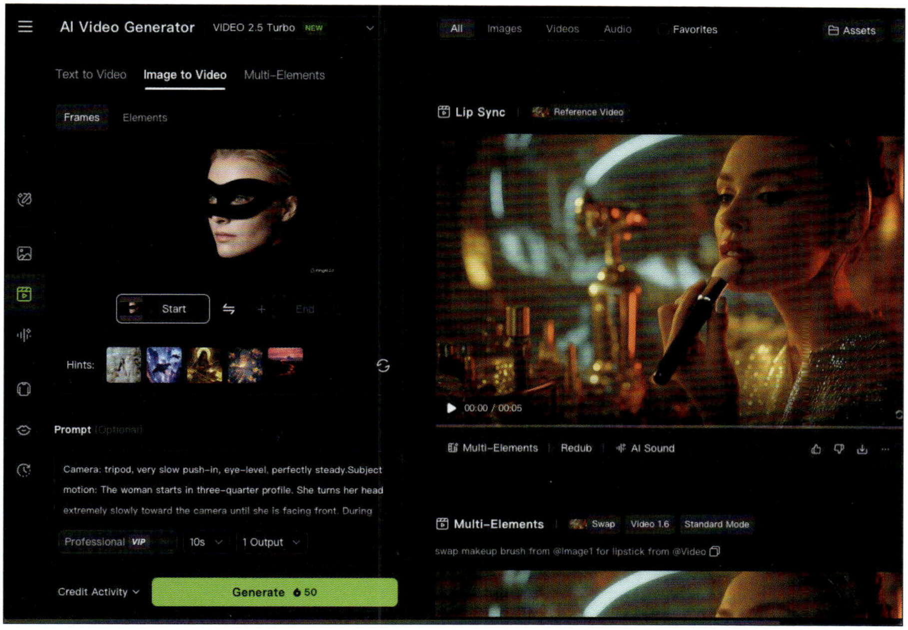

Abbildung 3.4 Die Image-to-Video-Oberfläche in Kling AI

Du arbeitest mit Kling 1.6?

Wenn du mit älteren Modellen wie Kling 1.6 arbeitest, findest du dort zusätzliche Funktionen namens Motion Control und Motion Brush. Bei meinen Tests war es meist besser, die Bewegungen per Prompt zu steuern – deshalb konzentrieren wir uns lieber auf die aktuellere Version und das promptbasierte Arbeiten. Was sind Motion Control und Motion Brush?

- Motion Control war eine Funktion in Kling 1.6, bei der du aus vordefinierten Kamera- oder Objektbewegungen wie Zoom, Tilt oder Pan wählen konntest.
- Motion Brush erlaubt es, Bewegungswege manuell ins Bild zu zeichnen – wie eine virtuelle Pinselspur. Du malst die Bewegungsrichtung für einzelne Objekte oder Personen, und Kling AI animiert sie entlang dieser Bahnen.

Zum Abschluss klickst du auf Generate – die Erstellung dauert in der Regel rund vier bis sechs Minuten. Nach dem fertigen Rendern findest du das Video auf der rechten Fensterseite, wo du es mit Download ohne Wasserzeichen speichern kannst.

YouTube-Video: Kling AI-Tutorial: Alles über Video-Generierung, Effekte & Multi-Elements
https://youtu.be/UKhvg6O0RHY

3.5 Praxis: »Drop The Night« – Eine Maskenparty in Venedig als KI-Musikvideo

Selten hat mich ein eigener Song so gepackt wie »Drop The Night« – ein Deep-House-Happy-Party-Track, der nach einer großen, filmischen Bühne schreit. Also habe ich mir vorgenommen, daraus meinen ersten wirklich großen KI-Film zu machen: die beste Party des Jahres – in Venedig. Warum Venedig? Die Entscheidung kam plötzlich und fühlte sich sofort richtig an. Venedig vereint den Zauber der venezianischen Masken mit einem Hauch von geheimer Exklusivität – ja, die Assoziation zu »Eyes Wide Shut« ist gewollt, ohne dessen düsteren Subtext. Masken geben Anonymität, Eleganz und Spielraum für Fantasie. Genau die Mischung, die ich für einen Partyfilm wollte.

Abbildung 3.5 Drop the night – Eine große Party in Venedig

Das Storyboard

Die ersten 40 Sekunden zeigen junge Menschen zu Hause, wie sie sich für die Nacht fertig machen: Anzüge werden zugeknöpft, Make-up wird nachgezogen, eine Frau verabschiedet sich von ihrem Hund, jemand setzt die Maske auf. Schnitt nach Venedig: Gassen, Brücken, Gondeln. Man spürt: Alle sind auf dem Weg zu dieser Party. Dann der Türmoment: Großaufnahme einer Hand die eine schwere, prunkvolle Tür aufstößt. Dahinter explodiert die Nacht. Masken, Tanz, Lachen, Gläser, ein paar Küsse, ein Kreis, der Flaschendrehen spielt. Ich habe mir erlaubt, als DJ aufzulegen – klar, wenn schon Traum, dann richtig. Und einige Gäste singen (lipsync) einzelne Passagen mit, die exakt zur Musik passen. Zum Schluss Morgengrauen: die Letzten gehen, eine Maske liegt am Boden, leere Flaschen in den Nischen. Fade out.

Produktionsansatz: Image-to-Video

Ich habe das komplette Konzept zuerst mit ChatGPT diskutiert und geschärft. Danach habe ich jede Einstellung textlich beschrieben und mir daraus Prompts generieren lassen. Die Standbilder habe ich mit Midjourney erstellt. Aus diesen wurden anschließend bewegte Shots mit drei Image-to-Video-Systemen: Hailuo AI, Kling AI und Seedance. Ein Ziel war, einen »Sieger« zu finden. Die Realität: Es gibt keinen eindeutigen Gewinner.

Manche Szenen verstand Kling auf Anhieb besser, andere lieferte Seedance stimmiger, und Hailuo überzeugte in wieder anderen Fällen durch Dynamik oder feine Textur. Der Lerneffekt: Man sollte sich nicht dogmatisch an einem Tool festbeißen. Motiv, Licht, Stil und der Prompt entscheiden oft mehr als der Name des Modells.

Wenn dich KI-Video aktuell noch an Grenzen bringt, dann meistens bei konstanten Figuren und durchgehenden Räumen. Ich habe die Party-Location deshalb bewusst gigantisch angelegt – so kann jede Szene anders wirken, ohne Bruch im Kopf des Publikums. Keine wiederkehrenden Gesichter, keine akribisch gleiche Architektur. Ergebnis: hoher Produktionswert, ohne den Frust endloser Konsistenz-Tweaks.

Praxistipp

Eine räumlich große Welt (Ballsaal-Komplex, Club-Labyrinth, Villa mit vielen Zimmern) gibt dir erzählerische Freiheit und kaschiert Modell-Inkonstanten elegant.

Mein Cameo als DJ: charmant, aber (noch) nicht gut genug

Mich selbst in die Party zu bringen war kniffliger, als es aussieht. Ich habe neue Referenzfotos von mir gemacht – Outfit passend zur Szene – und in Hailuo als Startbild verwendet. Mit einem von ChatGPT verfeinerten Prompt entstand daraus die DJ-Einstellung. Das Ergebnis zeigt erkennbar mich, aber nicht wirklich überzeugend: leicht gealtert wirkend, an manchen Stellen unnatürlich – und damit nicht auf dem Niveau, das ich mir für ein Musikvideo wünsche.

Wichtig ist: Schon heute geht das deutlich besser. Wie man sich selbst konsistent und hochwertig in KI-Videos integriert – von Referenzmaterial und Lichtabgleich über Performance-Capture bis zu robusten Face- und Body-Workflows – erkläre ich ausführlich im eigenen Kapitel 7, »Feste Charaktere im Film«, inklusive der aktuell stärksten Tools und praxistauglichen Einstellungen.

Abbildung 3.6 Der Autor als DJ

Singen ohne Sänger: Lipsync über Referenzvideo

Die Partygäste sollten an einigen Stellen genau das singen, was man hört. Dafür habe ich mich selbst gefilmt, wie ich die entsprechenden Passagen performe – dieses Steuervideo diente in Runway ML als Bewegungsreferenz für die Lippenanimation der maskierten Figuren. Die technischen Details – inklusive Workflow, Fallstricke und Einstellungen – zeige ich dir im nächsten Kapitel.

Fazit: Für mich war dieses Projekt ein Kindheitstraum mit Turbolader: Story ausdenken, Szenen planen, visuell definieren – und nach einem Tag Arbeit ein komplettes Musikvideo, das aussieht, als käme es aus einer hochwertigen Filmproduktion. Der Schlüssel lag in drei Dingen: klare Vision, flexibles Tool-Hopping und ein Storydesign, das die heutigen Stärken der KI nutzt, statt gegen ihre Schwächen anzukämpfen.

YouTube-Video: Drop the night
https://youtu.be/KzoX2KRaehQ?si=9-3pLsju848R_PXA

Kapitel 4

KI-animierte Lippenbewegung

Echte Stimmen zum Sprechen und Singen bringen mit KI

Wenn Bild und Stimme eins werden: Hier lernst du, wie KI-Lippenbewegungen glaubhaft mit Ton verbindet – vom automatisch erzeugten Gesang in Veo 3 bis zum präzisen Lipsync zu deiner eigenen Audiospur. Wir vergleichen Text-to-Lipsync, Audio-to-Lipsync und Video-Drive inklusive Gestik mit praxisnahen Workflows in Veo 3, Hedra, Kling und Runway Act-Two. So bekommst du saubere Mundbilder in Deutsch, stimmiges Timing und eine Mimik, die filmisch wirkt.

Als Google Veo 3 auf den Markt kam, hat es viele überrascht – mit beeindruckender Bildqualität, großartigen Kamerabewegungen und einer Funktion, die bis dahin einzigartig war: Veo kann Sprache erzeugen, die nicht nur lippensynchron klingt, sondern auch perfekt zu den Lippenbewegungen der dargestellten Figuren passt. Anfangs funktionierte das nur auf Englisch, doch schon kurz darauf wurden auch andere Sprachen unterstützt – darunter auch Deutsch.

Das Besondere: Man schreibt einfach in den Prompt, dass die Figur sprechen oder singen soll, gibt optional den genauen Text ein – und bekommt ein Video zurück, das in vielen Fällen so überzeugend aussieht, als hätte man es mit echten Schauspieler*innen gedreht. Selbst komplexe Szenen mit Musik und Gesang inklusive Gitarrenbegleitung sind möglich. Genau deshalb ist Veo 3 für viele Projekte, bei denen Sprache oder Gesang eine Rolle spielen, aktuell eine der besten Optionen.

Doch Veo 3 eignet sich vor allem für Fälle, in denen auch die Stimme künstlich erzeugt werden darf. Was aber, wenn du bereits eine fertige Audiodatei hast? Etwa weil ein echter Mensch den Text eingesprochen hat – oder weil du ein

Musikvideo erstellen willst, bei dem ein KI-Avatar zu einem ganz bestimmten Song singt? Dann brauchst du andere Lösungen. Und genau darum geht es in diesem Kapitel.

4.1 Die Techniken hinter authentischen Lippenbewegungen

Im Grunde gibt es drei Techniken, mit denen du ein Bild oder einen KI-Charakter zum Sprechen (oder Singen) bringen kannst:

1. **Text-to-Lipsync mit Bild**: Du gibst einen Text ein und lädst ein Bild einer Person hoch. Die Software erzeugt daraus ein animiertes Gesicht, das diesen Text scheinbar spricht. Einfach – aber oft weniger überzeugend. Veo 3 löst diesen Fall am besten, vor allem wenn Ton und Bild gleichzeitig generiert werden sollen.
2. **Audio-to-Lipsync**: Statt Text gibst du eine fertige Audiodatei ein – etwa eine Sprachaufnahme oder einen Song. Das Tool analysiert die Stimme und animiert passend dazu ein hochgeladenes Bild. Der Mund bewegt sich synchron, oft auch das Gesicht. Besonders bekannt in diesem Bereich ist Hedra.ai. Auch Kling AI bietet eine ähnliche Funktion.
3. **Video-Driven Lipsync** – inklusive Gestik und Mimik: Die ausdrucksstärkste Variante funktioniert mit einem sogenannten Steuervideo. Du sprichst oder singst deinen Text vor laufender Kamera, und die KI überträgt nicht nur die Lippenbewegung, sondern auch Mimik, Kopf- und Handbewegungen auf eine andere Figur. Das Ergebnis ist erstaunlich realistisch. Besonders gut funktioniert das aktuell mit Act-Two von Runway ML.

Ein spannender Anwendungsfall

Du nimmst dich selbst beim Sprechen oder Singen auf, wandelst die Stimme mit Eleven Labs in eine ganz andere und lässt dein Steuervideo anschließend von Act-Two auf ein neues Gesicht übertragen – das sich dann genauso bewegt wie du. Wie genau diese Technik funktioniert, welche Tools du dafür brauchst und worauf du achten solltest, erfährst du auf den nächsten Seiten.

4.2 Hedra – Lipsync auf Basis eines Audio-Files

Wenn du bei Hedra eingeloggt bist, findest du links im Menü mehrere Optionen. Um ein Video mit Lippenbewegungen zu erstellen, klickst du auf den zweiten Punkt VIDEO. Nun erscheint ein großer Arbeitsbereich mit einem Texteingabefeld in der Mitte und zwei Buttons auf der rechten Seite.

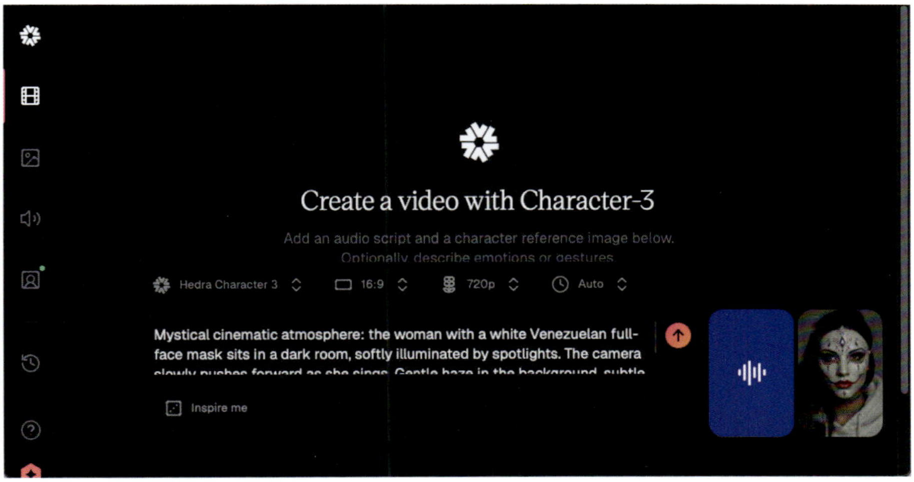

Abbildung 4.1 Hedra: Audio + Bild = Video

Tatsächlich ist das Texteingabefeld in diesem Fall nicht zwingend notwendig, solange du ein Startbild (Start Frame) und ein Audio-File hochlädst. Diese beiden Dateien geben bereits sehr genau vor, was passieren soll. Rechts vom Texteingabefeld findest du dazu zwei Buttons mit einem Pluszeichen.

Bei AUDIO SCRIPT hast du drei Optionen:

- GENERATE SPEECH: Du gibst einen Text ein, den Hedra mit einer KI-Stimme spricht.
- RECORD AUDIO: Du nimmst deine Stimme direkt im Tool auf.
- UPLOAD AUDIO: Du lädst eine eigene Audio-Datei hoch – das ist die aus meiner Sicht spannendste Variante. Besonders wichtig ist, dass das Audio so klar wie möglich ist: ohne Musik, ohne Hintergrundgeräusche, ohne Hall oder Effekte. Eine trockene Studioaufnahme funktioniert am besten – sowohl für Sprache als auch für Gesang.

Unter Start Frame lädst du das Bild hoch, das später animiert werden soll. Du kannst ein vorhandenes Bild von deiner Festplatte wählen, ein neues mit der Kamera aufnehmen oder mit der Funktion Create Image ein Bild direkt im Tool erstellen lassen.

Oberhalb des Texteingabefelds kannst du zusätzliche Einstellungen vornehmen. Als KI-Modell ist standardmäßig Hedra Character 3 aktiv – damit habe ich gute Ergebnisse erzielt. Wer ein Premium-Abo hat, kann hier aber auch auf andere Modelle zugreifen, z. B. Veo 3, Kling 2.1 oder weitere Spezialmodelle. Unter Aspect Ratio wählst du das gewünschte Seitenverhältnis: 1:1 (quadratisch), 16:9 (klassisches YouTube- oder Kinoformat) oder 9:16 (Hochformat für TikTok & Instagram). Dann folgt der Punkt Auflösung: In der Lite-Version von Hedra kannst du zwischen 540p und 720p wählen. Die Videos, die ich getestet habe, hatten eine Länge von rund 30 Sekunden – laut anderen Nutzer*innen sind aber auch längere Clips bis zu 3 Minuten möglich. Wenn du alles eingestellt hast, klickst du auf den roten Pfeil nach oben – und etwa drei Minuten später ist dein fertiges Video mit Lippenbewegung bereit zum Download.

YouTube-Video: Hedra AI-Tutorial:
So bringst du deine KI-Charaktere zum Singen
https://youtu.be/K5DlSckGtKk

4.3 Act-Two von Runway ML – Emotionen, Mimik und Bewegung per Steuervideo

Als ich das Musikvideo zu »The Missing Link« produzierte – einem Song, den ich gemeinsam mit der großartigen Sängerin Jan Johnston gemacht habe (ja, genau die Jan Johnston, die man aus Produktionen von Armin van Buuren, Tiësto & Co kennt) –, hatte ich eine klare Idee im Kopf: Eine Kamerafahrt durch ein futuristisches Raumschiff, in dem auf verschiedenen Screens die Musik zum Leben erwacht. Auf einem Bildschirm sollte ich als Produzent an den Keyboards zu sehen sein, auf einem anderen Jan, wie sie den Song singt.

Ich bat sie also, mir ein Video von sich aufzunehmen – möglichst casual, passend zur Raumschiffatmosphäre, einfach wie sie in die Kamera singt. Doch manchmal kommt das Leben dazwischen, und nach zwei Wochen hatte ich noch immer kein Video. Also habe ich improvisiert: Ich suchte mir ein Foto von Jan im Netz, stellte mein Stativ auf, filmte mich selbst beim Performen – mit echter Leidenschaft und vollem Körpereinsatz. Dann kam Runway ML Act-One ins Spiel. Ich lud sowohl ihr Bild als auch mein »Steuervideo« hoch – und was dann passierte, hat mich schlichtweg umgehauen. Die KI generierte ein Video, in dem eine verblüffend junge Jan Johnston meinen Gesang performte – synchron, ausdrucksstark, glaubwürdig. Ich testete es gleich nochmal mit einem KI-generierten Roboterbild – und auch das Ergebnis war sensationell. Noch am selben Abend schickte ich das Video an das Label und an Jan selbst. Die Reaktionen? Begeisterung pur. Niemand hätte gedacht, dass dieses Video vollständig von einer KI animiert wurde.

Das war damals mit Act-One – inzwischen sind wir bei Act-Two, und die Technik ist nochmal deutlich besser geworden: Neben Lippen und Mimik kann jetzt auch die Kopf- und Körperbewegung, ja sogar die Gestik der Arme auf die Zielperson übertragen werden.

Warum ich Act-Two für Musikvideos bevorzuge

Viele Tools – wie etwa Hedra – reagieren auf eine Audiodatei und erzeugen daraufhin passende Lippenbewegungen. Das klappt technisch gut, aber es fehlt oft an Ausdruck: Die Mundbewegung stimmt zwar, doch das Gesicht bleibt oft starr, emotionslos – gerade bei Gesang ist das ein echter Nachteil. Ganz anders bei Runway Act-Two: Hier nimmt man sich selbst als Vorlage, mit allem, was dazu gehört – Körpersprache, Emotion, Mimik. Und genau diese Performance wird auf ein anderes Gesicht gelegt. Das Ergebnis wirkt dadurch nicht nur technisch beeindruckend, sondern auch menschlich glaubwürdig. Wer ein Musikvideo oder eine emotionale Szene produzieren will, bei der es auf Ausdruck ankommt, ist mit dieser Methode ganz weit vorne.

Act-Two ist in Runway ML nicht ganz so offensichtlich zu finden. Du erreichst es auf zwei Wegen: Entweder du scrollst auf der Startseite (Home) ganz nach unten – dort findest du leicht links den Button Act-Two. Oder du klickst oben auf Generate Video und findest dort unterhalb des Prompt-Felds ebenfalls die Option Act-Two.

Lippsync mit Act-Two

Zuerst musst du die Inputs hochladen. Nach dem Öffnen von Act-Two erscheinen zwei Fenster: Oben Performance und unten Character.

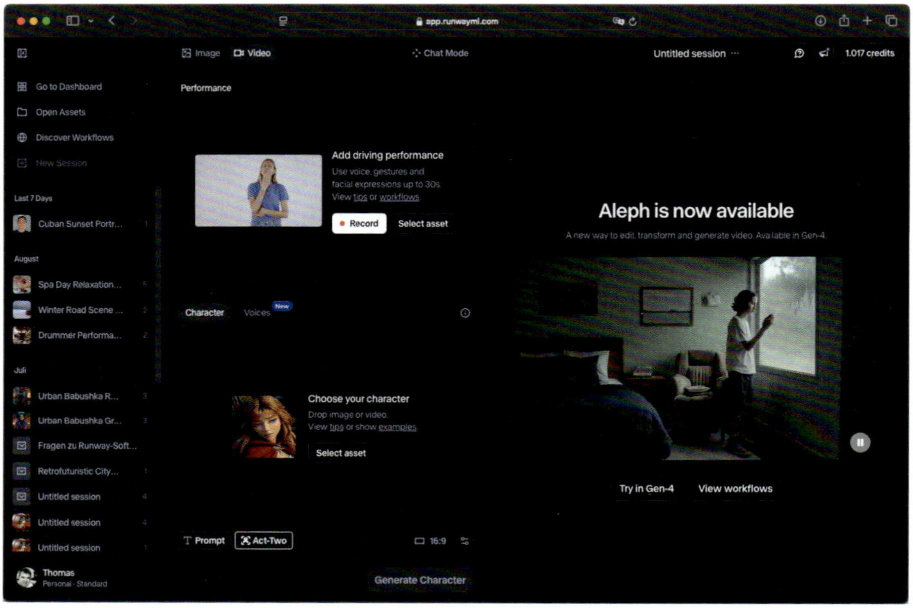

Abbildung 4.2 Runway ML Act-Two

Oben lädst du dein Steuervideo hoch – also das Video, in dem du selbst sprichst oder singst. Dieses Video bestimmt die Bewegung, die später auf den Charakter übertragen wird. Es gibt drei Möglichkeiten: Über Record kannst du direkt mit der Kamera ein Video aufnehmen. Bei Select Asset wählst du eine bereits in Runway erzeugte Datei aus, und über Drag and Drop ziehst du ein Video direkt von deiner Festplatte ins Fenster.

Unten bei Character bestimmst du, welche Figur animiert werden soll. Meist ist das ein Standbild, aber auch ein kurzes Video ist möglich. Auch hier hast du die Wahl zwischen zwei Optionen, nämlich Select Asset und dem oben beschriebenen Drag and Drop. Bei Select Asset wird ein vorhandenes Bild oder Video aus deiner Runway-Mediathek geladen.

Wichtig zu wissen: Wenn du ein Bild verwendest, kannst du auch Gesten und Körperbewegungen aus dem Steuervideo übernehmen. Bei einem Video als Charakter-Eingabe funktioniert das nicht – hier bleibt die Bewegung des Originalvideos erhalten, und nur die Lippen und Gesichtsausdrücke werden angepasst.

Nun musst du weitere Einstellungen vornehmen. Rechts vom Eingabebereich findest du die wichtigsten Optionen:

- ASPECT RATIO: Wähle hier das Seitenverhältnis des finalen Videos (16:9, 9:16, 1:1 etc.). Es sollte zum hochgeladenen Bild passen.
- FACIAL EXPRESSIVENESS: Steuert, wie stark Gesichtsausdrücke aus dem Steuervideo übernommen werden. Der Standardwert 3 funktioniert in den meisten Fällen gut. Höhere Werte bringen mehr Ausdruck, aber manchmal auch kleine Artefakte. Niedrigere Werte sorgen für ruhigere Gesichter – sinnvoll, wenn du auf Konsistenz setzt.
- GESTURES: Wenn aktiviert, überträgt Act-Two auch Körper- und Handbewegungen auf das Bild. Wenn deaktiviert, bleibt der Körper statisch und nur das Gesicht bewegt sich.
- FIXED SEED: Wenn du diesen Schalter aktivierst, bekommst du bei jeder Generierung das exakt gleiche Ergebnis. Wenn er deaktiviert ist, wird jedes neue Video leicht unterschiedlich – nützlich zum Experimentieren.

Wenn alles eingestellt ist, klickst du auf GENERATE. Die KI verarbeitet dein Video in etwa drei Minuten, danach kannst du es direkt unterhalb des Vorschaufensters downloaden.

Technische Infos

- Das fertige Video läuft mit 24 Bildern pro Sekunde.
- Die maximale Länge beträgt aktuell 30 Sekunden.
- Die Mindestlänge liegt bei 3 Sekunden, das kostet 15 Credits (5 Credits pro Sekunde).
- Es sind verschiedene Bildformate verfügbar: 16:9, 9:16, 1:1, 4:3, 3:4 und 21:9.

YouTube-Video: Runway ML Act-2 erklärt:
So bringst du KI-Bilder zum Singen & Sprechen
https://youtu.be/i8Q2F56CCws?si=SrEGSw32BKFIlwZd

4.4 Kling AI – Lippenbewegungen mit KI

Neben Tools wie Hedra oder Act-Two von Runway ML bietet auch Kling AI eine interessante Lösung, um Lippenbewegungen zu einem gesprochenen Text oder einem hochgeladenen Audio automatisch zu animieren. Die Funktion Lip Sync ist direkt über das Hauptmenü von Kling AI erreichbar und eignet sich sowohl für KI-generierte Videos als auch für eigenes Filmmaterial.

Ähnlich wie bei Hedra kann man entweder ein Audio-File hochladen – zum Beispiel Sprache oder Gesang – oder mithilfe der integrierten Text-to-Speech-Funktion direkt Sprache generieren lassen. Diese funktioniert aktuell auf Englisch oder Chinesisch. Die Qualität der Lippenbewegungen ist solide und liegt in einem ähnlichen Bereich wie bei Hedra. Bei genauer Betrachtung scheint Hedra jedoch etwas präziser in der Synchronisation zu sein – ein abschließendes Urteil ist aber schwer zu fällen, da man selten exakt dasselbe Ausgangsmaterial vergleichen kann.

Wer in Kling AI eingeloggt ist, findet die Lipsync-Funktion über das Menü auf der linken Seite unter All Tools. Alternativ taucht beim Erstellen von Videos oder beim Bearbeiten bestehender Projekte ein Lippen-Icon auf, über das man direkt zur Funktion gelangt. Nach dem Anklicken erscheint schließlich ein neues Interface, in dem man ein Bild oder Video über »Click–Drop–Paste« von der Festplatte laden kann.

Sobald ein Bild oder Video geladen ist, öffnet sich eine zweigeteilte Arbeitsfläche. Links befindet sich eine kleine Zeitleiste mit einfacher Videosteuerung, rechts wählt man aus, wie die Sprache hinzugefügt werden soll.

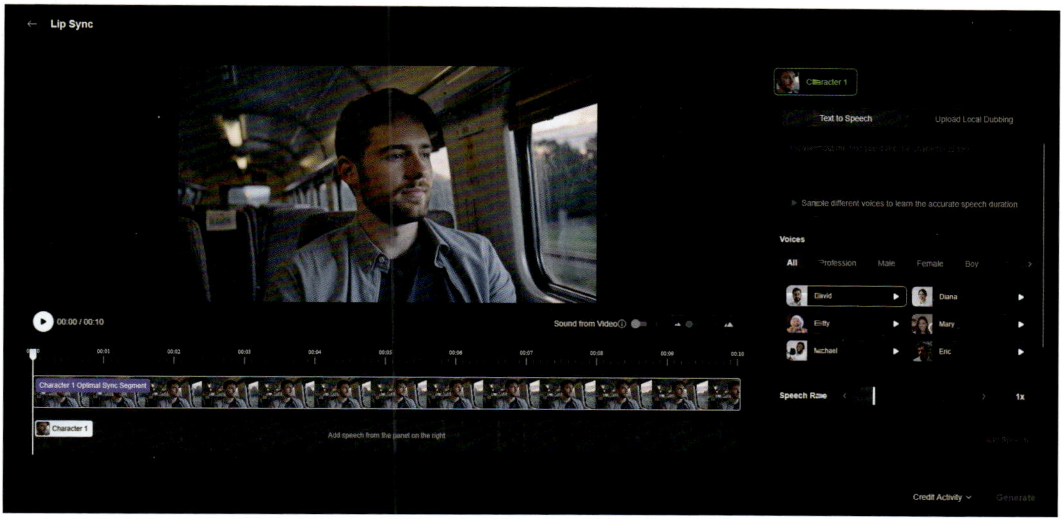

Abbildung 4.3 Die Oberfläche von Lip Sync

- Text to Speech: Hier gibt man den gewünschten Text ein und wählt darunter aus einer Liste an Stimmen. Zur Verfügung stehen verschiedene Altersgruppen und Geschlechter, bei einigen Stimmen auch auswählbare Emotionen – zum Beispiel happy, angry oder sad. Es empfiehlt sich, zuerst einen kurzen Satz einzugeben und Probe zu hören, bevor man den gesamten Text eingibt. Mit Add Speech wird das Audio erzeugt und direkt unter dem Video angezeigt, wo es zeitlich verschoben werden kann.
- Upload Local Dubbing: Hier lässt sich eine fertige Sprachaufnahme hochladen. Wichtig: Das Audio sollte klar und trocken sein – ohne Musik, Hall oder Effekte. WAV-Files werden derzeit nicht unterstützt, MP3-Dateien funktionierten im Test einwandfrei. Auch hier wird das File nach dem Klick auf Add Speech direkt unter dem Video platziert. Das Audio kann in der Zeitleiste verschoben oder beschnitten werden. Wenn das Video bereits Ton enthält, sollte man den Schalter Sound from Video unterhalb deaktivieren, um Dopplungen zu vermeiden.

Nach Abschluss der Einstellungen klickt man auf Generate. Je nach Länge und Komplexität kostet der Vorgang etwa zehn Credits und dauert wenige Minuten. Das Ergebnis kann anschließend betrachtet und heruntergeladen werden.

Fazit: Kling AI ist ein flexibles Tool zur automatisierten Lippenanimation. Es bietet zwei gängige Arbeitsweisen und eine intuitive Oberfläche. Auch wenn Hedra bei der Synchronität leicht vorn liegen könnte, ist Kling AI besonders für schnelle Workflows und Experimente mit KI-generierten Figuren eine sehr brauchbare Alternative.

YouTube-Video: Kling AI: Wie gut ist das Lipsync-Feature wirklich?
https://youtu.be/hBdKwB7Khos

4.5 Higgsfield AI – Avatare zum Sprechen bringen

Spannend an Higgsfield ist vor allem, dass man eigene Figuren definieren und sie direkt zum Sprechen bringen kann. Schon beim ersten Öffnen der Funktion SPEAK fällt auf, wie viele gut gestaltete Avatare es gibt – vom Business-Charakter über Streamer bis hin zu eher verspielten Figuren. Alle lassen sich sofort mit Text füttern und beginnen zu reden. Wer will, lädt stattdessen einfach ein eigenes Foto hoch und macht daraus seinen persönlichen Sprecher.

Das Audio kann man dabei ganz unterschiedlich anlegen. Entweder man tippt den Text ein und lässt Higgsfield eine Stimme generieren, oder man lädt eine eigene Sprachaufnahme hoch – was für mich meist die spannendere Variante war. Die Stimmen lassen sich zudem anpassen: Man kann die Geschwindigkeit ändern, mehr oder weniger Ausdruck hineingeben oder einstellen, wie stark die Emotionen übernommen werden sollen.

Besonders interessant fand ich bei Higgsfield AI die Kameraoptionen. Anstatt dass die Figur statisch vor einem sitzt, kann man kleine Bewegungen hinzufügen: eine Kranfahrt nach oben, ein leichter Zoom oder sogar eine schnelle Kameradrehung. Das gibt den Clips etwas mehr Dynamik und wirkt weniger nach einfachem Talking-Head.

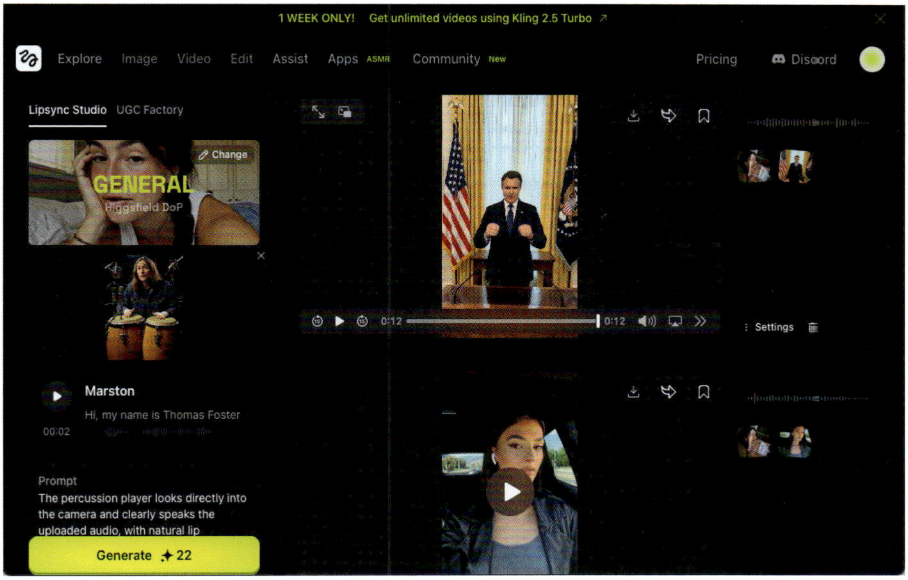

Abbildung 4.4 Higgsfield AI Lipsync Studio

In meinen Tests war die Video- und Soundqualität insgesamt sehr ordentlich, aber nicht perfekt. Die Lippenbewegungen erinnerten mich manchmal an eine gute, aber leicht unsaubere Synchronisation. Gerade im direkten Vergleich fand ich Hedra etwas genauer. Trotzdem: Wenn es um schnelle Clips geht – etwa für Social Media oder kleine Präsentationen – ist Higgsfield ein praktisches Tool, das mit seinen Avataren und Kameraoptionen einiges an kreativen Möglichkeiten bietet.

YouTube-Video:
Higgsfield AI Speak-Tutorial
https://youtu.be/rie9vqtCA3Y

Kapitel 5

Special Effects mit KI

Früher Wochen, heute Stunden

Wenn Text zum Effekt wird: Hier erfährst du, wie KI klassische VFX-Methoden neu denkt – von Kamerawechseln und Relighting über Wetteränderungen bis hin zum Entfernen oder Hinzufügen von Objekten. Mit Tools wie Runway Aleph steuerst du Spezialeffekte per Textprompt, die früher ganze Teams und Wochen an Arbeit erforderten. So verwandelst du deine Szenen mit minimalem Aufwand in filmreife Bilder, für die einst nur Hollywood in Frage kam.

Ich produziere mit meiner Firma Foster Kent seit den 1990er-Jahren Jingles für große Radiostationen – darunter SWR3, Bayern 3, Antenne Bayern, JUMP, NDR 2 und viele mehr. Für die Gesangsaufnahmen reisen regelmäßig Sängerinnen und Sänger aus ganz Deutschland nach Salzburg – aus Wien, Hamburg oder Berlin. Anfang der 2000er arbeiteten wir gerade an einem neuen Jingle-Paket für NDR 2. Eine der Sängerinnen war unsere langjährige Freundin Annette Stangenberg – und sie brachte einen Freund mit, den ich noch nicht kannte: Volker Engel.

Nach der Aufnahmesession gingen wir gemeinsam essen, und zufällig saß Volker direkt neben mir. Natürlich fragte ich ihn, was er beruflich macht. Seine Antwort überraschte mich: Er sei Visual Effects Supervisor in Hollywood – die rechte Hand von Wolfgang Petersen und verantwortlich für die Spezialeffekte in Filmen wie Independence Day, Godzilla oder The Day After Tomorrow. Da mich Filmproduktion schon immer begeistert hat und ich Dokus über Kino Effekte wie ein Schwamm aufgesogen habe, war mein Interesse sofort geweckt. Wir sprachen den ganzen Abend über seine Arbeit – und es wurde einer dieser magischen

Abende, an denen man bis in die frühen Morgenstunden über das spricht, was einen wirklich fasziniert.

Am nächsten Tag kam Volker sogar mit einem echten Fotoalbum ins Studio zurück und zeigte mir stolz Bilder vom Set: Aufnahmen mit Will Smith, mit Modellen, mit Greenscreens – und er erklärte mir Szenen, die ich bis dahin einfach nur »beeindruckend« fand, jetzt aber mit ganz anderen Augen sah. Dabei habe ich zwei Dinge gelernt, die ich bis heute nicht vergessen habe. Erstens: Die beeindruckendsten Special Effects sind oft die, bei denen mehrere Techniken so clever kombiniert werden, dass man als Zuschauer nicht mehr erkennt, was Modell, was CGI und was Realdreh ist. Ein Beispiel war eine Kamerafahrt über die Titanic, bei der echte Wellen, ein Schiffsmodell und digital animierte Menschen perfekt zusammenspielen mussten – und zwar mit identischer Kamerabewegung in allen drei Ebenen. Wenn man weiß, wie so etwas gemacht wurde, staunt man noch mehr über das Ergebnis.

Zweitens: Bei Special Effects geht es nicht nur um das spektakulärste Bild, sondern immer auch um den cleversten, effizientesten Weg dorthin. Volker erzählte mir, wie sie beim Dreh von Independence Day für eine Szene einfach ein Miniaturmodell des Weißen Hauses auf einem Parkplatz aufbauten – und er höchstpersönlich mit einem LKW den Schatten des Alien-Raumschiffs erzeugte. Kein teures CGI, sondern ein Schattenwurf in Echtzeit. Oder wie er für eine andere Einstellung ein Spielzeugflugzeug kaufte, das der Air Force One besonders ähnlich sah – für wenige Dollar in einem gewöhnlichen Geschäft. Das Teuerste an dieser Szene war tatsächlich der Hintergrund: ein Wolkenbild, das sie auf ein großes Plakat drucken mussten.

Heute – viele Jahre später – hat die künstliche Intelligenz begonnen, diese Welt der Spezialeffekte grundlegend zu verändern. Was früher Wochen an Arbeit und ein großes Team brauchte, kann heute von einem einzelnen Menschen in Stunden umgesetzt werden. Und wenn es bei Special Effects immer darum ging, mit minimalem Aufwand maximale Wirkung zu erzielen, dann ist KI in gewisser Weise die logische Weiterentwicklung dieser Philosophie. In diesem Kapitel schauen wir uns an, welche KI-Tools heute die Arbeit von VFX-Künstlern übernehmen – und wie du selbst mit überschaubarem Budget Spezialeffekte erzeugst, für die früher nur Hollywood in Frage kam.

5.1 Aleph von Runway ML – Special Effects per Textprompt

Aleph ist eines der spannendsten Tools im Bereich KI-gestützter Spezialeffekte. Genau während ich an diesem Buch gearbeitet habe, wurde diese neue Funktion von Runway ML für alle bezahlten Accounts freigeschaltet – und die Versprechen waren groß: Kamerawechsel, Lichtveränderungen, Wettereffekte, Objektmanipulation – und all das mit einem simplen Textprompt.

Du lädst ein Video mit maximal fünf Sekunden Länge hoch und schreibst z. B. »Change the camera angle to a frontal view«, »Make it snow« oder »Replace the dog with a small dragon«. Und tatsächlich: Viele dieser Transformationen funktionieren überraschend gut – vor allem, wenn keine Gesichter im Bild sind.

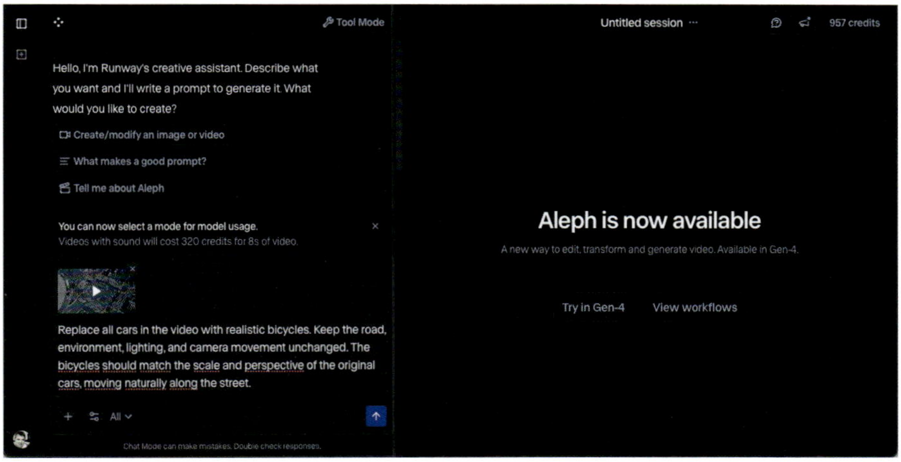

Abbildung 5.1 Aleph von Runway ML

Für meinen YouTube-Kanal und dieses Buch habe ich Aleph sofort getestet. Mein erster Versuch war eine Szene, die ich vor einigen Jahren mit dem iPhone am Strand von Ibiza aufgenommen habe. Ein Schlagzeuger spielt im Sonnenlicht. Ich wollte lediglich die Kameraperspektive verändern – was grundsätzlich auch funktionierte. Nur leider war das Gesicht des Schlagzeugers im Ergebnis komplett entstellt. Verzerrt, verformt, mit absurden Details, wie man sie sonst nur aus den Anfängen der Deepfake-Technologie kennt. Also probierte ich es mit besserem Material – einer professionellen Szene von Motion Array, in der zwei junge Frauen entspannt mit dem Smartphone spielen und auf dem Bett chillen. Auch hier ließ ich die Kamera wechseln und überflutete den Raum digital mit Wasser – wie ein flacher Spa-Pool. Das Ergebnis: Die Umgebung sah beeindruckend aus. Doch wieder waren die Gesichter das Problem. Eines der Mädchen hatte plötzlich ein zusätzliches Auge auf der Wange. Der Verdacht lag nahe: Aleph hat aktuell noch große Schwierigkeiten mit der realistischen Darstellung von Gesichtern – vor allem in Nahaufnahme oder bei direkter Frontalansicht.

Daraufhin habe ich weitere Tests gemacht – diesmal gezielt mit Videos, in denen keine menschlichen Gesichter zu sehen sind. Und plötzlich wurde Aleph zur Wundertüte: In einer Szene habe ich ein Auto, das bei schönem Wetter an der Küste entlangfährt, in eine winterliche Schneelandschaft verwandelt. In einer anderen wurde ein Hund beim Gassigehen durch einen kleinen, realistisch wirkenden Drachen ersetzt. Beide Clips sahen verblüffend gut aus – Schatten, Bewegung und Lichtstimmung wurden überzeugend angepasst. Genau hier liegt derzeit die Stärke von Aleph.

Was man über Aleph wissen sollte

- Maximale Länge: 5 Sekunden
- Empfohlene Auflösung: 1280 × 720 Pixel (720 p)
- Kosten: ca. 15 Credits pro Sekunde (also 75 Credits pro Clip)
- Optional: 4K-Upscaling für weitere 8 Credits
- Sprache: Prompts sollten auf Englisch formuliert werden.

Um einen Prompt effektiv zu starten, beginne deinen Prompt mit folgenden Wörtern:

- Add – z. B. »Add fireworks in the background«
- Change – z. B. »Change the dog into a dragon«
- Remove – z. B. »Remove the people in the background«
- Relight/Restyle – z. B. »Relight the scene with warm evening light«

In der Praxis würde dein Workflow dann beispielsweise so aussehen:

1. Öffne Runway und erstelle ein neues Projekt im Gen-4-Modus (nicht Gen-4 Turbo, dieser ist nicht mit Aleph kompatibel).

2. Wähle den Chat Mode, nicht den Tool Mode – Runway empfiehlt diesen, da Aleph hier wie ein kreativer Gesprächspartner agiert.
3. Lade dein Video hoch (Plus-Symbol) und gib den Textprompt ein.
4. Starte den Prozess mit dem Pfeil.
5. Nach der Generierung kannst du das Ergebnis herunterladen oder per Button auf 4K hochskalieren.

Fazit: Aleph ist ein faszinierender Ausblick in die Zukunft der visuellen Effekte. Die Einschränkungen bei Gesichtern sind aktuell noch gravierend, aber sobald keine Personen erkennbar sind, entfaltet die KI ihr volles Potenzial. Vor allem für Social-Media-Content, Musikvideos oder erste Filmideen lassen sich beeindruckende Szenen generieren – mit wenigen Klicks, ohne VFX-Team. Wenn Aleph in Zukunft längere Clips verarbeiten kann und die Gesichtsdarstellung verbessert wird, dann wird dieses Tool definitiv eines der wichtigsten Werkzeuge für digitale Filmschaffende.

YouTube-Video: Runway Aleph im Test: Revolution oder Enttäuschung?
https://youtu.be/Mrk3BXJgzaY?si=Q1GPLjBv5ywzam0u

5.2 Kling AI – Die Revolution

In der Filmgeschichte war es schon immer eine große Herausforderung, überzeugende Special Effects zu erschaffen. Wollte man ein Monster wie Godzilla in eine Stadt einsetzen, eine gigantische Tsunamiwelle über einen Hügel brechen lassen oder einen Boden realistisch aufreißen, griff man traditionell auf aufwendige Methoden zurück: Miniaturen und Modellstädte, Pyrotechnik und Wasserbecken, Matte Paintings oder später komplexe CGI-Simulationen. All das war mit hohem Kosten- und Zeitaufwand verbunden – und oft nur großen Studios vorbehalten.

Mit Tools wie Kling AI ist diese Welt auf den Kopf gestellt. Kling AI gehört aktuell zu den spannendsten Werkzeugen für KI-gestützte VFX. Mit dem Kling 2.0- und

2.1-Modell lassen sich realistische Effekte generieren, die täuschend echt wirken: Rauch, Wasser, Explosionen oder ganze Kreaturen. Besonders hervorzuheben ist der Multi-Elements-Modus, der drei Werkzeuge vereint – SWAP, DELETE und ADD – und damit eine Art Schweizer Taschenmesser für visuelle Effekte darstellt.

Eine der beliebtesten Funktionen von Kling AI ist die Image-to-Video-Generierung. Man nimmt ein einzelnes Standbild aus einem Video – ein sogenanntes Framegrab – und beschreibt in einem Prompt, was passieren soll. Ein YouTuber demonstrierte das eindrucksvoll: Er filmte den Boden in seinem Garten, nahm einen Screenshot und gab Kling die Anweisung, dass der Boden aufbrechen und Rauch aus einem Erdloch steigen solle. Das Ergebnis war verblüffend: Die KI erkannte sogar die einzelnen Fliesen, ließ sie realistisch zerbrechen und füllte die Szene mit glaubwürdigem Rauch. Ein anderes Beispiel: Ein Standbild eines Hügels wurde zum Ausgangspunkt für eine riesige Tsunamiwelle, die sich mit natürlichem »Handheld«-Kamera-Effekt über den Hügel ergoss. Ebenso spektakulär war ein Clip, in dem ein Auto erst schwebte und sich dann in Staub auflöste – inklusive realistisch mitbewegtem Schatten.

Solche Ergebnisse zeigen, wie weit die physikalischen Simulationen der KI bereits sind. Wo früher monatelang in Maya oder Houdini gearbeitet werden musste, reicht nun ein Screenshot und ein präziser Prompt.

Multi-Elements: Swap, Delete und Add

Die eigentliche »Geheimwaffe« von Kling AI ist der Multi-Elements-Modus. Hier lassen sich bestehende Videos nachträglich verändern: Objekte austauschen (SWAP), entfernen (DELETE) oder hinzufügen (ADD).

Mit SWAP (Austauschen) lassen sich Objekte in Videos nahtlos durch andere ersetzen – einschließlich realistischer Interaktionen mit der Umgebung:

- Ein Kürbis, den der Sprecher in der Hand hielt, verwandelte sich in ein niedliches Fantasiewesen – und die Hände passten sich automatisch an, sodass es so aussah, als würde er die Figur wirklich halten.
- Goldbarren überzeugten durch realistische Spiegelungen und Reflexionen, sogar die Hand des Sprechers spiegelte sich darin.
- Ein kleiner Hund wurde zu einem Baby-Nilpferd oder Roboterhund – die Animation folgte exakt den Bewegungen des Originals.

- Besonders beeindruckend war die Umwandlung eines Pferdes in verschiedene Stile (etwa einen »Drachen-Look«), während die Hand einer Person weiterhin glaubwürdig das Fell berührte.

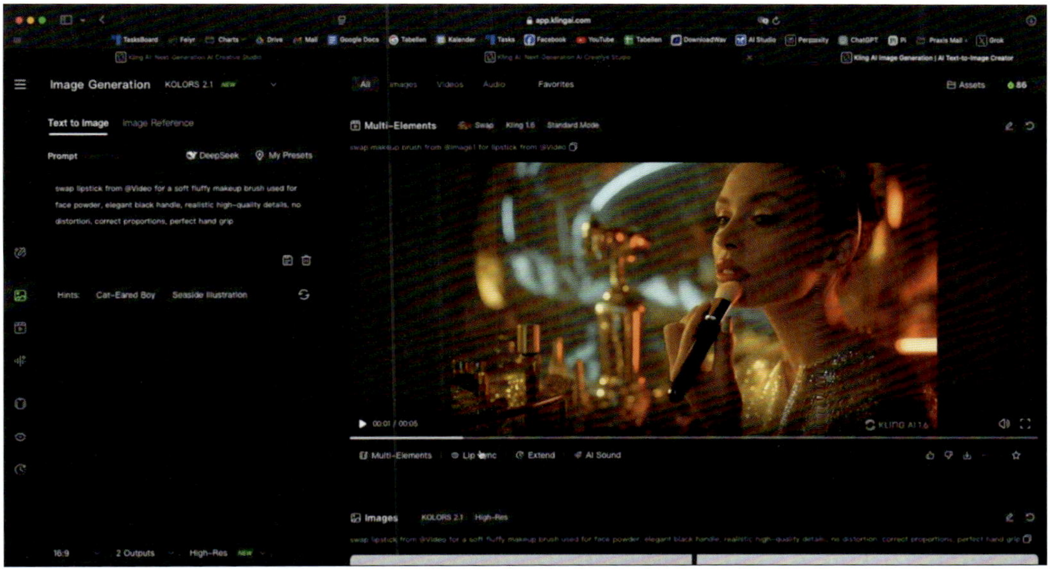

Abbildung 5.2 Die Oberfläche von Kling AI mit den Multi-Elements

DELETE entfernt ausgewählte Objekte oder Personen aus einer Szene und füllt die entstandenen Lücken automatisch auf:

- Ein Basketball verschwand spurlos aus einer Szene – einzig minimale Unschärfen an den Händen erinnerten daran.
- Ein ganzer Mensch wurde von einem Sofa entfernt, der Hintergrund füllte sich automatisch und überzeugend auf.
- Der Kürbis aus dem Swap-Beispiel konnte ebenfalls rückstandslos gelöscht werden.

Mit ADD lassen sich neue, animierte oder statische Elemente in die Szene einfügen:

- Auf denselben Kürbis wurde ein animierter Oktopus gesetzt, dessen Tentakel sich bewegten und der ein Gesicht bekam.

- In eine Wüstenszene mit einem Lastwagen fügte man flammende Wrackteile und eine Stadtsilhouette ein – ein Effekt, der an Matte Painting erinnert.
- Sogar ein Kiwi-Vogel wurde nahtlos in den Garten des YouTubers integriert.

All diese Beispiele verdeutlichen: Mit Kling AI lassen sich Szenen nicht nur subtil retuschieren, sondern komplett umgestalten.

Kreative Experimente mit Charakteren

Besonders spannend ist, dass man sich selbst oder Haustiere in völlig neue Charaktere verwandeln kann. Ein Beispiel: Ein Creator verwandelte seine Katze nacheinander in einen Braunbären, einen Drachen oder »Toothless« aus *Drachenzähmen leicht gemacht* – inklusive realistischer Kopfbewegungen und Licht Anpassungen. Er selbst verwandelte sich mithilfe von Inpainting und Magnifics »Structure Reference« in einen Ritter in Rüstung. Dabei blieb seine Performance erhalten, nur der Stil wurde verändert – eine Art »kostümbasiertes Motion Capture« ohne Motion Capture. Solche Experimente sind mehr als Spielerei. Sie zeigen, wie man mit relativ einfachen Mitteln überzeugende Charakter-Transformationen für Filme oder Social-Media-Videos erstellen kann.

Kosten

Ein 5-Sekunden-Clip mit dem Kling 2.0- oder 2.1-Modell kostet etwa 100 Credits, im Multi-Elements-Modus sind es 50 Credits pro Clip. Der günstige Plan (ca. 7 € pro Monat) beinhaltet 660 Credits, für größere Projekte lohnt sich ein temporäres Upgrade auf die Pro- oder Premium-Version.

Noch gibt es einige technische Grenzen, beispielsweise bei der Clip-Länge: Standardmäßig dauern die erzeugten Videos nur 5 Sekunden (im Text-to-Video-Modus auch 10). Für kurze VFX-Shots reicht das, für längere Szenen muss man Clips zusammensetzen. Auch wenn diese Limitierungen im Moment noch ein Hemmnis darstellen, ist die Richtung klar: Diese Funktionen werden bald direkt in professionelle Schnittprogramme wie Adobe Premiere Pro oder DaVinci Resolve integriert sein – und das vermutlich nahtlos und mit längeren Sequenzen.

Fazit: Kling AI ist ein Paradebeispiel dafür, wie KI die VFX-Welt demokratisiert. Heute kann jeder mit einem Laptop und ein paar Credits spektakuläre Szenen erschaffen: Monster aus dem Wasser, explodierende Autos, zerberstende Häuser oder Kreaturen, die scheinbar real in die Szene gehören. Für Indie-Filmemacher, YouTuber und Content-Creator eröffnet das völlig neue Möglichkeiten. Und für die großen Studios bedeutet es, dass sie Routinearbeiten schneller und günstiger erledigen können – sodass mehr Zeit für die wirklich komplexen Effekte bleibt. Die Frage ist nicht mehr, ob KI Special Effects übernimmt, sondern nur noch, wie schnell. Kling AI zeigt eindrucksvoll, dass wir schon mitten in diesem Umbruch stehen.

YouTube-Video: Kling AI-Tutorial: Alles über Video-Generierung, Effekte & Multi-Elements
https://youtu.be/UKhvg6O0RHY?si=RZDg8Nldciyw-GKY

5.3 Higgsfield AI – Special Effects mit Presets

Higgsfield AI verfolgt einen anderen Ansatz als Runway Aleph oder Kling AI. Während diese Tools vor allem über freie Textprompts oder komplexe Bearbeitungsmodi gesteuert werden, setzt Higgsfield auf fertige Visual-Effects-Presets. Sie lassen sich mit einem Klick anwählen. Anschließend lädt man ein Foto von sich selbst hoch – und innerhalb weniger Minuten wird daraus ein kurzer Effekt-Clip, in dem man selbst die Hauptrolle spielt.

Genau hier liegt der Spaß: Man wählt zum Beispiel das Preset I Can Fly, und plötzlich sieht man sich selbst Anlauf nehmen und in die Lüfte steigen – wie in einem Science-Fiction-Film. Oder man entscheidet sich für Earth Zoom Out, und die Kamera zieht spektakulär aus dem Gesicht heraus, bis man als winziger Punkt auf der Erde erkennbar ist. Szenen, die früher teure Spezialeffekte oder ein Greenscreen-Studio erfordert hätten, entstehen so in Sekunden und ganz ohne technisches Vorwissen.

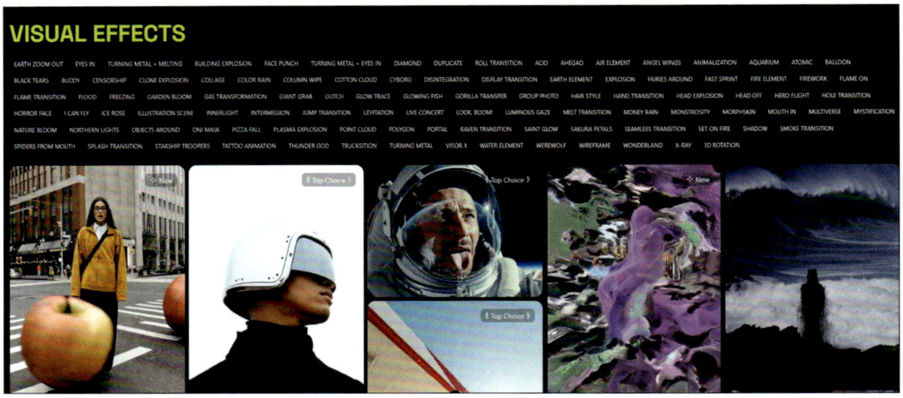

Abbildung 5.3 Oben lassen sich die Special Effects einfach anklicken.

Higgsfield ist weniger ein Werkzeug für akribische VFX-Feinheiten, sondern mehr ein Kreativspielplatz für sofortige Ergebnisse. Es geht nicht darum, jeden Parameter im Detail einzustellen, sondern darum, mit einem einzigen Foto und einem Klick beeindruckende Clips zu erzeugen. Genau diese Einfachheit unterscheidet es von Aleph oder Kling, die deutlich mehr Promptarbeit und Testdurchläufe erfordern. Für Content-Creator, die schnell einen viralen Effekt für TikTok, Instagram oder YouTube-Shorts brauchen, ist Higgsfield daher perfekt. Auch Musikerinnen und Musiker können ihre Songs visuell aufwerten, indem sie sich selbst in spektakuläre Effekte einsetzen – ohne Budget und ohne Studio.

Was mich an Higgsfield begeistert, ist die Leichtigkeit: Ich muss keinen Prompt austüfteln, keine Kameraeinstellungen anpassen, keine Simulation starten. Stattdessen wähle ich einen Effekt, lade ein Bild hoch – und schon spiele ich selbst die Hauptrolle in einer Mini-Blockbuster-Szene. Es ist fast wie ein digitales Freizeitpark-Erlebnis: nicht so tief und individuell wie Aleph oder Kling, dafür aber unglaublich zugänglich und unterhaltsam.

Fazit: Higgsfield AI ist kein Allzweck-Werkzeug für jede Art von VFX, sondern ein Spezialist für »Wow-Momente auf Knopfdruck«. Wer Gesichter glaubwürdig in vorbereitete Effekt Szenen einbauen will, liegt hier richtig. Für Indie-Filmer mag es eher ein Gimmick sein, für Social-Media-Creator und Musikvideos kann es jedoch genau das Richtige sein, um mit minimalem Aufwand maximale Aufmerksamkeit zu erzielen.

Kapitel 6

Feste Charaktere im Film

Echte Personen realistisch in KI-Produktionen einbinden

Konstante Gesichter sind heute technisch machbar – rechtlich und ethisch aber kein Selbstläufer. In diesem Kapitel zeige ich, wie du dich selbst (oder freigegebene Personen) mit Referenzfotos und trainierten Charakteren konsistent in Bilder und Videos integrierst, welche Workflows realistische Ergebnisse liefern und wo typische Fallstricke lauern. Außerdem klären wir die Dos & Don'ts bei prominenten Gesichtern – damit dein Projekt überzeugend wirkt und sauber bleibt.

Wenn man einen einfachen Prompt in Veo 3 oder einem anderen Text-to-Video-Tool eingibt und das Resultat sieht, könnte man schnell denken: »Wow, das ist schon perfekt, damit könnte man ganze Spielfilme machen.« Aber der Schein trügt. Denn in einem Spielfilm ist es entscheidend, dass Charaktere über viele Szenen hinweg gleich aussehen. Hauptdarsteller und Nebendarsteller dürfen nicht in jedem Shot andere Gesichter haben. Genau hier wird es mit KI-Tools schwierig – aber es gibt Workflows, mit denen man diesem Ziel näherkommt.

6.1 Privatpersonen: der einfache Fall

Starten wir mit dem unproblematischen Fall: Privatpersonen. Wenn du dich selbst in KI-Bilder oder -Videos einbauen möchtest, bieten fast alle Generatoren eine Möglichkeit, ein Foto hochzuladen. Midjourney hat die Funktion OMNI-REFERENCE, und auch ChatGPT kann ein hochgeladenes Bild als Grundlage nutzen. Das Ergebnis zeigt zwar oft eine gewisse Ähnlichkeit, aber es bleibt weit entfernt davon, eine exakte Kopie zu sein. Das liegt daran, dass die Modelle absichtlich so trainiert sind, keine perfekte Reproduktion von Gesichtern zu erzeugen. Man spricht von einem »Weichzeichner für Identität« – ein eingebauter Schutz gegen Deepfakes. Das Ergebnis ist deshalb immer ein Stück verfremdet.

Mein Freund Deniz Vibes hat zum Beispiel mit HailuoAI ein Video für meinen Song Intertwined gemacht. Er hat mein Foto hochgeladen, und die KI stellte mich als Astronaut dar. Das Ergebnis war erstaunlich überzeugend – trotzdem schwanken die Resultate stark, und wirklich konsistente Gesichter sind so nicht erreichbar.

Abbildung 6.1 Recht überzeugende Darstellung des Autors als Astronaut

Wenn die KI nur ein einziges Foto kennt, weiß sie nicht, wie die Person von der Seite aussieht. Sie rät – und das führt zu Verzerrungen oder wechselnden Gesichtern. Darum gibt es Plattformen, auf denen man einen KI-Charakter gezielt anlegt, indem man 20 bis 50 Fotos derselben Person hochlädt. Unterschiedliche Blickwinkel, verschiedene Gesichtsausdrücke – so »lernt« die KI die Person umfassend.

Higgsfield AI

Ein Beispiel ist Higgsfield AI. Die Resultate wirken hier deutlich konsistenter und realistischer als bei einfachen Referenzbildern, und die Plattform entwickelt sich mit rasantem Tempo weiter. Gerade bei gut vorbereiteten Trainingsdaten lassen sich Ergebnisse erzielen, die für viele Anwendungen bereits erstaunlich überzeugend sind.

Eine der spannendsten Funktionen von Higgsfield AI ist die Möglichkeit, einen eigenen Charakter dauerhaft anzulegen. Während man bei vielen Generatoren nur ein einzelnes Foto hochladen kann und die KI daraus ein mehr oder weniger ähnliches Abbild konstruiert, geht Higgsfield einen Schritt weiter. Hier lässt sich ein sogenannter Soul Character trainieren – ein wiedererkennbares Modell, das immer wieder für Bilder und Videos genutzt werden kann.

Der Weg dahin ist relativ einfach: Zunächst legst du dir eine kleine Bildersammlung von dir selbst oder von der Person an, die du als Charakter einbauen möchtest. Higgsfield empfiehlt mindestens zehn Fotos, besser sind jedoch zwanzig bis dreißig. Je vielfältiger die Aufnahmen, desto stabiler wird das Resultat. Am besten fotografierst du dich vor einem neutralen Hintergrund und aus möglichst vielen Blickwinkeln: frontal, leicht seitlich, Profil rechts und links, leicht von oben und unten. Unterschiedliche Gesichtsausdrücke sind ebenfalls hilfreich, denn so »lernt« die KI deine Mimik gleich mit. Zusätzlich kannst du ältere Fotos ergänzen, die dich in verschiedenen Situationen zeigen – Hauptsache, es bleibt klar erkennbar, dass es dieselbe Person ist.

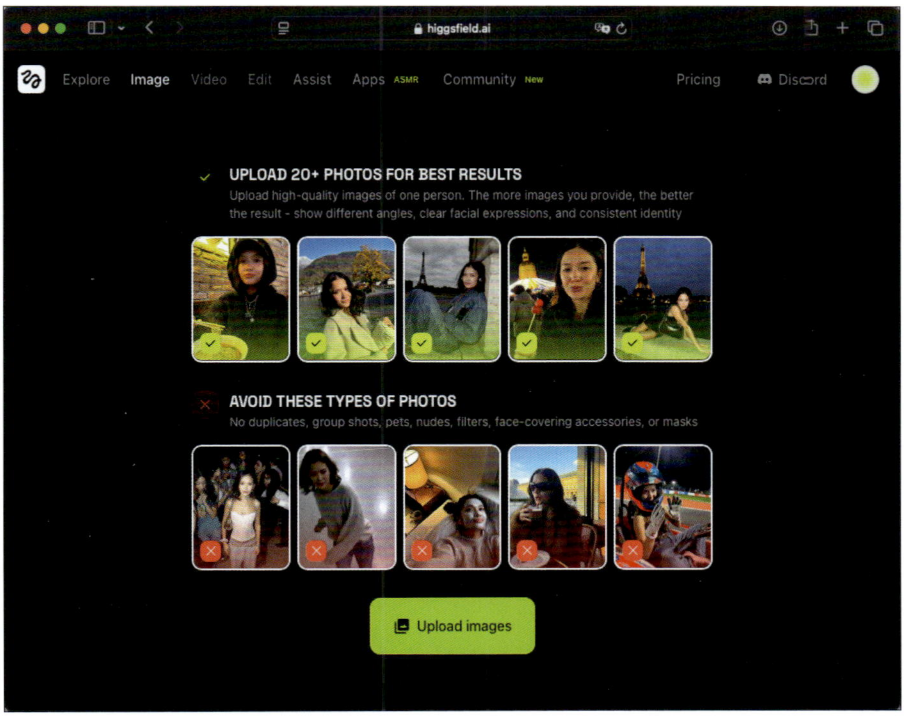

Abbildung 6.2 Soul ID Character von Higgsfield AI

Sind die Bilder vorbereitet, gehst du in Higgsfield auf den Bereich SOUL ID CHARACTER und klickst auf CREATE CHARACTER. Dort lädst du die Fotos hoch und startest den Trainingsprozess. Dieser dauert einige Minuten, läuft aber im Hintergrund, sodass du währenddessen auch andere Dinge in Higgsfield ausprobieren kannst. Sobald dein Charakter fertig ist, erscheint er auf deiner Übersichtsseite, wo du ihn künftig jederzeit auswählen kannst.

Von da an wird es richtig spannend: Du kannst nun Szenen generieren, in denen dein Charakter zuverlässig wiedererkannt wird. Besonders hilfreich sind dabei die Presets, die Higgsfield anbietet. Sie liefern bereits eine klare Grundidee für Perspektive, Stimmung und Bildaufbau. Oft reicht es, einfach nur das Preset zu wählen – und schon entsteht ein glaubwürdiges Bild, fast so, als hättest du es selbst mit dem Handy aufgenommen. Manchmal genügt dann ein kurzer Zusatz wie »at the beach at sunset«, um den Ort oder die Stimmung festzulegen.

Mein Eindruck ist, dass die Presets in vielen Fällen so dominant sind, dass sie den Prompt nur teilweise berücksichtigen oder sogar überschreiben. Ganz ohne Prompt funktioniert es also auch, während zusätzliche Beschreibungen eher wie Feinanpassungen wirken. Und wenn dir ein Detail überhaupt nicht gefällt – sei es die Kleidung oder der Hintergrund –, kannst du es mit dem integrierten Canvas-Werkzeug gezielt austauschen.

Meine besten Resultate habe ich deshalb mit einem kleinen Umweg erzielt: Zuerst habe ich in Midjourney ein Bild erstellt, in dessen Prompt ich bereits hineinformuliert habe, dass die dargestellte Person möglichst nah an meiner eigenen Erscheinung sein soll. Dieses Bild lade ich anschließend in Higgsfield hoch – dazu klickt man im Promptfenster links auf das Plus-Symbol und wählt die Datei aus. Auf diese Weise ersetzt das hochgeladene Bild das Preset, sodass das Ergebnis vom Stil her sehr nahe an der Vorlage bleibt, man selbst aber als Hauptcharakter in der Szene auftaucht.

Wenn dein Charakter einmal angelegt ist, eröffnet das eine ganz neue Spielwiese. Plötzlich kannst du dich selbst in allen möglichen Rollen sehen: beim Surfen in Hawaii, als Astronaut mit glänzendem Helmvisier, als Cowboy unter der Abendsonne oder sogar bei einem TED-Talk vor großem Publikum. Es macht ungeheuren Spaß, solche Bilder zu erzeugen – nicht, weil sie täuschend echt wären, sondern weil sie eine kreative Freiheit eröffnen, die man mit einer Kamera allein nie hätte.

Pykaso

Richtig spannend wurde es für mich mit dem Tool Pykaso. Auch hier trainiert man einen Charakter mit 20 bis 50 Fotos. Nach rund einer Stunde Training kann man das Gesicht in beliebige Fotos oder Videos einsetzen – und die Ergebnisse sind verblüffend gut. Damit lassen sich Gesichter konsistent in Fotos und Videos verwenden – egal ob für kreative Projekte, Social-Media-Inhalte oder einfach für private Experimente. Am besten funktioniert das, wenn Kopf- und Haarform schon grob passen. Besonders überzeugend fand ich die Kombination: erst ein Bild in Midjourney mit Omni-Reference erzeugen, dann mit Pykaso das eigene Gesicht sauber einsetzen.

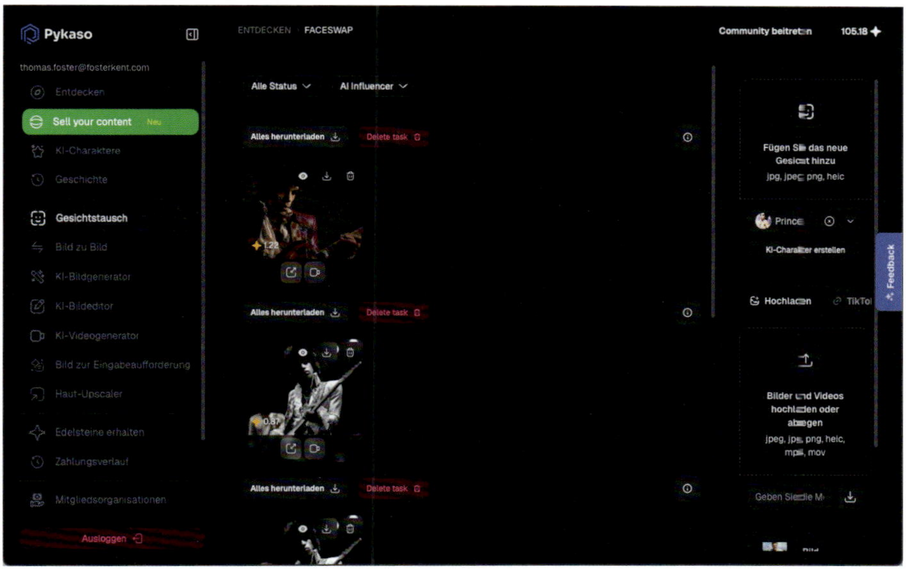

Abbildung 6.3 Gesichtstausch in Pykaso AI

Der Prozess ist dabei klar strukturiert, erfordert aber etwas Vorbereitung.

Nach dem Login findet man auf der Startseite den Button KI-CHARAKTER ERSTELLEN. Alternativ erreicht man denselben Punkt auch über das Menü KI-CHARAKTERE. Zunächst vergibt man einen Namen und lädt ein Referenzbild hoch. Dieses Bild dient sozusagen als Cover des Charakters – es ist das erste visuelle Aushängeschild, aber noch nicht das eigentliche Trainingsmaterial. Nachdem man auf VORSCHAU und SPEICHERN geklickt hat, ist der Charakter in der Übersicht angelegt.

Der entscheidende Schritt folgt nun: das Training. Ganz unten in der Charakteransicht findet man einen Button, über den man auf eine neue Seite gelangt. Dort können bis zu fünfzig Fotos hochgeladen werden, die als Grundlage für das Training dienen. Hier empfiehlt es sich, bewusst eigene Fotos aufzunehmen – am besten vor neutralem, einheitlichem Hintergrund und in guter Auflösung. Wichtig ist eine gewisse Vielfalt: Bilder frontal, im Profil, leicht von oben und von unten, von hinten und in verschiedenen Gesichtsausdrücken. Ein neutrales Porträt ist ebenso sinnvoll wie ein erstauntes, lachendes oder ernstes Gesicht. Diese Bandbreite sorgt dafür, dass das System den Charakter möglichst umfassend erfasst.

Nach dem Upload zeigt die Oberfläche den Fortschritt an und beginnt mit der Analyse. Je nach Anzahl und Größe der Fotos dauert das Training etwas, aber danach steht ein funktionsfähiger KI-Charakter zur Verfügung, mit Namen und Coverbild in der Übersicht.

Mit dem fertigen Charakter hat man anschließend mehrere Möglichkeiten. Der einfachste Weg führt über den Button KI-BILDER-GENERATOR. Dort kann man mit Textprompts neue Bilder des Charakters erzeugen, in unterschiedlichen Umgebungen oder mit verschiedenen Outfits. Noch eindrucksvoller ist jedoch der darüberliegende Button KI-GESICHTSTAUSCH. Hier wählt man den Charakter aus, lädt ein Foto oder Video hoch und ersetzt das Gesicht der abgebildeten Person durch den trainierten Charakter. In meinen Tests habe ich damit die überzeugendsten Resultate erzielt – vor allem bei Videos, in denen das Gesicht realistisch und konsistent wirkt.

Tipps für bessere Ergebnisse

Je sorgfältiger die Trainingsbilder ausgewählt werden, desto besser sind die späteren Ergebnisse. Es lohnt sich, Zeit in die Vorbereitung zu investieren und wirklich saubere Fotos zu machen: gleichmäßiges Licht, klare Konturen, keine harten Schatten oder Filter. Fünfundzwanzig bis vierzig gute Bilder sind oft besser als fünfzig zufällige Schnappschüsse. Wer außerdem für Abwechslung bei den Gesichtsausdrücken sorgt, erhöht die Bandbreite und ermöglicht natürlichere Ergebnisse im späteren Einsatz.

Fazit: Pykaso bietet damit ein leistungsfähiges System, um eigene Charaktere nicht nur für Standbilder, sondern auch für realistische Videos einzusetzen. Gerade der KI-Gesichtstausch zeigt, wie nah diese Technologie bereits an professionellen Resultaten ist. Wer mit KI-Charakteren arbeiten möchte – sei es mit sich selbst oder mit eigens erstellten Figuren –, findet hier ein Werkzeug, das sowohl einfach zu bedienen als auch erstaunlich wirkungsvoll ist.

6.2 Prominente: rechtlich riskant, technisch machbar

Etwas anders – und deutlich heikler – sieht es aus, wenn man Fotos oder Videos von bekannten Persönlichkeiten erzeugen möchte. Prominente Gesichter wie James Dean, Michael Jackson oder Lady Gaga sind rechtlich ein Minenfeld. Ohne Einwilligung darf man ihr Bild nicht kommerziell nutzen.

Fair Use

In den USA gilt das Prinzip »Fair Use«: Satire und Parodie sind erlaubt, solange klar erkennbar ist, dass es nicht echt ist. Deshalb können Videos, in denen Donald Trump und Elon Musk lachend auf einer Yacht durch die Karibik segeln, online bleiben. In Europa gibt es ähnliche Ausnahmen für Kunst und Satire, aber die Grenzen sind schwammiger.

Interessant ist, dass es technische Unterschiede gibt. Manche Plattformen blockieren sofort, wenn man versucht, einen Star zu trainieren. Andere lassen es überraschend problemlos zu. In meinen Tests habe ich bei Pykaso probeweise Fotos von Prince hochgeladen – und das Training wurde nicht verhindert. Noch überzeugender war allerdings Grok, die KI von Elon Musk. Hier waren die Ergebnisse bei Prominenten am realistischsten: verblüffend nah am Original, ohne den typischen »KI-Weichzeichner«.

Mein Fazit: Für eigene Gesichter sind heute Kombinationen aus Bildgenerator (z. B. Midjourney mit Omni-Reference) plus Face-Swap (z. B. Pykaso) am überzeugendsten. Für Prominente gilt: technisch möglich, aber rechtlich riskant. Erlaubt ist es nur, wenn Satire oder Parodie im Vordergrund steht. Und: Je mehr Trainingsfotos man einsetzt, desto konsistenter und realistischer wird der KI-Charakter. Die Entwicklung geht rasant voran. In wenigen Monaten oder Jahren wird es vermutlich möglich sein, realistische, feste Charaktere für KI-Filme mit einer Qualität zu erstellen, die kaum noch von echten Aufnahmen zu unterscheiden ist.

Kapitel 7

KI-Funktionen für den Filmschnitt

Videoschnitt schneller, smarter und kreativer

Schnitt ist und bleibt die Schaltzentrale deiner Produktion: Hier zeige ich, wie Final Cut Pro, Adobe Premiere Pro und CapCut mit integrierter KI deinen Workflow beschleunigen – von automatischen Untertiteln und Smart Reframing über Farb- und Tonkorrektur bis zu objektbasierten Effekten. Du bekommst einen kompakten, praxisnahen Überblick, mit welchem Programm du auf deinem System am entspanntesten zum Ziel kommst – und wo KI heute wirklich Zeit spart.

Wenn man die aktuellen Entwicklungen verfolgt, könnte man meinen, dass wir bald Filme komplett von KI erstellen lassen. Erste Webplattformen und KI-Modelle gehen tatsächlich in diese Richtung. Aber in der Praxis sind wir noch nicht so weit. Wer heute einen KI-basierten Film produziert, nutzt in der Regel eine ganze Palette verschiedener Tools: für Text-to-Video, Bildanimation, VFX oder Audio. Doch am Ende müssen all diese Bausteine zusammengefügt werden – und dafür kommt nach wie vor ein klassisches Videoschnittprogramm zum Einsatz.

Programme wie Final Cut Pro, Adobe Premiere Pro, Da Vinci Resolve oder CapCut sind deshalb weiterhin das Rückgrat jeder Produktion. Sie sorgen dafür, dass alle einzelnen Clips, Sounds, Musikstücke und Effekte zu einem stimmigen Ganzen werden. Genau aus diesem Grund habe ich diesen Programmen ein eigenes Kapitel gewidmet: Hier bekommst du nicht nur einen schnellen, praxisnahen Einstieg, sondern auch einen Überblick über die Funktionen, die bereits KI nutzen – von automatischer Untertitelung über intelligente Farbkorrektur bis hin zu Tools für den perfekten Bildausschnitt.

Ich selbst habe mich übrigens nie bewusst für ein bestimmtes Schnittprogramm entschieden. Mein Einstieg war eher zufällig: Bei meinem ersten Filmprojekt stolperte ich über Final Cut – und bin dabeigeblieben. Seitdem habe ich für meinen YouTube-Kanal Tausende Videos mit Final Cut geschnitten. Dennoch: Wenn ich heute einen Blick auf die Konkurrenz werfe, muss ich sagen, dass Programme wie Premiere Pro oder CapCut in vielen Punkten moderner wirken – vom Interface bis hin zu KI-Features. CapCut ist für mich sogar so etwas wie die neue Generation der Schnittsoftware: extrem intuitiv, auf Social Media zugeschnitten und vollgepackt mit spannenden KI-Funktionen.

Ein Punkt, den man dabei nicht unterschätzen sollte, sind die Systemanforderungen: Während Final Cut Pro und CapCut auf vielen Geräten flüssig laufen – CapCut sogar auf dem Smartphone – brauchen Programme wie DaVinci Resolve und Adobe Premiere Pro deutlich mehr Rechenleistung. Besonders Resolve ist extrem grafikintensiv, vor allem bei komplexen Farbkorrekturen oder Fusion-Effekten. Aber auch Premiere kann bei großen Projekten, vielen Ebenen und Effekten ordentlich an der Performance ziehen. Wer mit einem älteren Rechner oder einem schwächeren Laptop arbeitet, stößt hier schnell an die Grenzen. Wenn du also nicht auf einer High-End-Workstation arbeitest, könnte Final Cut – oder für kleinere Projekte sogar CapCut – die entspanntere Wahl sein.

In diesem Kapitel zeige ich dir die wichtigsten Programme, ihre Stärken und ihre KI-Features – ohne komplizierte Fachsprache, sondern so, dass du sofort loslegen kannst. Denn egal, ob du kurze Clips für Social Media oder ein größeres Videoprojekt produzierst: Mit dem richtigen Schnittprogramm und den passenden KI-Tools sparst du enorm viel Zeit und kannst deine kreativen Ideen schneller umsetzen.

7.1 Adobe Premiere Pro – Der kreative Allrounder

Adobe Premiere Pro ist wahrscheinlich das bekannteste professionelle Videoschnittprogramm der Welt – und das völlig zu Recht. Es steckt voller leistungsstarker Funktionen, wird regelmäßig weiterentwickelt, läuft stabil auf Windows und macOS und ist vor allem eines: Teil des Adobe-Ökosystems. Und das ist ein wirklich großer Vorteil. Denn Premiere ist nicht allein unterwegs. Es arbeitet nahtlos mit After Effects, Photoshop, Audition, Lightroom oder sogar mit Frame.io zusammen. Diese enge Verzahnung macht vor allem in professionellen Workflows einen riesigen Unterschied – du merkst einfach, dass alles aus einer Familie kommt. Wenn du die komplette Adobe Creative Cloud buchst (zurzeit rund 67 Euro im Monat), hast du Zugriff auf alle Tools, Templates und Cloud-Dienste. Premiere Pro allein gibt's ab ca. 26 Euro monatlich – fair für das, was du bekommst.

Mein persönlicher Eindruck: Premiere fühlt sich modern an. Das User Interface ist durchdacht, die Funktionen wirken professionell und gleichzeitig kreativ. Es gibt viele intelligente Details, und vor allem in den letzten Jahren hat Adobe bei der KI-Integration ordentlich nachgelegt – automatische Transkription, Morph Cut, Sprachverbesserung, intelligentes Reframing für Social Media, das ist alles wirklich nützlich. Ganz ehrlich: Ich habe kurz überlegt, ob ich komplett auf Premiere umsteige. Ich hatte richtig Lust, es auszuprobieren. Aber der Zeitpunkt war ungünstig – wenn ich mich jetzt in ein neues System einarbeite, wird dieses Buch nie fertig. Und das war mir wichtiger. Vielleicht kommt das noch – aber aktuell bleibe ich bei dem, was ich kenne. Trotzdem bin ich überzeugt: Für viele Kreative ist Premiere Pro eine der besten Optionen am Markt. Vor allem, wenn man sowieso mit Adobe arbeitet.

Schneller Einstieg in Adobe Premiere Pro

Du willst zum ersten Mal mit Premiere Pro arbeiten und möglichst schnell verstehen, wie man ein Projekt erstellt, Clips schneidet und am Ende einen fertigen Film exportiert? Dann findest du auf den nächsten Seiten eine kompakte Schritt-für-Schritt-Anleitung – ganz ohne Fachchinesisch, dafür mit klaren Erklärungen und den wichtigsten Tastenkombinationen.

Wenn Premiere Pro korrekt installiert ist, landest du beim Start auf einer Willkommensseite. Links oben klickst du auf Neues Projekt, gibst deinem Projekt einen Namen, wählst den Speicherort – und kannst dann auch direkt eine Vorlage auswählen, etwa für Social Media oder 4K-Videos. Alternativ geht das Ganze auch über das Menü Datei • Neu • Projekt oder mit dem Shortcut `Strg`/`cmd` + `Alt` + `N`.

Nun musst du die Medien importieren. Im nächsten Fenster hast du oben drei Reiter: Importieren, Bearbeiten, Exportieren. Du startest im Import-Modus. Hier kannst du deine Medien auswählen – also Videos, Bilder, Audios – egal ob von deiner Festplatte, Google Drive oder iCloud. Klickst du auf IMPORTIEREN, werden die Clips ins Projekt geladen, und du landest automatisch im Bearbeiten-Modus.

> **Tipp**
>
> Du kannst Medien auch jederzeit später einfach direkt per Drag & Drop von deiner Festplatte in die Timeline ziehen. Das geht schneller, als man denkt.

Schauen wir uns die Arbeitsfläche einmal ausführlich an: Premiere Pro zeigt dir jetzt die Timeline (unten), das Vorschaubild (oben Mitte) und mehrere weitere Fenster wie das Projektfenster, Effektsteuerung oder Audio-Mixer. Wie diese Fenster angeordnet sind, kannst du komplett frei einstellen – oder du klickst oben auf BEARBEITEN, um zum klassischen Schnittlayout zurückzukehren.

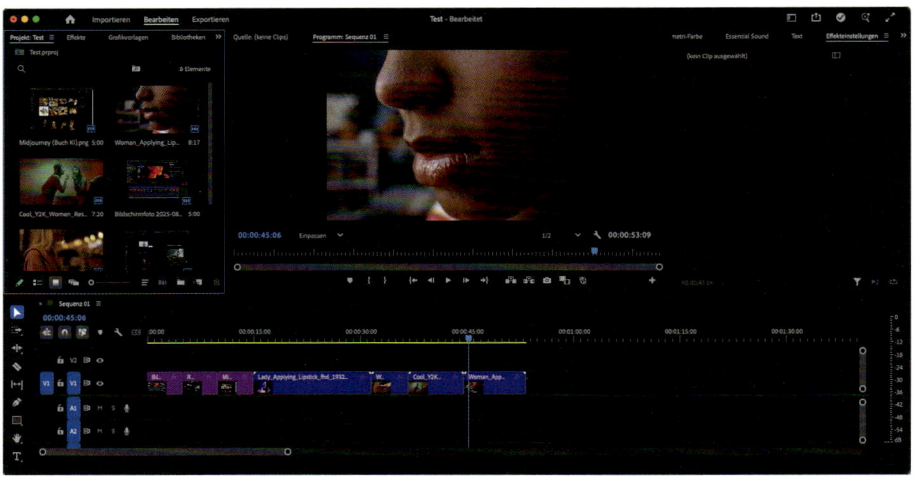

Abbildung 7.1 Die Oberfläche von Premiere Pro

In der Timeline, also dem Schnittbereich unten im Fenster, siehst du zwei wichtige Elemente: einen gelben Balken direkt unterhalb der Timecode-Anzeige – und eine blaue senkrechte Linie, die sich durch alle Spuren zieht. Diese blaue Linie ist der sogenannte Locator, also der aktuelle Abspielpunkt. Du kannst ihn bewegen, indem du mit der Maus oberhalb des gelben Balkens klickst, also dort, wo die Timecodes und kleinen Markierungen angezeigt werden. So springt der Locator an die gewünschte Stelle in deinem Schnitt. Wenn du jetzt die Leertaste drückst, startet die Wiedergabe genau ab dieser Position.

Abspielen, Navigieren, Shortcuts

Jetzt kommt ein echter Gamechanger: Leg deine Finger auf die Buchstaben J, K, L und Ö. Damit navigierst du rasend schnell durch dein Material. Diese Tastenkombinationen funktionieren übrigens in fast jedem Schnittprogramm – ein echter Zeitgewinn:

- [L]: Vorwärts abspielen
- [J]: Rückwärts abspielen
- [K]: Stoppen
- Mehrfaches Drücken von [J] oder [L]: Spult schneller vor/zurück
- [I] und [O]: Setzen von In- und Out Punkten
- Pfeiltasten rechts/links: Einzelbild vor/zurück
- Pfeiltasten oben/unten: Springen zum nächsten/vorherigen Schnitt

Kommen wir nun zum Schneiden und Bearbeiten deiner Clips. Zieh deine Videos einfach in die Timeline. Du kannst sie dort hinlegen, wo du willst – auch übereinander in verschiedenen Spuren. Das oberste Video wird immer angezeigt. Bewegst du den Mauszeiger an den Rand eines Clips, ändert sich das Symbol zu einer Klammer – jetzt kannst du ihn kürzen, also Anfang oder Ende verschieben. Willst du Clips trennen, drücke [C], um zur Rasierklinge zu wechseln, und klicke an die gewünschte Stelle. Mit [V] kommst du zurück zum Auswahlwerkzeug. Clip löschen? Einfach markieren und [←] drücken.

Zoomen und bewegen in der Timeline

Du willst rein- oder rauszoomen? Hier die wichtigsten Methoden:

- [Alt] + Scrollrad: Zoom an der Mausposition
- [+] und [-] (nicht auf dem Nummernblock!): Klassischer Zoom
- [⇧] + Scrollrad: Timeline horizontal verschieben

Markierst du einen Clip und öffnest das Fenster EFFEKTSTEUERUNG (findest du im Menü FENSTER), kannst du die Position X/Y ändern, die Skalierung (Zoom) anpassen, die Rotation einstellen, die Deckkraft ändern (z. B. für Überblendungen) und

Zuschneiden (links, rechts, oben, unten). Auch einfache Effekte wie Farbkorrekturen oder Übergänge findest du unter dem Reiter EFFEKTE – einfach per Drag & Drop anwenden.

Fertig mit dem Schnitt? Dann klick oben auf den Reiter EXPORTIEREN. Hier kannst du Dateinamen festlegen, Zielordner wählen, das Format einstellen (Standard: H.264 für MP4-Dateien) oder den Bereich auswählen, z. B. »Gesamte Quelle« oder »Quelle In/Out«. Dann musst du nur noch unten rechts auf EXPORTIEREN klicken – und Premiere rendert deinen fertigen Film.

YouTube-Video: Premiere Pro-Tutorial
https://youtube.com/playlist?list=PL040CepGQ5KoLqAvAQCJfjYzO1qvvdA0h&si=ImBc0K0FvKaTuC85

Textbasiertes Arbeiten in Adobe Premiere Pro

Gerade bei langen Interviews oder aufwendigen Gesprächen ist der Videoschnitt oft mühselig: Man muss sich minutenlang durch Material scrollen, um bestimmte Stellen zu finden – oder ein »Äh« nach dem anderen manuell rausschneiden. Genau hier kommt eines der beeindruckendsten Features von Adobe Premiere Pro ins Spiel: die textbasierte Bearbeitung. Damit lässt sich gesprochenes Video nicht nur automatisch transkribieren, sondern direkt über den Text bearbeiten – so, als würde man ein Word-Dokument kürzen.

Der Workflow könnte einfacher kaum sein: Schon beim Importieren eines Videos kannst du im Fenster IMPORTEINSTELLUNGEN rechts oben die Option AUTOMATISCHE TRANSKRIPTION aktivieren. Dann fragt Premiere dich nach der Sprache. Wenn dein Material überwiegend Deutsch enthält, wähle DEUTSCH aus – das liefert die besten Ergebnisse. Sollten jedoch mehrere Sprachen vorkommen oder du unsicher sein, kannst du alternativ AUTOMATISCHE SPRACHERKENNUNG aktivieren – Premiere erkennt dann selbstständig, ob jemand plötzlich auf Englisch oder einer anderen Sprache spricht. Zusätzlich kannst du unter SPRACHKENNZEICHNUNG angeben, ob du einen Sprecher oder mehrere Sprecher im Video hast. Für klassische Interviews ist oft die Option JA, GETRENNTE SPRECHER sinnvoll, da Premiere versucht, verschiedene Stimmen zu unterscheiden.

Nach dem Import und der automatischen Analyse kannst du den Arbeitsbereich wechseln – und zwar ganz oben rechts über den Button Textbasierte Bearbeitung. Alternativ findest du diesen Bereich auch über das Menü Fenster • Arbeitsbereiche • Textbasierte Bearbeitung. Links öffnet sich nun das Text-Bedienfeld, in dem du zwischen drei Tabs umschalten kannst: Transkript, Untertitel und Grafiken. Um dein Video über den gesprochenen Text zu bearbeiten, wähle den Bereich Transkript. Hier siehst du jetzt den automatisch erkannten Text deines Videos. Du kannst auf jedes Wort klicken – Premiere springt sofort zu dieser Stelle und spielt von dort ab. Selbst wenn du gar nichts schneiden möchtest, hilft dir das enorm beim schnellen Auffinden von Inhalten.

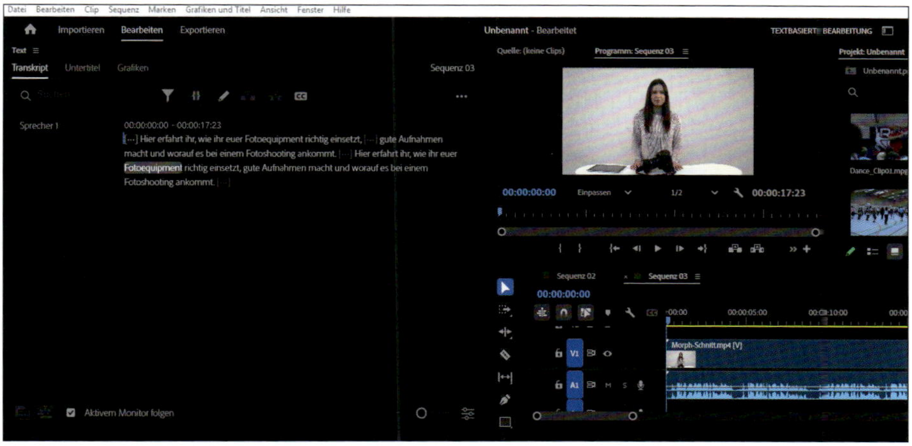

Abbildung 7.2 Der Arbeitsbereich Textbasierte Bearbeitung

Besonders nützlich ist auch das Suchfeld links oben: Gib z. B. »Äh« ein, und Premiere markiert dir jede Stelle mit diesem Wort. So findest du blitzschnell die Stellen, die du korrigieren oder rausschneiden möchtest.

Der eigentliche Clou: Du kannst direkt im Transkript arbeiten wie in einem Textverarbeitungsprogramm. Markiere einen Satz oder ein Wort mit der Maus. Premiere setzt automatisch einen In- und Out-Punkt in der Timeline für diesen Abschnitt. Falls das nicht passiert, aktiviere oben im Transkriptfenster den Button In-/Out-Punkte automatisch setzen. Nun kannst du über die Schaltflächen oben entscheiden, was passieren soll:

- Herausnehmen: Der markierte Satz wird entfernt, aber es bleibt eine Lücke (z. B. sinnvoll, wenn du später dort etwas einfügen möchtest).

- EXTRAHIEREN: Der markierte Bereich wird entfernt und die Lücke geschlossen – der folgende Clip rutscht automatisch nach.

Die zweite Variante ist oft die praktikablere, gerade wenn du das Video straffen willst.

Noch besser: Du kannst Premiere sagen, dass es alle Füllwörter wie »äh«, »ähm« oder bestimmte Pausen automatisch entfernen soll. Klicke dazu oben im Transkript-Fenster auf das Filter-Symbol, wähle FÜLLWÖRTER oder PAUSEN aus, und Premiere zeigt dir alle Vorkommen. Diese kannst du entweder einzeln löschen oder direkt stapelweise entfernen. Du kannst sogar alle Sätze eines bestimmten Sprechers im Transkript markieren und löschen – ideal z. B. für O-Töne, bei denen du nur die Antworten und nicht die Interviewfragen brauchst.

Fazit: Die textbasierte Bearbeitung in Premiere Pro ist nicht nur ein praktisches Werkzeug, sie verändert grundlegend, wie wir über Videoschnitt denken. Statt mühsam über Wellenformen zu navigieren oder Szenen auswendig zu suchen, arbeitest du direkt am Inhalt. Besonders für Interviews, Tutorials, Podcasts oder Screencasts ist das ein echter Gamechanger – und der beste Beweis, wie KI-gestützter Workflow den Schnitt massiv beschleunigen kann.

YouTube-Video: Premiere Pro:
Textbasiertes Arbeiten erklärt
https://youtu.be/-FZf_uAThKQ

7.2 Final Cut Pro – Das umfassende Tool für den Mac

In der Apple-Welt hat sich Final Cut als bevorzugte Lösung etabliert – nicht nur wegen der tiefen Systemintegration, sondern auch wegen seiner klaren, intuitiven Benutzeroberfläche und beeindruckenden Performance. Als native macOS-App nutzt Final Cut Pro die Hardware-Vorteile der Apple-Plattform optimal aus. Besonders auf neueren Macs mit Apple Silicon-Chips (wie dem M1 oder M2) zeigt sich das Programm extrem reaktionsschnell, stabil und effizient – auch bei rechenintensiven Aufgaben wie 4K- oder sogar 8K-Videoschnitt.

Ein zusätzlicher Vorteil: Wer einen Mac kauft, bekommt mit iMovie bereits ein kostenloses, abgespecktes Schnittprogramm mitgeliefert. iMovie ist quasi die kleine Schwester von Final Cut Pro – einfach gehalten, sehr einsteigerfreundlich und ideal für erste Erfahrungen mit dem Thema Videoschnitt. Und wer dann irgendwann merkt, dass er mehr kreative Freiheit und professionelle Werkzeuge braucht, profitiert enorm: Der Umstieg auf Final Cut fällt leicht, weil viele Grundprinzipien und Bedienkonzepte identisch oder sehr ähnlich sind. Für viele ist iMovie daher der ideale Einstieg – und Final Cut der nächste logische Schritt.

Ein zentrales Merkmal von Final Cut ist die sogenannte magnetische Timeline, ein innovativer Ansatz zur Bearbeitung von Videospuren, bei dem Clips automatisch aneinander »haften«. Als ich damit zum ersten Mal gearbeitet habe – damals mit Final Cut X – hat mich dieses Konzept sofort überzeugt. Ich fand es unglaublich praktisch und effizient, weil es mir half, schneller und fehlerfreier zu schneiden. Für mich war das ein echter Gamechanger. Allerdings habe ich auch erlebt, dass viele erfahrene Cutter mit diesem neuen Ansatz nicht warm wurden. Manche empfanden die magnetische Timeline als zu unkonventionell und sind lieber bei klassischen Schnittprogrammen wie Adobe Premiere geblieben. Das zeigt: Gerade beim Videoschnitt geht es nicht nur um Features – sondern auch um persönliche Vorlieben im Workflow.

Für mich persönlich ist Final Cut Pro »mein« Programm geworden. Ich habe mittlerweile viele hundert YouTube-Videos und unzählige Clips für Social Media – von Instagram bis TikTok – damit geschnitten. Ich arbeite damit schnell, intuitiv und effizient. Und auch wenn ich nie die Alternativen wie Premiere oder DaVinci Resolve intensiv getestet habe, weiß ich: Wenn ich jetzt auf ein anderes Schnittprogramm umsteigen würde, bräuchte ich wahrscheinlich Monate, wenn nicht sogar Jahre, um wieder die gleiche Geschwindigkeit und Sicherheit zu erreichen. Ich müsste mir sämtliche Funktionen neu aneignen, passende Workflows entdecken und mir neue Shortcuts einprägen. Deshalb ist Final Cut für mich mehr als nur ein Tool – es ist mein Zuhause beim Videoschnitt.

In den letzten Jahren hat Apple begonnen, auch künstliche Intelligenz in Final Cut Pro zu integrieren – etwa für automatische Schnitterkennung, Objektverfolgung oder smarte Audio-Anpassungen. Auch wenn Apple im Vergleich zu Adobe und Blackmagic Design mit solchen Features eher zurückhaltend ist, zeichnet sich ab, dass KI zunehmend auch in Final Cut eine tragende Rolle spielen wird. Final Cut Pro ist somit nicht nur ein Werkzeug für klassische Cutter, sondern zunehmend auch für Kreative interessant, die mit Hilfe von KI noch effizienter arbeiten möchten – sei es im Social-Media-Bereich, in der Musikvideoproduktion oder bei dokumentarischen Erzählformen.

Schnellstart mit Final Cut Pro 11

In diesem Abschnitt gebe ich dir eine schnelle und leicht verständliche Einführung in Final Cut Pro 11. Ziel ist es, dass du dich sofort zurechtfinden – auch wenn du zum ersten Mal mit dem Programm arbeitest. Danach schauen wir uns die zentralen KI-Funktionen an, also jene, die in der Praxis den größten Unterschied machen.

Um mit Final Cut zu arbeiten, musst du zuerst die drei zentralen Ebenen verstehen. Die **Mediathek:** ist der übergeordnete Speicherort auf deiner Festplatte. Du kannst zum Beispiel eine Mediathek pro Kunde oder pro Thema anlegen. Sie enthält alle deine Videodateien, Audios, Bilder und natürlich deine Projekte. Final Cut speichert in der Mediathek auch Renderdateien und andere Hintergrunddaten – achte also darauf, genug Speicherplatz zur Verfügung zu haben. Ein **Ereignis** ist so etwas wie ein Ordner innerhalb der Mediathek. Du kannst zum Beispiel ein Ereignis »Hochzeit Onkel Karl« erstellen und darin alle Videos, Fotos und Audios dieser Hochzeit sammeln. Und das **Projekt** ist dein eigentlicher Film. Innerhalb eines Ereignisses kannst du mehrere Projekte anlegen – z. B. einen langen Film für die Familie und einen kurzen Clip für Instagram.

Ein Beispiel: Du warst auf einem Taylor-Swift-Konzert und möchtest daraus zwei Filme machen: einen für YouTube (Querformat, lang) und einen für Instagram (Hochformat, kurz). Dann hast du in der Mediathek ein Ereignis »Taylor Swift« mit zwei Projekten.

Kommen wir nun zu Benutzeroberfläche. Wenn du Final Cut öffnest, siehst du drei zentrale Bereiche:

- **Timeline** (unten): Hier »spielt die Musik«. Du siehst alle Clips, Übergänge und Effekte, die du verwendet hast. Die Zeit verläuft von links nach rechts.
- **Viewer** (mittig oben): Zeigt dir eine Vorschau deines Videos in Echtzeit.
- **Übersicht** (links): Hier findest du deine Mediatheken, Ereignisse, importierten Medien, Titel, Generatoren, Soundeffekte und vieles mehr.

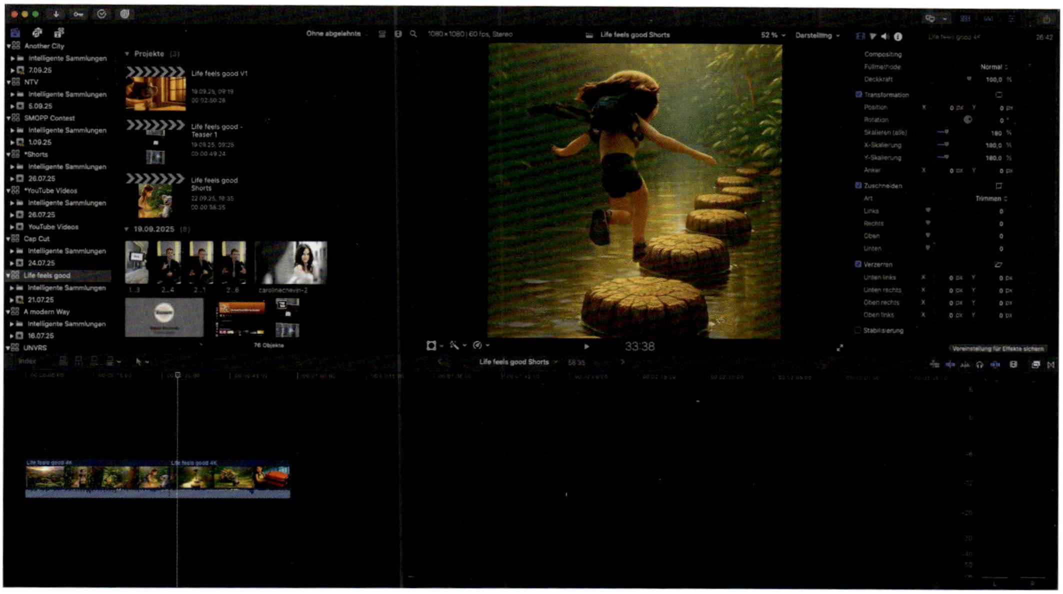

Abbildung 7.3 Final Cut Pros Oberfläche

Am rechten oberen Bildschirmrand gibt es drei Buttons, mit denen du diese Bereiche ein- und ausblenden kannst – sehr praktisch, um auf kleinen Bildschirmen mehr Platz zu schaffen.

Ein erstes Projekt erstellen – Schritt für Schritt

Jetzt wird's praktisch. So legst du dein erstes Projekt an:

1. Klicke im Menü Ablage • Neu • Mediathek. Wähle den Speicherort und vergib einen Namen, z. B. »Tutorial«.
2. Erstelle in der Mediathek ein Ereignis – oder arbeite im Standardereignis.
3. Klicke auf Ablage • Neu • Projekt (oder drücke `cmd` + `N`).
4. Wähle ein Format: Für YouTube 1080 p oder 4 K im 16:9-Format, für Instagram 1080 × 1920 (9:16).
5. Zieh jetzt ein Video in die Timeline. Final Cut schlägt dir automatisch passende Projekteinstellungen vor – meist kannst du einfach auf OK klicken.

Videoschnitt Basics

- Mit der Leertaste spielst du dein Video ab.
- Mit der Maus kannst du Clips in der Timeline kürzen oder verschieben.
- Mit [cmd] + [B] schneidest du Clips an der Position des Cursors.
- Mit [A] und [B] wechselst du zwischen Auswahl- und Schnittwerkzeug.
- Mit [cmd] + [+] und [cmd] + [-] zoomst du in die Timeline.

Wenn du Musik hinzufügst, achte auf die Lautstärke. Ziehe die Pegel z. B. auf –5 dB, damit nichts übersteuert.

Wenn du einen Clip in der Timeline selektierst, erscheinen rechts oben im sogenannten **Informationsfenster** die passenden Einstellungen. Dieses Fenster ist unterteilt in vier Tabs – oben erkennst du sie an den kleinen Symbolen. Über die Video-Einstellungen (Filmrollen-Symbol) kannst du die Deckkraft des Clips verändern (ideal, wenn du etwas durchscheinend machen willst), sowie Position (X für horizontal, Y für vertikal), Skalierung, Rotation und viele andere Parameter einstellen. Über die Farbeinstellungen (Farbtafel-Symbol) findest du alle Funktionen zur Farbkorrektur. Wenn dir das zu technisch ist: Keine Sorge! Gleich zeige ich dir, wie du die Farben ganz einfach im Zusammenspiel von Final Cut und KI automatisch verbessern lassen kannst.

Über die Audio-Einstellungen (Lautsprecher-Symbol) kannst du die Lautstärke ändern, aber auch zahlreiche Audioeffekte anwenden – inklusive moderner KI-Tools wie Voice Isolation. Auch dazu kommen wir später noch ausführlich. Und zum Schluss gibt es noch die Clip-Informationen (Info-Symbol). Sie sind besonders praktisch: Du kannst dir hier den Speicherort des Clips im Finder anzeigen lassen. Außerdem findest du technische Details wie Bildrate, Auflösung und mehr.

Unterhalb des Viewers (also dem Vorschaufenster oben in der Mitte) findest du drei kleine, aber mächtige Schaltflächen:

1. Transformieren: Hier kannst du per Maus direkt im Viewer die Größe, Position und Rotation eines Clips anpassen – also alles, was du auch im Informationsfenster siehst, nur visuell.

2. BESCHNEIDEN: Damit kannst du das Bild zuschneiden – also etwa Ränder wegschneiden oder den Fokus verändern.
3. RETIMING (Uhrsymbol): Damit kannst du die Abspielgeschwindigkeit deines Clips verändern: Langsam = Zeitlupe (z. B. 50 % oder 25 %), SCHNELL = z. B. 2-fache Geschwindigkeit, SLOW-MO GLATT = besonders schöne Zeitlupen, bei denen Final Cut mithilfe künstlicher Intelligenz die fehlenden Zwischenbilder berechnet – perfekt, wenn die Bewegung weich und realistisch aussehen soll.

In der rechten oberen Mitte des Final Cut Fensters kannst du zusätzliche Fenster aufklappen. Im Fenster EFFEKTE findest du Video- und Audioeffekte, die du einfach auf Clips ziehen kannst – für Looks, Filter, Audioeffekte und vieles mehr. Du kannst auch Drittanbieter-Plugins hinzufügen, falls du mal richtig ausrasten willst. Unter ÜBERGÄNGE liegen über 100 verschiedene Transitions – von klassischen Überblendungen bis zu stylischen Wipes oder Zooms. Zieh sie einfach zwischen zwei Clips in die Timeline. Voilà!

TITEL & GENERATOREN (links oben) ist ein echter Klassiker! Klicke auf den dritten Reiter in der Seitenleiste und wähle z. B. EINFACHER TEXT. Ziehe diesen in deine Timeline, ändere im Viewer deinen Text (z. B. auf »Summer Vibes 2025«) – fertig ist dein Titel!

Jetzt aber: Export deines fertigen Films

Nun bleibt nicht mehr viel zu tun. Klicke oben rechts auf das Teilen-Symbol. Wähle APPLE GERÄTE 1080P – perfekt für YouTube, iPhone, WhatsApp & Co. Klicke abschließend auf WEITER, wähle einen Speicherort (z. B. den Download-Ordner) und bestätige. Final Cut rendert deinen Film als .mp4-Datei, die du direkt hochladen oder verschicken kannst.

Herzlichen Glückwunsch! Du hast dein erstes Video in Final Cut geschnitten – mit Musik, Effekten, Übergängen und einem Titel. Natürlich kratzt das nur an der Oberfläche: Final Cut bietet noch viele weitere Möglichkeiten – von komplexer Farbkorrektur bis zu kreativen Tricks mit Zeitlupe oder Motion-Tracking. Im nächsten Abschnitt zeige ich dir, wie du mit künstlicher Intelligenz noch schneller, einfacher und besser arbeiten kannst – z. B. mit automatischer Transkription, smarter Bildanpassung, Voice Isolation oder automatischer Farbkorrektur. Bleib dran – es lohnt sich!

YouTube-Video:
Final Cut Pro 11 für Anfänger.
https://youtu.be/vHbBXDHDETY?si=qXygPwsEb8Zq7fq9

Audioverbesserung mithilfe von KI

In den letzten Jahren sind zahlreiche Tools erschienen, mit denen sich die Qualität von Sprachaufnahmen deutlich verbessern lässt. Was früher schlicht unbrauchbar war – etwa Aufnahmen mit starkem Hall, Hintergrundgeräuschen oder störendem Brummen – lässt sich heute dank KI oft retten. Besonders bei Sprachaufnahmen ist das eine wirkliche Veränderung. Das wohl beeindruckendste Tool in diesem Bereich ist Adobe Podcast (siehe Kapitel 8). Ich bin immer wieder überrascht, wie drastisch sich dort schlechte Sprachaufnahmen verbessern lassen. Was früher im Mülleimer gelandet wäre, klingt plötzlich sendefähig.

Aber auch Final Cut Pro hat inzwischen eigene KI-gestützte Audiofunktionen eingebaut. Die Qualität reicht (noch) nicht ganz an Adobe Podcast heran – vor allem bei stark verrauschten oder halligen Aufnahmen. Doch wenn es nur kleinere Probleme sind, ist die Final Cut-Lösung enorm praktisch: Denn man spart sich den Umweg über andere Tools und kann direkt im Schnittprogramm optimieren.

So funktioniert die Audioverbesserung in Final Cut Pro: Wähle den Clip in deiner Timeline aus – Audio oder Video mit Tonspur. Wichtig: Die Verbesserungen lassen sich nur auf Komponentenebene anwenden. Wenn dein Clip z. B. mehrere Monospuren enthält, musst du zuerst eine einzelne Komponente auswählen. Dann öffnest du das das Informationsfenster AUDIO (rechts oben in der Benutzeroberfläche). Klicke dort auf AUDIO VERBESSERN – entweder über das Menü unter dem Viewer (Zauberstab-Symbol) oder [⌥] + [cmd] + [A]. Final Cut analysiert nun automatisch das Audiomaterial und schlägt sinnvolle Optimierungen vor. Diese erscheinen im Bereich Audio-Verbesserungen als aktivierte Kontrollkästchen.

Folgende Optionen stehen dir zur Verfügung:

- ENTZERRUNG: Hier findest du Presets zur klanglichen Optimierung der Stimme – ähnlich wie bei einem Equalizer.

- STIMMISOLATION: Hebt Sprachanteile hervor und unterdrückt Umgebungsgeräusche. Über den Regler kannst du die Stärke der Bearbeitung wählen (0–100 %). Achtung: Bei 100 % wird zwar der Hintergrund stark unterdrückt, aber auch die Stimme kann unnatürlich klingen. Lieber sparsam einsetzen und gut gegenhören.
- LOUDNESS: Entspricht funktional einem Kompressor: Lautstärkeunterschiede werden reduziert, das Signal insgesamt lauter und präsenter. Ideal für zu leise oder dynamisch schwankende Aufnahmen.
- RAUSCHEN ENTFERNEN: Reduziert allgemeines Hintergrundrauschen. Auch hier ist ein Stärkeregler verfügbar. Vorsicht bei höheren Werten – manchmal leidet die Sprachqualität.
- BRUMMEN ENTFERNEN: Entfernt elektrisches Netzbrummen (meist durch minderwertiges Equipment verursacht). Du kannst zwischen 50 Hz und 60 Hz wählen – je nachdem, welches Stromnetz das Brummen verursacht hat. Funktioniert es nicht, schalte es besser wieder aus.

Zusätzlich kannst du bereits beim Import von Clips eine automatische Audioanalyse aktivieren. Stärkere Probleme werden dann direkt behoben, kleinere zeigt Final Cut nach dem Import im Informationsfenster an (gelbe Warnhinweise). Du kannst sie dort manuell korrigieren oder die automatische Funktion erneut anwenden.

Fazit: Wenn du eine schlechte Sprachaufnahme retten willst und Zeit hast, nimm Adobe Podcast – die Ergebnisse sind erstaunlich. Aber wenn es schnell gehen muss und du nur kleinere Probleme hast, ist die KI-Funktion in Final Cut Pro ein willkommenes Werkzeug. Gerade für YouTuber oder Social-Media-Clips reicht die Qualität oft völlig aus – und spart wertvolle Zeit im Workflow.

Farben und Licht verbessern mit KI

Die Farbkorrektur zählt zu den entscheidenden Schritten in der Videoproduktion. Aus flachen, kontrastarmen oder farbstichigen Aufnahmen entstehen in der Nachbearbeitung oft beeindruckende Bilder mit professionellem Look. Doch gute Farbkorrektur zu beherrschen, ist eine Kunst – deshalb gibt es eigene Spezialisten, die sich ausschließlich darauf konzentrieren. Final Cut Pro bietet mit der Funktion Licht und Farbe verbessern eine KI-gestützte Lösung, die dir eine schnelle und effektive Basis-Farbkorrektur liefert. Sie ersetzt keine professionelle Grading-Session – aber für alle, die sich nicht intensiv mit Farbrädern, Kurven oder LUTs beschäftigen wollen, funktioniert es wunderbar.

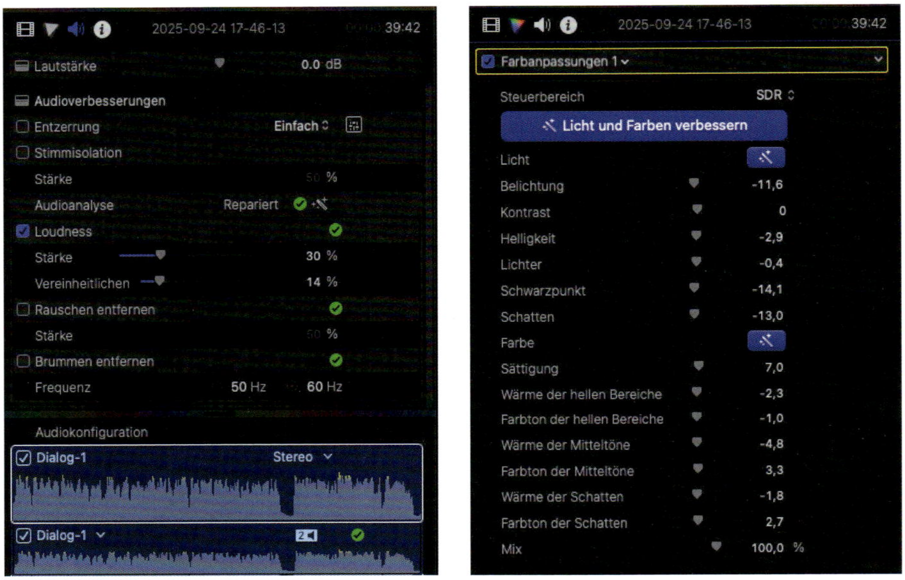

Abbildung 7.4 Audio sowie Licht und Farbe verbessern

Um Licht und Farbe verbessern sinnvoll zu nutzen, sollte jede Szene ein eigener Clip sein. Denn die Korrektur analysiert immer das erste Bild des jeweiligen Clips. Wenn mehrere unterschiedliche Szenen in einem Clip liegen, ergibt sich oft ein unbrauchbarer Kompromiss. Du wählst dann den Clip aus, den du farblich verbessern möchtest. Öffne das Menü unter dem Viewer (Zauberstab-Symbol) und wähle Licht und Farbe verbessern, das funktioniert auch über den Shortcut `ctrl` + `alt` + `cmd` + `0`. Final Cut analysiert nun mithilfe eines maschinellen Lernmodells das Bild und passt automatisch den Tonwertumfang (Licht) und Farbstiche bzw. die Farbtemperatur (Farbe) an.

Im Informationsfenster für Farbe (öffnest du mit `cmd` + `6` oder über das Symbol links oben) siehst du den neuen Filter Farbanpassung, der aktiviert wurde. Er ersetzt weitgehend den alten Effekt Farbbalance, allerdings mit dem Vorteil, dass nun KI zum Einsatz kommt – und du alle Parameter manuell anpassen kannst.

Der Filter besteht aus zwei Hauptbereichen:

- LICHT: Belichtung, Helligkeit, Kontrast, Schwarzpunkt und Weißpunkt
- FARBE: Wärme, Sättigung, Farbton – jeweils für Schatten, Mitteltöne und Lichter

Über kleine Zauberstab-Symbole kannst du bestimmen, ob du die automatische Analyse für Licht, Farbe oder beides aktiv lässt. Willst du nur eine dieser Korrekturen übernehmen, deaktiviere den anderen Bereich einfach. Wenn dir das Ergebnis insgesamt zu stark ist, kannst du unten im Effekt die Stärke über den Mix-Regler anpassen.

Noch präziser geht es mit Keyframes. Wenn dein Clip wechselnde Belichtung hat (z. B. bei einer Kamerafahrt), kannst du einzelne Parameter mit Keyframes dynamisch anpassen. Starte dazu mit einer Basis-Korrektur am Anfang. Skimme zu einer Szene mit Über- oder Unterbelichtung und setze Keyframes für Belichtung, Helligkeit oder Farbe und passe sie an. Wiederhole das an allen kritischen Stellen – Final Cut interpoliert dazwischen automatisch!

Pro-Tipp: Farb-Scopes aktivieren

Um objektiv beurteilen zu können, wie gut die Korrektur funktioniert, solltest du die Scopes aktivieren (cmd + 7) und dort z. B. die RGB-Parade und Sättigung anzeigen. Aktiviere im Viewer zusätzlich die Bereichsprüfung (Zebramuster), um Überbelichtungen zu erkennen.

Die KI-Funktion bietet dir eine solide Basis. Du kannst danach jederzeit weitere Korrekturen mit den klassischen Tools vornehmen, beispielsweise mit Farbrädern, Farbkurven oder den neuen Farbkorrektur-Voreinstellungen (seit Version 10.8). Alle diese Werkzeuge stehen auch auf dem iPad zur Verfügung – die Farbanpassung ist also plattformübergreifend konsistent.

Als Standard-Farbfilter

Wer will, kann die Funktion sogar zum Standard-Farbfilter machen (unter cmd + , in den Einstellungen). So ist sie bei jedem Klick auf cmd + 6 sofort verfügbar.

Fazit: Mit LICHT UND FARBE VERBESSERN bietet Final Cut eine extrem nützliche KI-Funktion, um schnell professionelle Ergebnisse zu erzielen – gerade für Einsteiger oder für schnelle Workflows auf YouTube, Instagram & Co. Wenn du tiefer einsteigen willst, kannst du jederzeit selbst Hand anlegen – aber schon die automatischen Ergebnisse sind oft erstaunlich gut. Für alle, die keine Color Grading-Profis sind, ist das ein echtes Geschenk!

Personen freistellen mit der magnetischen Maske in Final Cut Pro

Die Möglichkeit, eine Person vom Hintergrund zu trennen, gehört zu den mächtigsten Effekten der Film- und Videoproduktion. Früher war dafür fast immer ein Greenscreen nötig. Heute übernimmt das die künstliche Intelligenz – ganz ohne grüne Wand im Hintergrund. Mit dem neuen Feature MAGNETISCHE MASKE in Final Cut Pro 11 wird daher das Freistellen von Personen und Objekten so einfach wie nie zuvor. In wenigen Sekunden kannst du so beeindruckende Effekte erzeugen, wie man sie früher nur mit teurem Equipment hinbekommen hätte. Ich habe dieses Feature am ersten Tag getestet – und war begeistert.

Ein Beispiel aus der Praxis: Ich habe eine Live-Performance auf einem Dach in Mallorca aufgenommen, bei der ich den Song »Boing Boom Tschak« (von Kraftwerk) performe. Die Aufnahme war eigentlich abgeschlossen, doch mit der neuen magnetischen Maske ergab sich eine ganz neue kreative Möglichkeit: Ich habe das Video dupliziert, auf eine zweite Spur gelegt und bei einer Version den Hintergrund entfernt. So konnte ich Texte zwischen mir und dem Originalhintergrund platzieren – und plötzlich wirkte es, als würden die Schriften elegant hinter mir durchfahren. Ein Effekt, der früher für mich völlig unerreichbar gewesen wäre. Jetzt geht das in wenigen Sekunden.

Zunächst musst du den Clip vorbereiten. Zieh dein Video in die Timeline und wähle den Clip aus, in dem du eine Person oder ein Objekt freistellen willst. Positioniere die Abspielnadel am besten auf den ersten Frame der Szene.

Nun wird die magnetische Maske aktiviert. Klicke dazu unter dem Viewer auf das Zauberstab-Symbol und wähle MAGNETISCHE MASKE HINZUFÜGEN – oder nutze das Tastenkürzel `ctrl` + `cmd` + `M`.

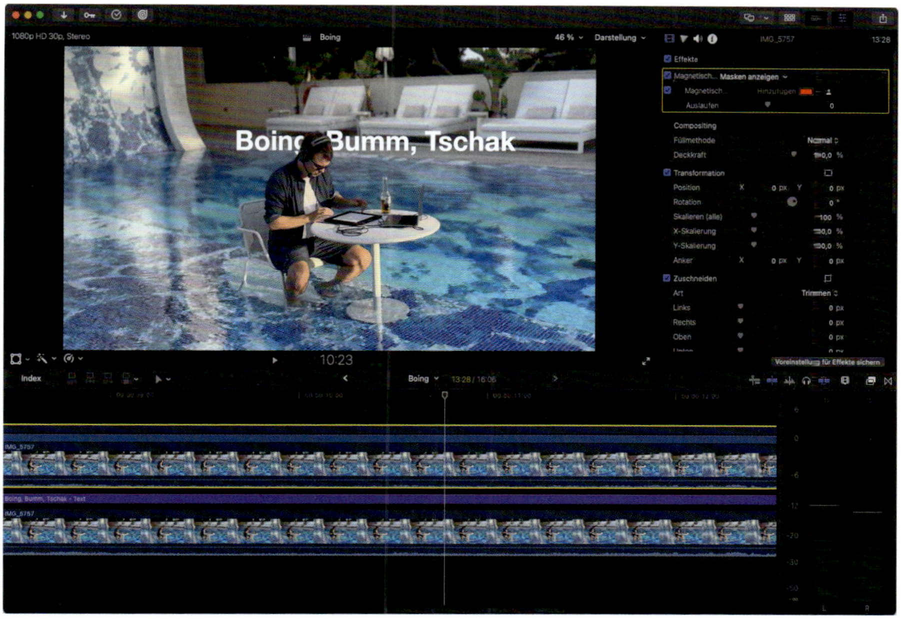

Abbildung 7.5 Die magnetische Maske

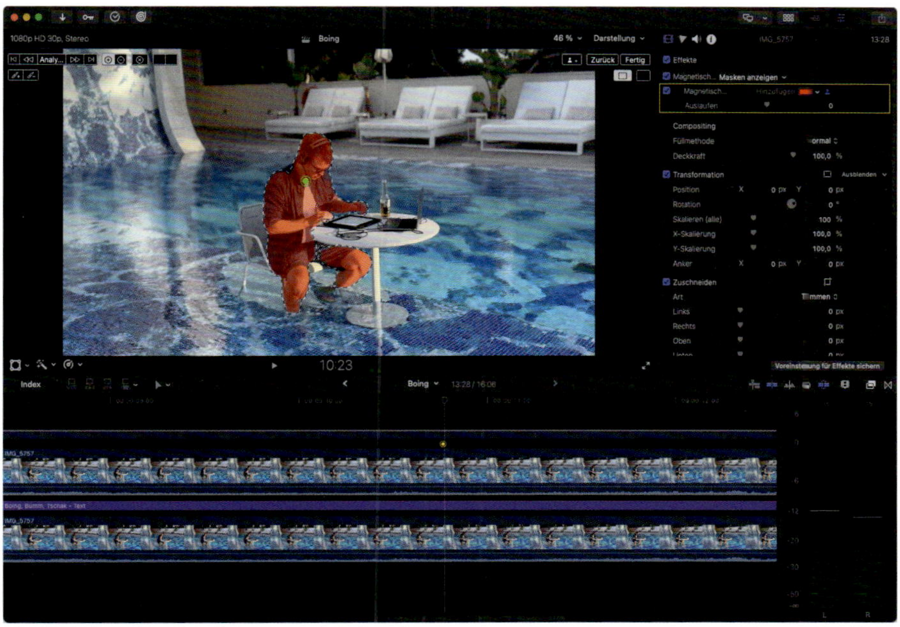

Abbildung 7.6 Hinzufügen der magnetischen Maske

Jetzt wählst du das Objekt aus. Der Mauszeiger wird zur Pipette mit einem Pluszeichen. Klicke damit auf die Person oder das Objekt, das du freistellen möchtest. Sollte nicht alles erkannt worden sein, halte ⇧ gedrückt und klicke auf weitere Stellen, um mehr Bereiche hinzuzufügen. Um etwas zu entfernen (z. B. versehentlich ausgewählten Hintergrund), halte `alt` gedrückt. So verwandelt sich das Plus- in ein Minuszeichen und du kannst Bereiche wieder abwählen.

Jetzt brauchst du nur noch die Analyse zu starten! Sobald deine Auswahl passt, klickst du im Viewer auf den Doppelpfeil nach rechts – das Symbol für AB AKTUELLEM BILD VORWÄRTS ANALYSIEREN. Final Cut analysiert nun den Clip und versucht, die gewählte Person in jedem Frame automatisch freizustellen.

Klicke dann oben rechts auf FERTIG. Der Hintergrund wird nun entfernt und durch Transparenz ersetzt. Jetzt kannst du beliebige Hintergründe oder Effekte hinter der freigestellten Person einfügen – oder eben wie ich denselben Clip ohne Maske im Hintergrund abspielen lassen und Texte dazwischen platzieren.

Noch ein paar Tipps

- Du kannst jederzeit weitere Masken hinzufügen – zum Beispiel für mehrere Personen im Bild.
- Im Informationsfenster unter EFFEKTE kannst du zwischen verschiedenen Masken wechseln, Maskenkonturen ein- oder ausblenden oder auch die Anzeige zwischen Farbe, Schwarzweiß und Alpha-Kanal umstellen.
- Besonders elegant wirkt es, wenn du mit Keyframes Schriften oder Objekte zwischen Vorder- und Hintergrund bewegst. So entstehen wirklich professionelle Looks.

Fazit: Die magnetische Maske ist ein Paradebeispiel für den Einsatz von KI in der Postproduktion. Ohne Greenscreen, ohne Rotoskopieren, ohne nerviges Masken Ziehen – stattdessen in Sekunden einsatzbereit. Ich kann mir nicht vorstellen, wie ich früher jemals auf diesen Effekt verzichten konnte.

Automatische Neucadrage mit Smart Conform in Final Cut Pro

Einer der zeitsparendsten KI-Helfer in Final Cut Pro ist die Funktion SMART CONFORM (auf Deutsch: INTELLIGENTES ANPASSEN). Sie hilft dir, ein Video im Querformat (z. B. 1920 × 1080 Pixel) ganz einfach in ein Hochformat (z. B. 1080 × 1920 Pixel) für Instagram oder TikTok zu überführen – ohne dass dabei wichtige Bildinhalte wie Gesichter oder zentrale Objekte abgeschnitten werden. Genau diese Anpassung des Bildausschnitts nennt man in der Film- und Videoproduktion Neucadrage (oder eingedeutscht »Neukadrierung«).

Warum ist das überhaupt wichtig? Wenn du ein klassisches 16:9-Video in ein 9:16-Format umwandelst, dann fehlt plötzlich der linke und rechte Rand – oft genau dort, wo sich interessante Inhalte befinden. Ist die Hauptperson nicht exakt in der Mitte, wird sie einfach abgeschnitten oder verschwindet ganz. Hier kommt künstliche Intelligenz ins Spiel: Final Cut erkennt automatisch Gesichter oder relevante Bildelemente und verschiebt den Bildausschnitt so, dass sie im Hochformat wieder zentral erscheinen.

So gehst du dabei vor: Zunächst wird das Ausgangsprojekt vorbereiten. In Final Cut Pro öffnest du dein bestehendes Projekt, das im Querformat vorliegt (z. B. 1920 × 1080). Klicke mit der rechten Maustaste auf dein Projekt in der Seitenleiste und wähle PROJEKT DUPLIZIEREN ALS... Gib dem neuen Projekt einen eindeutigen Namen (z. B. »MeinFilm 9x16 Insta«). Wähle jetzt das gewünschte Seitenverhältnis aus, für Instagram und TikTok hat sich 1080 × 1920 als praxisnah erwiesen. Aktiviere anschließend die Funktion INTELLIGENTES ANPASSEN (Smart Conform) und klicke auf OK.

Nun musst du nur noch die Analyse durch KI abwarten: Final Cut analysiert automatisch alle Clips im Projekt. Je nach Länge dauert das nur wenige Sekunden. Abschließend öffnest du das neue Projekt. In der Timeline siehst du, dass Final Cut bei jedem Clip den Bildausschnitt verschoben hat – in den allermeisten Fällen so, dass Gesichter oder zentrale Elemente schön im Mittelpunkt sind. Bei Spezialfällen (z. B. wenn zwei Personen im Bild sind und nur eine erkannt wurde) kannst du händisch eingreifen: Entweder mit manuellen Anpassungen der Position oder durch Keyframes eine Kamerafahrt programmieren, um beide Personen zu zeigen.

Vorteile und Tipps aus der Praxis

- Diese Funktion spart extrem viel Zeit bei der Social-Media-Optimierung.
- In 90 % der Fälle sind keine weiteren manuellen Eingriffe nötig.
- Texte oder Untertitel solltest du dennoch überprüfen, da sie durch die neue Cadrage angeschnitten sein könnten.
- Besonders geeignet ist Smart Conform für Musikvideos, Interviews, Talking-Heads oder Vlogs.

YouTube-Video: Final Cut Smart Conform:
Der schnellste Weg zu perfekten Instagram-Videos
https://youtu.be/XyevdcJEcU4?si=VOQUG7mVD41ANaDL

KI-gestützte Untertitel in Final Cut Pro

Mit Final Cut Pro 11 hat Apple eines der mächtigsten neuen Features für Content Creators vorgestellt: die automatische Transkription von gesprochenem Text zu Untertiteln – direkt in der Timeline und mit beeindruckender Geschwindigkeit. Diese Funktion nennt sich in der deutschen Version Zu Untertiteln transkribieren und nutzt ein KI-Sprachmodell von Apple.

Was macht diese Funktion? Sie erkennt automatisch den gesprochenen Text in deinem Video (aktuell nur auf Englisch!) und generiert daraus zeitlich exakt synchronisierte Untertitel, die du sofort bearbeiten, gestalten oder exportieren kannst – z. B. für YouTube, Instagram, Vimeo oder barrierefreie Projekte.

Technische Voraussetzung

Du brauchst einen Apple Silicon Mac und macOS Sequoia.

Und das funktioniert so: Du wählst einen oder mehrere Clips in der Timeline. Dann klickst du im Viewer unten links auf das Zauberstab-Symbol (das sogenannte Verbesserung-Menü). Ganz unten findest du: Zu Untertiteln transkri-

Bieren (Shortcut: ⇧ + cmd + C). Beim ersten Mal lädt Final Cut ein kleines Sprachmodell herunter, danach läuft alles lokal. Und dann passiert's: In wenigen Sekunden sind die Untertitel da – sowohl im Viewer sichtbar als auch als eigenständige Untertitel-Clips in der Timeline.

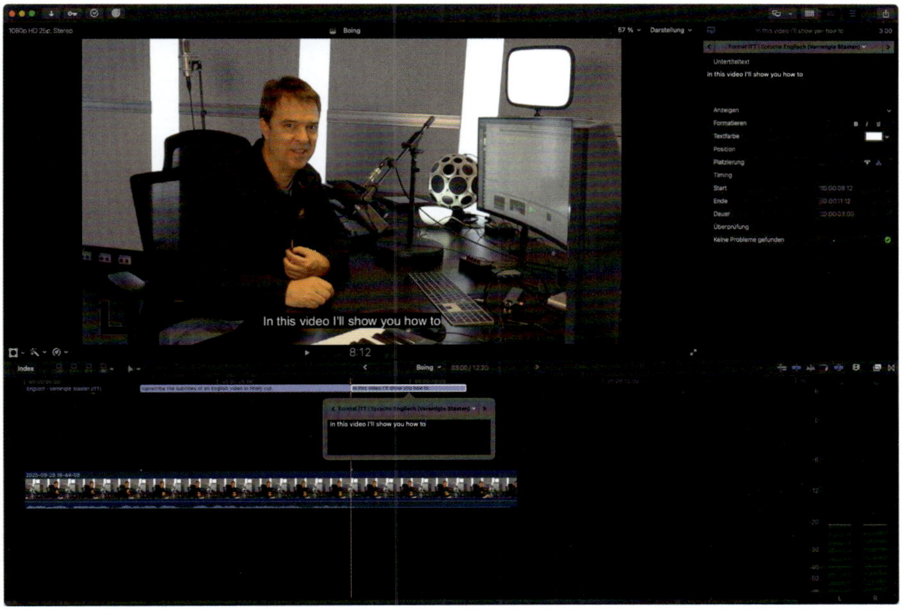

Abbildung 7.7 Untertitel transkribieren

Es gibt auch noch weitere Optionen:

- Text editieren: Einfach auf den Untertitelclip klicken und rechts im Inspektor den Text anpassen.
- Formatieren: Du kannst alle Untertitel auf einmal fett, kursiv, farbig oder unterstrichen darstellen lassen.
- Platzierung ändern: Standardmäßig werden Untertitel unten angezeigt – du kannst sie aber auch nach oben setzen (z. B. bei eingebrannten Bauchbinden unten).
- Überlappungen auflösen: Sollten sich Untertitel überlappen (rot markiert), kannst du im Menü Bearbeiten • Untertitel • Überlappungen auflösen alles automatisch bereinigen lassen.

Auch für den Export gibt es verschiedene Möglichkeiten: Du kannst Untertitel einzeln als SRT-Datei exportieren oder beim normalen Videoexport einbrennen (damit sie dauerhaft im Video sichtbar sind). Auch mehrere Sprachen lassen sich getrennt exportieren, sobald Final Cut mehr Sprachen unterstützt.

Noch ein Tipp

Falls du die Untertitel nicht nur als Untertitel, sondern als klassische Titelobjekte verwenden möchtest (z. B. für spezielle Effekte oder flexible Gestaltung), kannst du externe Tools wie den Subtitle Converter von *editingtools.io* nutzen, um SRT-Dateien in Final-Cut-kompatible Titel umzuwandeln.

Mein Fazit: Dieses Feature ist grandios – besonders für alle, die regelmäßig Content produzieren, der auch ohne Ton funktionieren muss. Dass das Ganze aktuell nur für englische Sprache verfügbar ist, ist schade. Aber ich bin mir sicher: Apple wird hier bald nachlegen und weitere Sprachen – hoffentlich auch Deutsch – integrieren.

Objekt-Tracking in Final Cut Pro 11

Ein Videoeffekt, der in den letzten Jahren immer häufiger zu sehen ist – von Social-Media-Clips bis hin zu Musikvideos – ist Objekt-Tracking. Dabei wird etwa ein Text oder eine Grafik direkt mit einem Objekt im Bild verbunden, sodass es aussieht, als wäre der Text tatsächlich auf dem Objekt fixiert – wie z. B. eine Beschriftung auf einem fahrenden Auto oder der Name einer Person, der sich exakt mit deren Kopf mitbewegt. Final Cut Pro 11 macht genau das möglich – und zwar mit wenigen Klicks und ganz ohne zusätzliche Plugins.

Das funktioniert ganz einfach: Gehe zum ersten Bild (Frame), in dem der Text erscheinen soll. Öffne links oben in der Seitenleiste den Reiter TITEL UND GENERATOREN. Ziehe nun einen einfachen Text – z. B. den Titel EINFACH aus der Kategorie TEXT nicht wie üblich in die Timeline, sondern direkt in das Bild, auf das Objekt, das du verfolgen willst (z. B. ein Gesicht, ein Fahrzeug oder ein Schild). Sobald du den Text loslässt, erscheint ein weißes Gitter bzw. ein Auswahlrahmen – das ist der sogenannte Tracker. Jetzt kommt die Magie ins Spiel: Klicke auf ANALYSIEREN, und Final Cut Pro analysiert nun automatisch die Bewegung des Objekts – das dauert nur wenige Sekunden. Wenn die Analyse abgeschlossen ist, klickst du auf FERTIG – und schon bewegt sich dein Text synchron mit dem Objekt im Video.

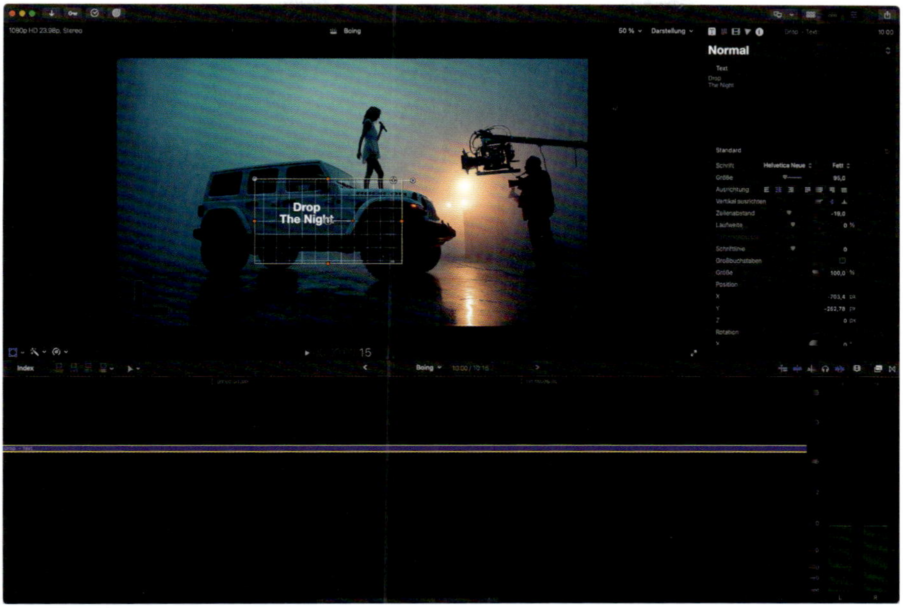

Abbildung 7.8 Objekt-Tracking

Natürlich kannst du danach deinen Text noch anpassen – Schriftart, Größe, Farbe und natürlich den Text selbst. Aus dem generischen »Headline Text« wird also ganz schnell ein personalisierter Titel wie »Onkel Karl« oder »Dance with AI«.

Aber was passiert dabei im Hintergrund? Final Cut verwendet zwei Technologien zur Bewegungserkennung. Einmal die Punktwolken-Analyse, dabei wird die Bewegung über eine Vielzahl an Messpunkten im Bild verfolgt – auch kleinste Veränderungen wie Rotation oder Skalierung werden dabei berücksichtigt. Das ist besonders nützlich bei sich drehenden oder perspektivisch verzerrten Objekten. Und dann das maschinelle Lernen: Auf Macs mit Apple Silicon kommt zusätzlich ein KI-Modell zum Einsatz, das speziell darauf trainiert ist, häufige Objekte wie Gesichter, Tiere oder Fahrzeuge zu erkennen und präzise zu verfolgen. Beide Methoden erzeugen einen sogenannten Motion-Track, also eine aufgezeichnete Bewegungsbahn. Diese kann dann auch auf andere Elemente angewendet werden – etwa auf eine Farbmaske, ein Bild oder einen Effekt.

Ein Praxisbeispiel: In einem meiner Musikvideos haben wir einen solchen Effekt eingesetzt, um den Songtitel direkt auf ein Gebäude im Hintergrund zu legen. Der Text bewegte sich mit der Kamerafahrt mit, als wäre er tatsächlich auf die Fassade projiziert. Das wirkt nicht nur professionell, sondern verleiht deinem Video sofort einen hochwertigen, cineastischen Look.

Auch beliebt: Der Name einer Person, der sich beim Tanzen mit dem Kopf mitbewegt – ideal für Interviews, Social Clips oder Vlogs.

Tipps für perfektes Tracking

- Achte darauf, dass das Objekt klar sichtbar ist und Kontrast zum Hintergrund hat.
- Je weniger schnelle Bewegungsunschärfe, desto besser.
- Du kannst den Trackingbereich manuell nachjustieren – einfach den weißen Rahmen verschieben oder anpassen, bevor du auf ANALYSIEREN klickst.

Fazit: Objekt-Tracking ist eines der beeindruckendsten visuellen Features in Final Cut Pro – und dank KI und moderner Analyseverfahren auch für Einsteiger machbar. Ob du nur eine einfache Texteinblendung erstellen willst oder komplexe VFX-Elemente an Objekte bindest: Dieses Werkzeug bringt Dynamik und Professionalität in deine Videos.

7.3 CapCut – Der Social-Media-Star unter den Schnittprogrammen

CapCut ist ein riesiger Schritt für alle, die Videos für Social Media produzieren – und das komplett kostenlos. Entwickelt von ByteDance (dem Unternehmen hinter TikTok), wurde die App 2020 international veröffentlicht und läuft inzwischen auf allen Plattformen: iOS, Android, Windows und macOS. Damit ist CapCut eine der wenigen Lösungen, die sowohl mobil als auch am Desktop funktioniert – perfekt für Creator, die flexibel arbeiten wollen.

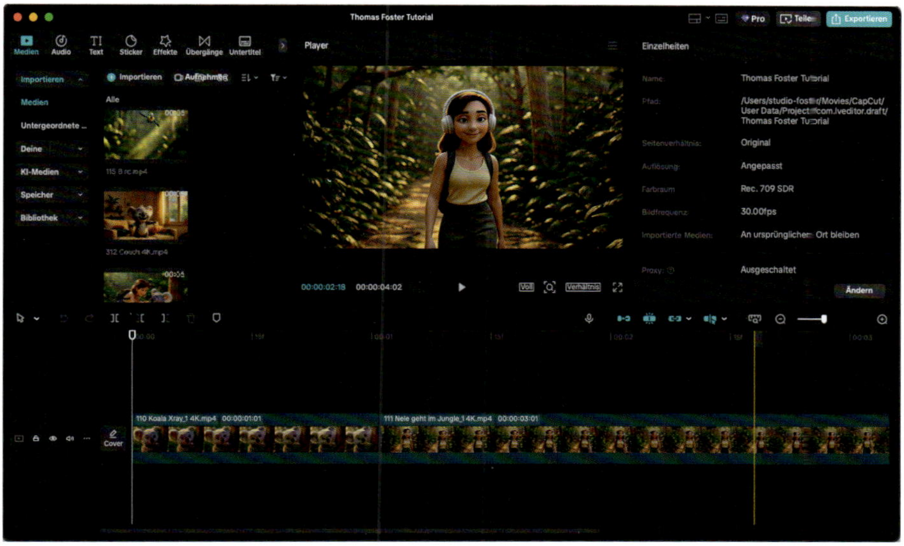

Abbildung 7.9 CapCut

Das Besondere an CapCut ist die Kombination aus einfacher Bedienung, KI-gestützten Features und einer riesigen Auswahl an Vorlagen, Effekten und Sounds. Während Programme wie iMovie noch nicht einmal vertikale Videos im 9:16-Format optimal unterstützen, ist CapCut genau dafür gemacht: TikTok, Instagram Reels und YouTube Shorts sind die natürliche Spielwiese dieses Tools.

Gratis oder Pro?

Die Gratis-Version erlaubt bereits den Export in Full HD und unterstützt 4K-Material in der Bearbeitung. Einschränkungen gibt es nur, wenn man aufwendige Effekte oder Premium-Übergänge verwendet – dann ist ein Upgrade auf CapCut Pro notwendig. Die Pro-Version bringt zusätzliche KI-Funktionen, mehr Speicher und noch mehr Templates mit.

Warum ist CapCut so interessant? Ganz einfach: Viele Features, die bei Final Cut oder Premiere Pro nur über teure Plug-ins oder Add-ons verfügbar sind, sind hier bereits integriert. Automatische Untertitel, KI-Hintergrundentfernung, Voice-Optimierung, lizenzfreie Musikbibliothek, kreative Sticker und Filter – alles direkt an Bord. Kurz gesagt: Wer Social-Media-Videos schnell, einfach und optisch beeindruckend produzieren will, findet in CapCut eine der besten Lösungen.

Arbeiten mit CapCut – Oberfläche, Werkzeuge und Funktionen

Nach dem Start von CapCut sehen wir vier Hauptbereiche, die den Aufbau des Programms bestimmen: Links oben befindet sich das Medienfenster. Hier importierst du deine Videos, Bilder und Audiodateien. In der Mitte oben befindet sich das Vorschaufenster, in dem du jederzeit das aktuelle Projekt siehst. Rechts oben findest du das Eigenschaftenfenster (Inspector), das alle Einstellungen zum ausgewählten Clip anzeigt – oder, wenn kein Clip markiert ist, zu deinem gesamten Projekt. Der untere Bereich schließlich ist die Timeline, die sich über die gesamte Breite erstreckt. Hier findet der eigentliche Schnitt statt.

Standardmäßig ist der Reiter MEDIEN aktiv, wo du entweder über das große Wolkensymbol Dateien von deiner Festplatte lädst oder sie einfach per Drag & Drop hineinziehst. Neben dem Medien-Reiter findest du weitere Tabs wie AUDIO, TEXT, STICKERS, EFFEKTE, ÜBERGÄNGE, UNTERTITEL, FILTER und mehr. Diese sind der Schlüssel zu vielen kreativen Möglichkeiten, auf die wir gleich noch eingehen.

Bevor du loslegst, gibt es eine wichtige Einstellung, die du nicht vergessen solltest: das Seitenverhältnis (Ratio). Unterhalb des Vorschaufensters, rechts unten, kannst du festlegen, ob dein Video im klassischen 16:9-Format (perfekt für YouTube), im 9:16-Format (ideal für TikTok oder Instagram) oder in einem anderen Format geschnitten werden soll. Stelle das gleich zu Beginn ein, bevor du deine Clips anordnest, damit später nichts verzerrt wird.

Clips schneiden

Nun geht es ans Schneiden: Importiere zunächst dein Material ins Medienfenster und ziehe es anschließend in die Timeline. Dort kannst du Clips trimmen, indem du an den Rand des Clips fährst, bis sich der Mauszeiger ändert, und dann nach innen ziehst. Im Vorschaufenster siehst du währenddessen den exakten Schnittpunkt. Natürlich kannst du Clips auch einfach verschieben oder mit der Backspace-Taste löschen. Vielleicht fällt dir auf, dass Clips in der Timeline automatisch aneinander »kleben«. Das liegt an der magnetischen Timeline, die dafür sorgt, dass keine ungewollten Lücken entstehen. In den meisten Fällen ist das sehr praktisch. Wenn du jedoch freie Abstände brauchst, kannst du diese Funktion oben in der Steuerleiste über den Button TURN OFF MAIN TRACK MAGNET deaktivieren.

Für den Überblick hilft der Zoom-Slider am rechten Rand über der Timeline, mit dem du den Ausschnitt vergrößern oder verkleinern kannst. Noch schneller geht's mit [Strg]/[cmd]+[+]/[-]. Für die Wiedergabe kannst du die Leertaste nutzen oder alternativ die Taste [L] für normales Abspielen. Mit [J] spielst du rückwärts ab, und mit [K] stoppst du die Wiedergabe. Ein zusätzlicher Vorteil: Wenn du [L] oder [J] mehrfach drückst, beschleunigt sich die Wiedergabe – perfekt, um Material schnell durchzusehen. Mit den Pfeiltasten bewegst du dich Bild für Bild, und über die Tasten [↑] und [↓] springst du direkt zum nächsten oder vorherigen Schnitt.

Zum Schneiden von Clips steht dir neben dem Standardwerkzeug (Select Tool) auch das Split Tool zur Verfügung. Du findest es in der Werkzeugleiste oberhalb der Timeline – es sieht aus wie eine Rasierklinge. Noch schneller geht's über die Shortcuts: [A] für das Select Tool und [B] für das Split Tool.

Wenn ein Clip ausgewählt ist, kannst du im rechten Informationsfenster zwischen verschiedenen Tabs wechseln. Unter Video • Basic stellst du die Größe (Scale), Position (X und Y) oder Rotation ein. Besonders interessant ist der Tab Speed. Hier kannst du die Abspielgeschwindigkeit ändern – also Clips doppelt so schnell oder nur halb so schnell ablaufen lassen. Ein echtes Highlight ist die Option Smooth Slow Mo: Wenn du dieses Häkchen aktivierst, berechnet CapCut zusätzliche Zwischenbilder, sodass Zeitlupen butterweich aussehen, statt zu ruckeln.

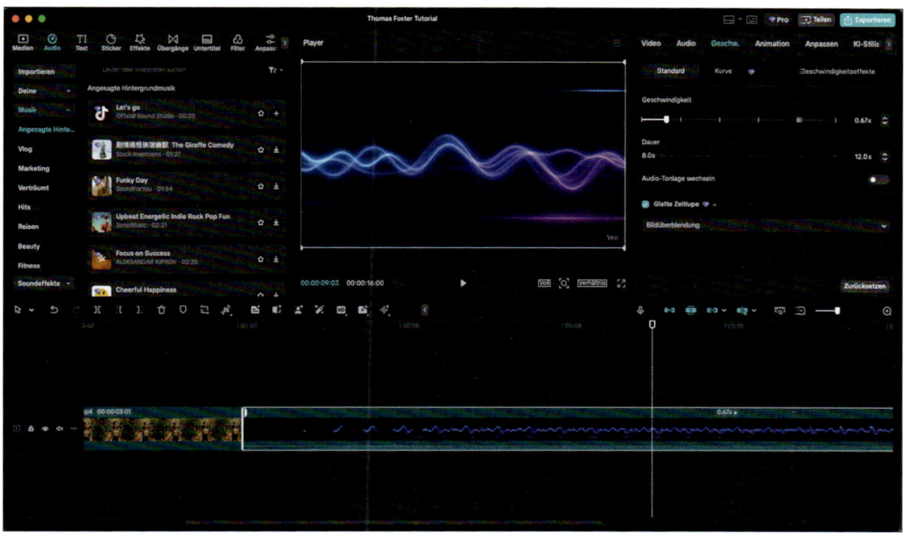

Abbildung 7.10 Slow Mo (glatte Zeitlupe) in CapCut

Unter ANIMATION lassen sich Übergänge innerhalb eines Clips aktivieren. CapCut unterscheidet hier zwischen In, Out und Combo-Animationen. Damit kannst du zum Beispiel ein Video weich einblenden oder mit einer Bewegung ausblenden.

Die Tabs oben in der Leiste sind eine Fundgrube für Kreativität: Unter AUDIO findest du eine große Auswahl an Musik und Soundeffekten, die du einfach in die Timeline ziehst. TEXT bietet dir alles von einfachen Titeln bis hin zu animierten Textvorlagen. STICKER sind lustige, oft animierte Grafiken, die sich perfekt für Social Media eignen. Unter EFFEKTE kannst du deine Clips mit visuellen Effekten aufpeppen, während du mit ÜBERGÄNGE nahtlose Übergänge zwischen zwei Clips einfügst. Über UNTERTITEL lässt sich automatisch ein Untertitel-Track generieren – dank KI sogar erstaunlich zuverlässig. FILTER verändern den Look deiner Videos, und wer noch feiner arbeiten möchte, kann unter Adjustment Farben und Kontraste manuell anpassen.

Kosten

Vorsicht: Die Pro-Version ist kein Schnäppchen. Mit rund 7,99–19,99 US-Dollar pro Monat oder 74,99–179,99 US-Dollar pro Jahr (umgerechnet etwa 70–165 Euro) liegt sie preislich überraschend hoch. Damit ist CapCut Pro sogar teurer als manche professionellen Programme.

Hier der Vergleich:

- CapCut Pro: ca. 70–165 € pro Jahr (je nach Plan)
- Final Cut Pro: einmalig ca. 349 € (nur für Mac)
- Premiere Pro: Abo ca. 290 € pro Jahr (24,99 € pro Monat)
- DaVinci Resolve: kostenlos (Basisversion) oder Studio ca. 325 € einmalig

Man sieht: Wer dauerhaft mit CapCut Pro arbeitet, zahlt über die Jahre mehr als für eine dauerhafte Lizenz von Final Cut Pro oder DaVinci Resolve Studio. Premiere Pro ist noch teurer, bietet dafür aber die volle Integration in die Adobe Creative Cloud, was für professionelle Workflows ein entscheidender Vorteil ist.

Fazit: CapCut im Vergleich zu den Großen: CapCut steht für eine neue Generation von Videoschnittprogrammen. Ursprünglich für den Social-Media-Bereich entwickelt, hat es sich zu einem leistungsfähigen Tool entwickelt, das in Sachen

Benutzerfreundlichkeit kaum zu schlagen ist. Die Oberfläche ist intuitiv, klar strukturiert und so leicht verständlich, dass man schon nach wenigen Minuten produktiv arbeiten kann – ohne stundenlange Tutorials. Besonders im Bereich Social Media spielt CapCut seine Stärken aus: Vertikale Formate, Auto-Captions, Sticker, Effekte, Filter und eine riesige Bibliothek an Musik und Sounds sind direkt integriert. Viele dieser Funktionen gibt es bei Profi-Tools wie Premiere Pro oder Final Cut Pro nur über kostenpflichtige Plug-ins oder zusätzliche Installationen. Wer also coole Clips für TikTok, Instagram oder YouTube Shorts produzieren möchte, findet in CapCut ein Komplettpaket.

Unterm Strich ist CapCut vor allem für Content-Creator und Social-Media-Profis eine hervorragende Wahl. Es punktet mit Einfachheit, starker KI-Unterstützung, riesiger Effekt-Bibliothek und optimierten Workflows für Kurzformate. Für große Filmprojekte oder langfristige Profi-Workflows sollte man jedoch genau rechnen – und vielleicht einen Blick auf DaVinci Resolve oder Final Cut werfen.

YouTube-Video: CapCut-Tutorial
https://youtu.be/LEm78Or9S00?si=3FZcG0xM3trp5xvm

7.4 Hochskalierung (Upscaling) für KI-Videos

Viele KI-Modelle rendern Clips in geringer Auflösung. Für den professionellen Einsatz brauchst du jedoch saubere Master in 1080p oder 4K – idealerweise ohne überschärfte Kanten, Flimmern oder zusätzliche Artefakte. Upscaling nutzt KI-Modelle, um fehlende Details plausibel zu ergänzen und das Material sichtbar aufzuwerten.

Wann lohnt es sich? Wenn Quellmaterial unter 1080p liegt, stark komprimiert ist oder nach der Bildanimation weich wirkt. Erst schneiden und farbkorrigieren, dann das finale Master hochskalieren – so sparst du Rechenzeit und verhinderst mehrfaches Neuberechnen.

Topaz Video AI

Ein verbreitetes Spezialtool ist Topaz Video AI. Es bietet Modelle für Schärfung, Detailrekonstruktion, Rauschminderung und Entflimmern und liefert sehr gute Ergebnisse bei KI-typischen Artefakten. Alternativen sind NLE-interne oder Plug-in-Lösungen; wichtig ist, dass du gezielt zwischen Modellen für Detail-Recovery, Rauschminderung und Stabilisierung wählen kannst.

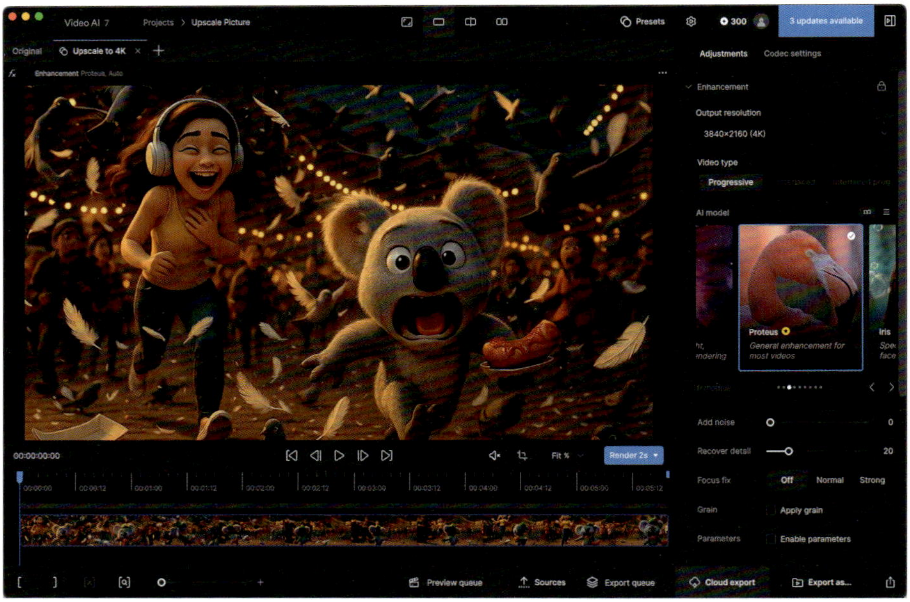

Abbildung 7.11 Topaz Video AI

Hier ganz kurz der Praxis-Workflow:

1. Master fertigstellen (Schnitt, Farblook, ggf. Stabilisierung)
2. Export als visuell verlustarmes Zwischenformat (z. B. ProRes oder DNxHR)
3. Upscaling im Spezialtool: 2× auf Zielauflösung (1080p → 4K), moderate Schärfung, Rauschminderung nur so viel wie nötig
4. Kontrolle auf Flimmern/Überschärfung: feine Kanten, Haut, Typo und Himmel checken
5. Finaler Export in den Ziel-Codec (Plattform-Preset, Bitrate, Farbunterabtastung)

Webbasierte Upscaling-Optionen

Neben Desktop-Lösungen gibt es inzwischen auch browserbasierte Upscaler, die direkt in Kreativ-Plattformen integriert sind.

OpenArt bietet ein Video-Upscaling bis hin zu 8K sowie eine integrierte Frame-Interpolation mit Zielraten bis 120 Bildern pro Sekunde; die Funktion läuft komplett in der Cloud und setzt auf die Modelle von Topaz Labs. Das ist besonders praktisch für kurze KI-Clips, bei denen man schnell eine hochwertige Fassung für Vorführungen oder Social-Previews braucht.

Auch **Freepik** hat einen AI Video Upscaler, der Videos in der Web-Oberfläche auf bis zu 4K hochskaliert und die Bildrate auf bis zu 60fps anheben kann. Wer bereits mit dem Freepik-Videogenerator arbeitet, kann die Clips so unmittelbar verbessern, ohne das Ökosystem zu verlassen. Auf beide Plattformen komme ich in Kapitel 12 nochmals ausführlicher zurück.

Mehr Bilder pro Sekunde: Interpolation für saubere Zeitlupe

Viele Upscaler kombinieren die Auflösungsvergrößerung mit einer Frame-Interpolation. Dabei werden zusätzliche Zwischenbilder errechnet, sodass aus 25/30fps Material 50/60fps oder – je nach Tool – sogar 120fps werden. Der Gewinn zeigt sich vor allem bei Slow Motion: Wenn man das interpolierte Material verlangsamt, bleiben Bewegungen deutlich flüssiger und Kanten flimmern weniger. Solche Funktionen sind heute nicht nur in Spezialtools zu finden; auch All-in-One-Editoren und Web-Suiten (z.B. Runway oder CapCut) bieten Frame-Konverter bzw. Interpolation an.

Wichtig bleibt trotzdem die Praxisregel: Erst Schnitt und Farbkorrektur, dann Upscaling und ggf. Interpolation.

Kapitel 8

KI für Stimmen

Sprache und Sound in der Filmproduktion mit KI

Stimmen prägen Figuren – und KI macht sie formbar. In diesem Kapitel und den zugehörigen Videofilmen zeige ich dir, wie Voice-Cloning, Voice-to-Voice-Dubbing und KI-gestützte Sprach- und Gesangverbesserung Filmproduktionen beschleunigen: von nahtlosem Mehrsprachen-Dubbing bis zur behutsamen Rekonstruktion ikonischer Stimmen. Dazu bekommst du praxistaugliche Workflows, Hinweise zu Recht & Ethik und Tipps, wie du natürlich klingende Ergebnisse erzielst – ohne Magie, aber mit Methode.

8.1 Die Stimme als formbares Element

Sprache ist eines der wichtigsten Werkzeuge in der Filmproduktion. Stimmen sind markant, unverwechselbar und oft untrennbar mit bestimmten Charakteren verbunden. Ein gutes Beispiel dafür ist Hape Kerkeling, der dem liebenswerten Panda Po seine einzigartige Stimme verleiht. Oder Santiago Ziesmer, ohne dessen charakteristischen Klang sich niemand SpongeBob Schwammkopf vorstellen kann.

Doch die künstliche Intelligenz mischt die Karten neu. In Zukunft wird es möglich sein, dass eine einzige Person alle Stimmen eines Films synchronisiert. Mit KI kann eine Stimme in verschiedene Rollen transformiert werden. Ein beliebtes Tool, das genau das ermöglicht, ist ElevenLabs – eines der aktuell leistungsstärksten Werkzeuge für Stimm-Klonen, Voiceover-Erzeugung und sogar Emotionskontrolle. Was früher nach Science-Fiction klang, ist heute längst Realität. Einige aktuelle Film- und Serien Beispiele zeigen eindrucksvoll, wie sehr KI die Sprachwelt im Film bereits verändert hat – manchmal auf erstaunlich emotionale Weise.

Ein Praxisbeispiel: Pumuckl spricht wieder – dank KI (und einer großen Portion Nostalgie)! Ich muss ehrlich sagen: Als ich gehört habe, dass RTL eine neue Pumuckl-Serie produziert, war mein erster Gedanke – oh nein, das kann doch gar nicht funktionieren! Ohne die Stimme von Hans Clarin ist das nicht der echte Pumuckl. Ich bin mit Pumuckl aufgewachsen. Ich hatte als Kind bestimmt zwanzig Langspielplatten von ihm zuhause – und ich habe sie geliebt. Nicht nur wegen der Geschichten, sondern vor allem wegen dieser Stimme. Hans Clarin hat dem kleinen Kobold eine so einzigartige Mischung aus Schalk, Aufregung und Witz verliehen – das war einfach unerreicht. Und viele Jahre später war mein eigener Sohn genauso Pumuckl-verrückt wie ich. Er hat sich auf Amazon Prime die alten Folgen angeschaut, immer wieder, mit derselben Begeisterung wie ich damals.

Als dann die neuen Folgen herauskamen, dachte ich zuerst: Ich kann mir nicht vorstellen, dass ich mit meinem Sohn einen Pumuckl mit einer anderen Stimme anschauen kann. Aber dann kam die große Überraschung: Sie haben die Stimme von Hans Clarin wieder zum Leben erweckt – mit KI. Tatsächlich wird der neue Pumuckl von Schauspieler Maxi Schafroth eingesprochen, aber seine Stimme wird mithilfe der KI-Respeecher in die Originalstimme von Hans Clarin verwandelt. RTL hat sogar zwei Tonspuren veröffentlicht – eine mit der KI-Stimme, eine mit Schafroths eigener Interpretation. Und ich muss sagen: Die KI-Version fühlt sich verblüffend echt an. So, als wäre Hans Clarin noch einmal zurückgekommen, nur für uns. Das ist für mich eines der emotionalsten Beispiele dafür, wie KI-Technologie nicht nur neue Dinge ermöglicht, sondern auch alte Schätze bewahren kann. Und wie sie uns hilft, Kindheitserinnerungen mit der nächsten Generation zu teilen – ohne dass dabei etwas verloren geht.

Ein weiteres beeindruckendes Beispiel: Im Oscar-nominierten Film »The Brutalist« spricht Schauspieler Adrien Brody weite Teile seiner Rolle auf Ungarisch – eine Sprache, die er zuvor nicht beherrschte. Mithilfe der KI-Technologie von Respeecher wurden seine Sprachaufnahmen nachträglich so verfeinert, dass sie sogar für Muttersprachler nahezu perfekt klangen. Die KI half dabei, Aussprache, Sprachrhythmus und Artikulation zu optimieren – ohne dass Brody monatelang phonetisches Training absolvieren musste. Das zeigt, wie Sprache durch KI nicht nur ersetzt, sondern auch qualitativ verbessert werden kann. Gerade in internationalen Produktionen kann diese Technik enorme Vorteile bringen – besonders dann, wenn Schauspieler*innen in Sprachen performen, die sie ursprünglich gar nicht sprechen konnten.

Auch beim Thema Musik und Gesang spielt KI längst mit: Im Film »Emilia Pérez«, ebenfalls Oscar-nominiert, wurde der Gesang mit KI verbessert. Dabei ging es nicht um das Ersetzen der Sänger*innen, sondern um das gezielte Optimieren von Intonation, Ausdruck und Tonhöhe – ohne klassische Nachbearbeitung oder Studio-Overdubs. Gerade bei Musical-Filmen oder Produktionen mit Laiendarsteller*innen ist das eine Revolution: KI kann helfen, Emotionen und Klangqualität auf ein neues Niveau zu bringen – ohne dass die Authentizität leidet. Es gibt inzwischen viele KI-gestützte Tools zur Stimmerzeugung. Hier ein Überblick über die bekanntesten, denen wir uns gleich noch widmen wollen:

- **ElevenLabs:** Der Platzhirsch für realistische, anpassbare Stimmen in vielen Sprachen
- **Google AI Studio:** Neu, mächtig und besonders stark bei natürlichen, emotionalen Dialogen
- **Audimee:** Einsteigerfreundliche Plattform mit klarer Oberfläche und solider Stimmvielfalt, ideal für schnelle Projekte und Social-Media-Content
- **Lalals:** Spezialisiert auf Voice-Transformation – von subtilen Anpassungen bis hin zu stark verfremdeten »künstlerischen Stimmen«

Weitere Tools

Außerdem lohnen noch weitere Tools einen Blick, z. B. Murf.ai, das sich gut für Business-Anwendungen, Präsentationen und E-Learning eignet. Speechify ist besonders populär im Hörbuch- und Accessibility-Bereich und das Tool Play.ht liefert viele Stimmen und eignet sich für Podcasts und Videos. Artlist bietet hochwertige KI-Stimmen im Rahmen ihrer Creator-Suite und Respeecher ist spezialisiert auf hochwertige Voice-Cloning-Technologie, ideal für die realistische Nachbildung bekannter Stimmen in Film, TV und Werbung.

Fazit: Was früher als unveränderlich galt – eine bestimmte Stimme, ein Akzent, eine gesungene Passage – wird durch KI zu einem formbaren Element im kreativen Prozess. Ob Synchronisation, Sprachveränderung, historische Reproduktion oder Gesangs-Optimierung: Die Technologie ist da – und sie ist gut. Schauen wir uns die wichtigsten Stimmgeneratoren in Einsatz an.

8.2 ElevenLabs – Der Platzhirsch für realistische KI-Stimmen

Das wahrscheinlich beliebteste Tool weltweit – und das, mit dem ich auf Deutsch bisher die besten Erfahrungen gemacht habe – ist ElevenLabs. Die Plattform überzeugt mit einer enormen Stimmvielfalt, natürlicher Sprachmodulation und vielen Anpassungsmöglichkeiten. In diesem Buch zeige ich dir deshalb auch einige konkrete Workflows mit ElevenLabs – aber nicht ausschließlich.

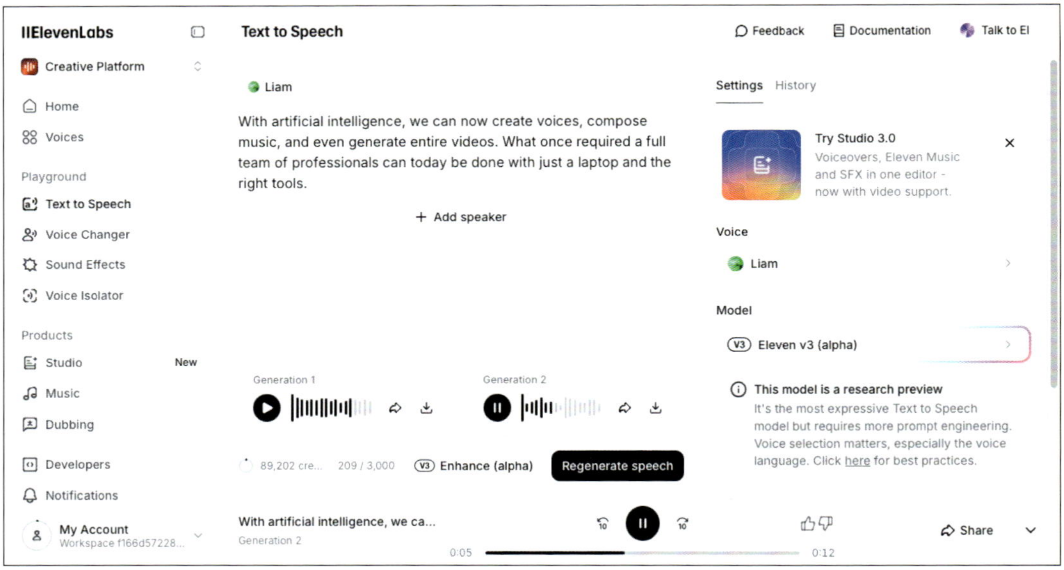

Abbildung 8.1 Die Oberfläche von ElevenLabs

Text-to-Speech: Der einfachste Weg zur KI-Stimme

Die einfachste und am häufigsten genutzte Methode zur Sprachsynthese ist Text-to-Speech (TTS). Dabei wählt man eine Stimme aus, gibt den gewünschten Text ein – und die KI erzeugt daraus eine realistisch klingende Sprachausgabe.

Text-to-Speech mit ElevenLabs funktioniert so. Zunächst musst du dich bei ElevenLabs einloggen. Wähle dann in der Menüleiste TEXT TO SPEECH aus. In der Mitte findest du das Textfeld, in das du deinen Text eintippen oder einfügen kannst. Auf der rechten Seite kannst du in den Settings verschiedene Einstellungen vornehmen, beispielsweise die Sprache auswählen oder das Model festlegen (am besten immer die neueste Version nutzen – aktuell V2).

Unten gibt es mehrere Fader, mit denen du die Stimmcharakteristik beeinflussen kannst:

- Sprechgeschwindigkeit
- STABILITY: Stabilität der Stimme
- SIMILARITY: Beeinflusst die Klarheit und Ähnlichkeit der generierten Stimme mit der Zielstimme. Hohe Werte sorgen für eine stärkere Annäherung an das Original, können aber auch zu Artefakten führen.
- STYLE EXAGGERATION: bestimmt, wie stark der Stil betont wird

Starte den Prozess mit dem großen Button GENERATE SPEECH. Höre dir das Resultat an und lade es mit dem Download-Button (links neben GENERATE SPEECH) auf deine Festplatte.

Die hier gezeigten Möglichkeiten zur Beeinflussung der Sprache sind hilfreich, aber auch begrenzt. Manchmal erreicht man nicht das gewünschte Ergebnis mit Text-to-Speech. Deshalb gibt es alternative Methoden, die mehr Kontrolle über Ausdruck und Intonation bieten. Welche das sind, schauen wir uns im nächsten Abschnitt an.

Voice Changer – Die eigene Stimme verwandeln

Mit der Voice Changer-Funktion kann man seine eigene Sprache aufnehmen und sie in eine andere Stimme umwandeln. Der besondere Vorteil ist, dass Aussprache und Emotionen vollständig erhalten bleiben. Dadurch ist es beispielsweise möglich, dass ein Mann mit österreichischem Dialekt spricht und die KI diese Sprache in eine weibliche Stimme transformiert – mit exakt demselben Dialekt und derselben Emotion, aber einer völlig anderen Klangfarbe.

Diese Funktion eröffnet spannende Möglichkeiten: Ein talentierter Schauspieler könnte in Zukunft alle Rollen eines Films selbst einsprechen und später durch die KI in verschiedene Stimmen umwandeln lassen.

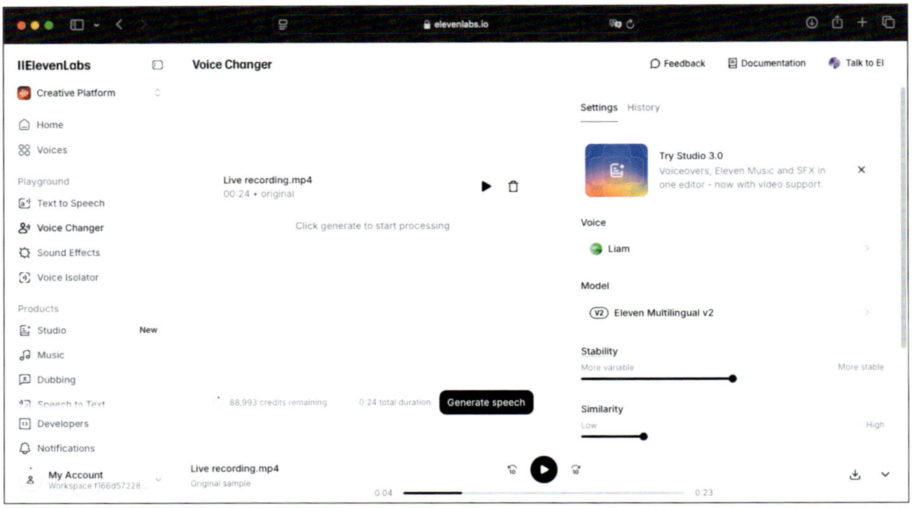

Abbildung 8.2 Der Voice Changer von ElevenLabs

Die Anwendung ist denkbar einfach: Öffne das Voice Changer-Menü und klicke links auf das Menü Voice Changer. Nun musst du die Sprache aufnehmen oder hochladen. Falls du deine Sprachaufnahme bereits gespeichert hast, kannst du sie per Click to Upload oder per Drag & Drop in das dafür vorgesehene Feld ziehen. Alternativ kannst du deine Stimme direkt auf der Seite aufnehmen. Dazu klickst du auf Record Audio (vorausgesetzt, dein Mikrofon ist am Rechner angeschlossen und aktiviert).

Nun wählst du Stimme und Modell: Rechts in den Settings kannst du eine Voice auswählen, danach bestimmst du das gewünschte Modell. Alle weiteren Einstellungen entsprechen denen aus der Text-to-Speech-Funktion. Anschließend wir die Umwandlung gestartet: Drücke dazu auf Generate Speech. Falls das Ergebnis passt, kannst du es mit dem Download-Button speichern.

Diese Funktion ist ein mächtiges Werkzeug für alle, die mit Stimmen arbeiten – sei es für Film, Hörbuch, Games oder Synchronisation.

Weitere spannende Funktionen in ElevenLab

Neben den bekannten Text-to-Speech- und VoiceChanger-Funktionen bietet ElevenLabs noch einige weitere leistungsstarke Werkzeuge.

- **Studio-Funktion:** Mit der Studio-Funktion kann man Projekte erstellen, in denen mehrere Stimmen gleichzeitig verwendet werden. Das Prinzip erinnert an das Arbeiten in einer DAW, also einer digitalen Audio-Workstation, in der man verschiedene Spuren für unterschiedliche Stimmen anlegen kann. Dadurch lassen sich realistische Dialoge oder Hörbuchproduktionen gestalten, ohne dass jede Stimme separat generiert werden muss. Gerade für mehrstimmige Inhalte oder Szenen mit mehreren Sprechern bietet diese Funktion eine enorme Flexibilität und erleichtert den Workflow erheblich.
- **Dubbing:** Die Dubbing-Funktion ermöglicht es, Audio- oder Videodateien hochzuladen und von ElevenLabs automatisch in eine andere Sprache übersetzen und synchronisieren zu lassen. Die KI erkennt den gesprochenen Inhalt, analysiert die Sprachmelodie und passt die neue Sprache so an, dass sie möglichst natürlich klingt. Damit wird es einfacher denn je, Videos, Filme oder Social-Media-Content mehrsprachig bereitzustellen, ohne auf manuelle Synchronisation oder professionelle Sprecher angewiesen zu sein. Gerade für Content Creator, die ihre Reichweite über Sprachbarrieren hinweg ausbauen möchten, stellt diese Funktion ein leistungsstarkes Werkzeug dar.
- **Speech-to-Text:** Eine weitere praktische Funktion ist Speech-to-Text, mit der gesprochene Sprache automatisch in geschriebenen Text umgewandelt wird. Besonders hilfreich ist dieses Tool für die Transkription von Interviews, Podcasts oder Meetings. Statt mühsam jedes Wort per Hand abzutippen, kann die KI den gesprochenen Text in Sekundenschnelle erfassen und in eine lesbare Form bringen. Dadurch lassen sich Inhalte schneller weiterverarbeiten, archivieren oder für die spätere Bearbeitung nutzen. Gerade für Journalisten, Autoren oder Video-Creator bietet diese Funktion eine erhebliche Zeitersparnis.

8.3 Gemini Speech Generation – Emotionale KI-Stimmen mit nur einem Prompt

Google hat seine KI-Stimmtechnologie massiv weiterentwickelt – und mit der Gemini Speech Generation in Google AI Studio eine Plattform geschaffen, die derzeit kostenlos nutzbar ist und dabei erstaunlich realistische, emotionale Sprachausgaben liefert. Die Stimmen klingen nicht nur natürlich, sondern lassen sich auch gezielt steuern: Tonfall, Lautstärke, Akzent, Emotion – alles kann direkt über einfache Regieanweisungen beeinflusst werden.

Das macht Google AI Studio zu einer echten Alternative zu ElevenLabs – besonders für Dialoge, emotionale Voiceovers oder Podcast-artige Inhalte.

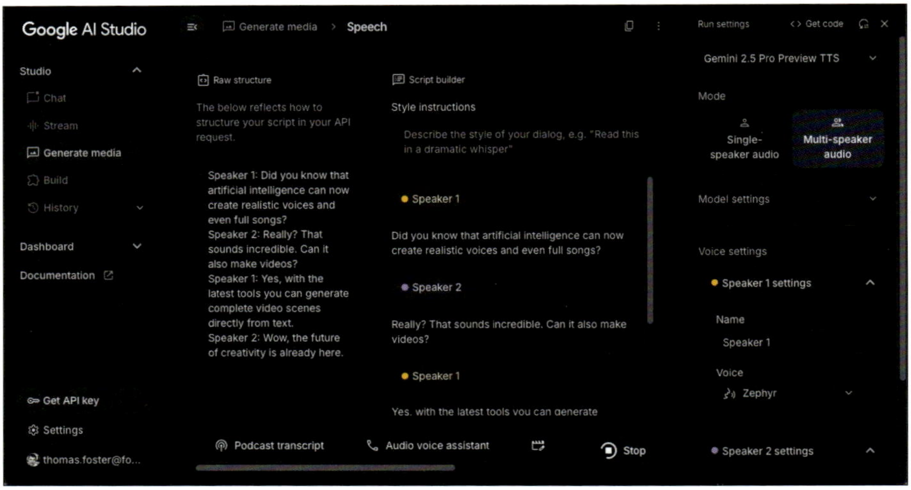

Abbildung 8.3 Google AI Studio Speech

Und so funktioniert es: Lege zunächst ein Konto auf Google AI Studio an. Nach dem Login klickst du links auf GENERATE MEDIA. In der Liste der Medienoptionen muss du dann GENERATE SPEECH auswählen (offiziell: Gemini Speech Generation).

Weitere Funktionen

Hier findest du auch andere spannende Funktionen wie

- Bilder generieren mit Imagen
- Musik erstellen mit Lyria
- Videos erzeugen mit Veo
- Story-Inhalte schreiben mit Gemini Text

Wähle dann im rechten Bereich unter MODE zwischen SINGLE SPEAKER oder MULTI-SPEAKER DIALOG. Gib in der Mitte unter RAW STRUCTURE deinen Textprompt ein – inklusive Regieanweisungen in natürlicher Sprache. Ein Beispiel:

(Lies aufgeregt, fast atemlos) Sprecher 1: Stell dir vor – diese Stimme hier … ist gar kein Mensch!

(Lies leise, fast flüsternd – mit Staunen) Sprecher 2: Du meinst … das ist alles KI?

(Lies laut, begeistert, mit echtem Erstaunen) Sprecher 1: Ja! Und sie kann sogar SCHREIEN, wenn du willst!

(Lies laut, wütend, fast übertrieben dramatisch) Sprecher 2: Warum hab ich das nicht früher ausprobiert?!

(Lies ruhig, beruhigend, mit einem Lächeln in der Stimme) Sprecher 1: Keine Sorge. Du bist jetzt dabei.

Rechts oben im Menü VOICE SETTINGS kannst du außerdem für jede Sprecherzeile eine Stimme auswählen und optional einen Namen vergeben. Klicke nun auf den Button RUN (beim Darüberfahren erscheint: Run Prompt). Nach wenigen Sekunden erscheint unten ein Wiedergabeknopf für das fertige Audio.

Weitere Funktionen

Über das Drei-Punkte-Menü rechts neben der Audio-Vorschau kannst du die Datei abspielen, kopieren oder herunterladen (Download ist leicht versteckt, aber vorhanden).

Google setzt bei Gemini 2.5 auf echte Multimodalität: Das System versteht und verarbeitet Text, Bild, Video, Audio und Code gleichzeitig – und kann damit natürlicher kommunizieren als je zuvor. Highlights der Sprachfunktion sind:

- **Emotionale Kontrolle:** Flüstern, schreien, lachen – alles per Textbefehl steuerbar
- **Mehrsprachigkeit:** Über 24 Sprachen, sogar Sprachmischungen innerhalb eines Dialogs
- **Kontextbewusstsein:** Die KI erkennt Stimmungen, Pausen und sogar, wann sie besser schweigt.
- **Niedrige Latenzzeiten:** Sprache wird in Echtzeit generiert – perfekt für interaktive Anwendungen

- **Zwei-Sprecher-Dialoge:** Ideal für Filmdialoge, Voiceover-Tests oder Hörspiel-Experimente
- **Sicher & gekennzeichnet:** Alle Audioausgaben werden hierbei mit SynthID markiert – einer unsichtbaren Kennzeichnung, die sie als KI-generiert identifizierbar macht.

Fazit: Mit Gemini Speech Generation liefert Google eines der spannendsten Tools für KI-Stimmen, das derzeit noch kostenlos nutzbar ist. Besonders für Filmschaffende, die schnell emotionales Sprachmaterial brauchen, ist es ein echter Gewinn. Egal ob Prototyp, Mood-Trailer oder Podcast-Stimme – Gemini bietet Qualität, Flexibilität und Kontrolle, wie man sie bisher nur von spezialisierten Tools wie ElevenLabs kannte.

YouTube-Video: Zwei Schauspieler engagiert – und keinen Cent bezahlt?! So geht's mit KI.
https://youtube.com/shorts/hQg0nAsxDDY?si=PMJAIjL6HO96WmmT

8.4 Audimee – KI-Gesang mit professionellen Stimmen

Das Tool Audimee (*audimee.com*) ermöglicht es, eine Gesangsaufnahme – also ein reines Acapella – hochzuladen und diese Stimme durch eine andere, professionell klingende Gesangsstimme zu ersetzen. Zur Auswahl stehen zahlreiche Studiosänger*innen, die mit hoher Qualität eingesungen wurden. Das Ergebnis klingt beeindruckend realistisch – und ist rechtlich einwandfrei.

Denn anders als bei vielen KI-Diensten mit Promi-Stimmen arbeitet Audimee ausschließlich mit Sänger*innen, die ihre Stimme ganz bewusst zur Verfügung gestellt haben. Die Beteiligten wurden nicht nur gefragt, sondern haben Verträge unterschrieben und werden fair bezahlt. Dadurch steht auch mehr Trainingsmaterial zur Verfügung – und das hört man: Die Qualität ist meist deutlich besser als bei vergleichbaren Tools.

Besonders spannend: Man kann sogar ein eigenes Vocal-Modell erstellen. Dafür lädt man mindestens 20 Minuten Gesang der eigenen Stimme hoch – möglichst in Studioqualität und ohne Effekte wie Hall oder Delay. Nach etwa 90 Minuten Berechnung steht dann die persönliche KI-Stimme zur Verfügung. Damit kann man zum Beispiel ein George-Michael-Acapella hochladen – und die KI wandelt den Gesang so um, als hätte man ihn selbst gesungen. Ich habe das selbst getestet, und obwohl es technisch beeindruckend ist, kommt es qualitativ nicht ganz an die internen Audimee-Stimmen heran. In meinem YouTube-Video zeige ich dir das Ergebnis.

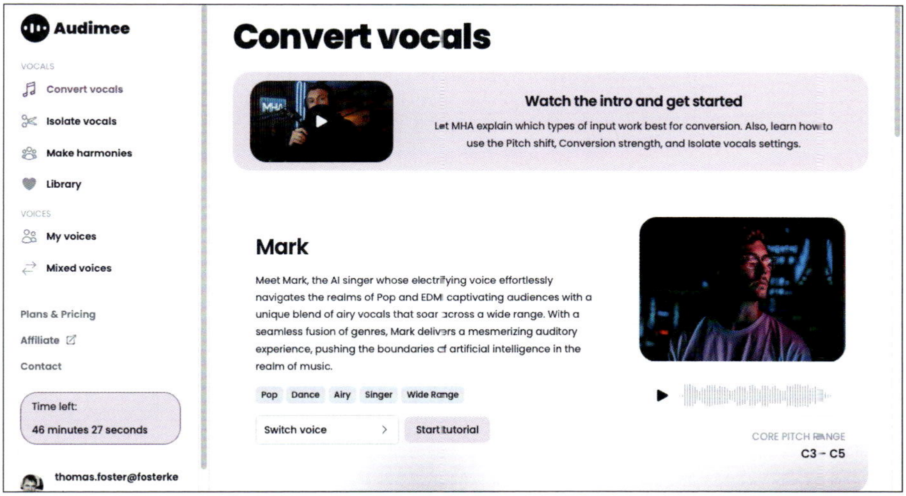

Abbildung 8.4 Convert Vocals von Audimee

YouTube-Video: Audimee:
Die Zukunft der Vocal-Bearbeitung mit KI
https://www.youtube.com/watch?v=ZcNWzFYp2BI&t=1s

Die Bedienung ist einfach: Account anlegen, passenden Tarif wählen (Free, Starter, Pro oder Ultimate) und im Menü CONVERT VOCALS die gewünschte Stimme auswählen. Dann nur noch das Audio ohne Effekte oder Musik hochladen – oder optional mit KI bereinigen lassen (z. B. REMOVE INSTRUMENTAL, REMOVE BACKGROUND VOCALS etc.), und nach ein bis zwei Minuten steht das konvertierte Ergebnis zum Download bereit!

Zusätzlich bietet Audimee auch andere praktische Features: Zum Beispiel kann man einen Song in Gesang und Playback aufteilen oder neue Stimmmodelle durch eigene Audiomixe erstellen. Für KI-Gesang auf hohem Niveau ist Audimee meiner Meinung nach eine der besten Plattformen auf dem Markt.

8.5 Lalals – Singen wie die Stars – rechtlich fraglich, technisch spannend

Lalals.com verfolgt eine andere Idee: Hier lädt man ein Acapella-Stück hoch – und bekommt es zurück in der Stimme von Ed Sheeran, Dua Lipa, Taylor Swift, Michael Jackson oder vielen anderen bekannten Künstler*innen. Das Ergebnis ist oft verblüffend, vor allem wenn man den Song bereits ähnlich interpretiert hat. Denn auch wenn Lalals die Stimme verändert – die Ausdrucksweise muss trotzdem passen.

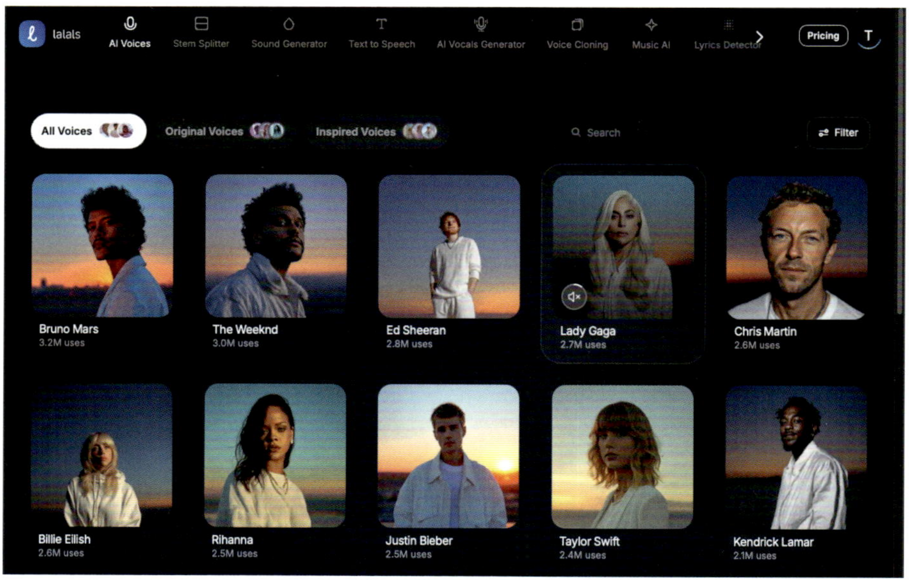

Abbildung 8.5 AI Voices von Lalals

Lalals wirbt damit, dass man die so erzeugten Songs sogar veröffentlichen kann, ohne gegen Urheberrechte zu verstoßen. Doch das ist rechtlich umstritten: Denn die echten Künstler*innen wurden nie gefragt, ob ihre Stimme als KI-Vorlage verwendet werden darf. Und weil von diesen Stars nur begrenztes Acapella-Material existiert, ist die Qualität mancher Stimmen nicht immer überzeugend. Das hat mir auch der Gründer von Lalals persönlich im Podcast erklärt – die Firma kommt ursprünglich aus München. Sein Team nutzt alles, was online auffindbar ist, um die Stimmen zu trainieren – aber oft ist das Material einfach nicht ausreichend.

Ganz anders sieht es bei den Studiosängern aus, die Lalals ebenfalls anbietet. Namen wie Leyla, Luke, Miles oder Noemi sind zwar unbekannt, aber die Stimmen klingen fantastisch. Denn hier gibt es deutlich mehr Trainingsdaten und auch vertragliche Klarheit. Wenn es also nicht unbedingt ein Star sein muss, empfehle ich immer diese internen Stimmen zu nutzen.

Wichtige Tipps für gute Ergebnisse mit Lalals

- Lade immer möglichst hochwertige Aufnahmen hoch – Studioqualität, trocken, ohne Effekte.
- Keine Musik, keine Chöre, keine Dopplungen – je sauberer das Original, desto besser das Resultat.
- Wenn du wie ein bestimmter Sänger klingen willst, sing auch schon so ähnlich – Tonlage, Timing und Phrasierung sollten möglichst nah dran sein.
- Fehler im Original (Aussprache, Timing etc.) bleiben im Endergebnis erhalten. Also: lieber gleich sauber einsingen.

Fazit: Lalals ist technisch faszinierend und bietet einen einfachen Einstieg in KI-Gesang mit Promi-Stimmen. Wer jedoch Wert auf höchste Qualität und rechtliche Sicherheit legt, ist mit Audimee oft besser beraten.

8.6 Sprachaufnahmen retten mit Enhance Speech oder Auphonic

Nichts ist frustrierender, als wenn eine gelungene Aufnahme durch schlechten Ton unbrauchbar wird – sei es durch Hall, Störgeräusche oder ein zu lautes Umfeld. Doch während man früher oft gezwungen war, Szenen teuer zu synchronisieren oder sogar neu zu drehen, hilft uns heute wieder einmal die KI. Mit spezialisierten Tools lassen sich Sprachspuren nachträglich deutlich verbessern, sodass sie klar und professionell klingen, und zwar schnell und unkompliziert mit Adobe Podcast oder flexibel und detailreich mit Auphonic.

Adobe Podcast – Enhance Speech

Das Online-Tool Enhance Speech von Adobe Podcast ist genau für solche Fälle gemacht: Es analysiert eine Sprachaufnahme und entfernt automatisch Hintergrundgeräusche, Hall, Rauschen und andere Störquellen. Zurück bleibt eine klare und verständliche Stimme – so, als wäre sie im Tonstudio aufgenommen worden. Das Ganze funktioniert nicht nur schnell, sondern auch extrem einfach. Und das Beste: Das Tool ist kostenlos nutzbar. Los geht's:

1. Öffne die Website *podcast.adobe.com* und erstelle einen kostenlosen Adobe-Account.
2. Wähle nun im Menü ENHANCE SPEECH aus.
3. Klicke auf DATEI WÄHLEN und lade das Soundfile hoch.
4. Nach wenigen Sekunden erscheint die bereinigte Version zum Abspielen.
5. Mit dem Button HERUNTERLADEN kannst du die Datei speichern.

Was macht Enhance Speech so besonders? Adobe nutzt ein KI-Modell, das gezielt Sprachanteile erkennt und optimiert – selbst in schwierigen akustischen Umgebungen wie einem halligen Wohnzimmer oder einem lauten Café. Die zweite Generation des Tools (»Enhance Speech v2«) bringt zusätzlich neue Möglichkeiten wie den Sprach-Slider (Wie stark soll die Stimme verbessert werden?) oder den Hintergrund-Slider (Wie laut oder leise soll die Umgebung klingen?). So hast du noch mehr Kontrolle – und kannst das Ergebnis genau an deine Bedürfnisse anpassen.

Wofür lässt sich Adobe Podcast einsetzen?

- Interviews mit nicht optimaler Technik
- Sprachaufnahmen in lauter Umgebung
- Alte Aufnahmen mit viel Rauschen
- O-Töne in Dokus, die sonst unbrauchbar wären
- Mobile Aufnahmen, z. B. unterwegs mit dem Smartphone

Für viele Filmschaffende ist dieses Tool mittlerweile ein echter Lebensretter in der Postproduktion – denn eine misslungene Sprachaufnahme muss heute nicht mehr das Ende bedeuten. Statt stundenlanger Nachbearbeitung oder aufwendiger Nachvertonung reicht ein Upload und ein Klick – und schon klingt die Aufnahme wie aus dem Studio.

Auphonic – Die Profi-Alternative mit mehr Kontrolle

Eine gute Alternative zu Adobe Podcast bietet Auphonic. Diese Webplattform richtet sich an alle, die mehr Funktionen und Einstellmöglichkeiten wünschen – sei es für Interviews, Sprachaufnahmen in Filmen oder professionelle Podcasts.

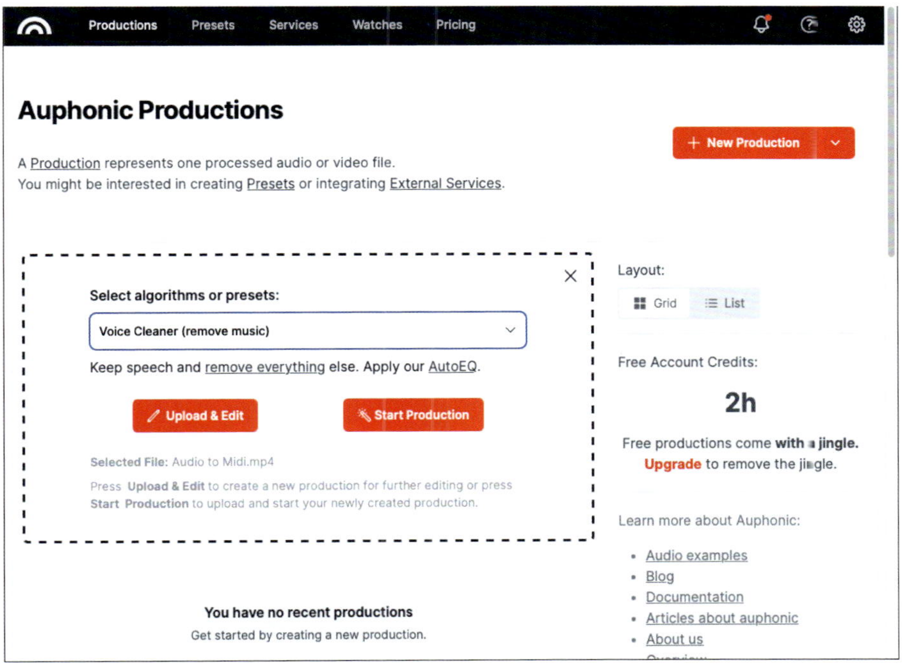

Abbildung 8.6 Auhponic

Während Adobe Podcast ideal für alle ist, die schnell und unkompliziert zu einem guten Ergebnis kommen möchten, richtet sich Auphonic an Nutzerinnen und Nutzer, die gerne tiefer in die Bearbeitung einsteigen und das Beste aus ihrem Audiomaterial herausholen wollen.

Zu den wichtigsten Funktionen von Auphonic zählen:

- Lautheitsnormalisierung nach Rundfunkstandards (z. B. EBU R128)
- Rausch- und Hallreduktion, um Aufnahmen klarer und verständlicher zu machen
- Adaptive Filter und Voice Auto EQ für eine natürlich klingende Sprachbearbeitung
- Kapitelmarken und Metadaten, ideal für strukturierte Formate wie Dokumentationen oder Podcasts
- Automatische Transkription in über 100 Sprachen mit Sprechererkennung
- Intro- und Outro-Funktion, um Musik oder Ansagen automatisch hinzuzufügen
- Füllwort- und Pausenerkennung, um beispielsweise »äh« oder längere Stillen automatisch zu entfernen

Besonders praktisch: Auphonic erkennt automatisch, wann gesprochen wird und wann Musik läuft, und bearbeitet diese Bereiche unterschiedlich. So bleibt z. B. die Musik unverändert, während nur die Sprache optimiert wird.

Die Kosten

Für viele Anwendungen reicht bereits ein kostenloser Account aus. Wer mehr Bearbeitungskapazität, Multitrack-Produktionen oder Transkriptionsfunktionen benötigt, kann auf ein günstiges Abo-Modell umsteigen.

Mein Fazit: Adobe Podcast ist perfekt für alle, die mit wenigen Klicks ein gutes Ergebnis erzielen wollen. Auphonic hingegen ist die richtige Wahl für alle, die mehr Kontrolle, mehr Optionen und ein wirklich professionelles Ergebnis suchen – besonders interessant für Filmschaffende mit höheren Ansprüchen an den Ton.

YouTube-Video: Auphonic:
Der Gamechanger für Podcaster
https://youtu.be/25IT_XZKuLQ?si=_SmyyhBDEI2EVHmu

Kapitel 9
Sound und Audiobearbeitung mit KI

Der perfekte Klang ist entscheidend

Ein starkes Bild wirkt erst mit starkem Ton. In diesem Kapitel zeige ich dir, wie KI aus rohen Aufnahmen klare Dialoge, ausgewogene Mischungen und eine stimmige Räumlichkeit formt – vom automatischen Denoising über intelligente EQ- und Dynamik-Helfer bis zur Stem-Separation. Du erfährst, wie klassische Werkzeuge wie Kompressor und Equalizer mit KI zusammenspielen und deinen Workflow hörbar schneller und besser machen.

9.1 Die Grundlagen: Die klassischen Audioeffekte

In einer Filmproduktion ist der Sound mindestens so wichtig wie das Bild. Ein guter Film lebt nicht nur von beeindruckenden Bildern, sondern auch von einem sauberen, ausgewogenen Klang. Sprache, Musik und Geräusche müssen nicht nur in ihrer Lautstärke angepasst, sondern auch klanglich optimiert werden. Ein unausgewogener Sound kann selbst die beste Szene ruinieren, während eine durchdachte Klangbearbeitung die emotionale Wirkung eines Films enorm verstärken kann.

Um den perfekten Klang zu erreichen, gibt es eine Vielzahl von Effekten und Werkzeugen, die in der Postproduktion eingesetzt werden. Bevor wir uns damit beschäftigen, wie künstliche Intelligenz diese Prozesse revolutionieren kann, gebe ich zunächst einen Überblick über klassische Audioeffekte, die in der professionellen Klangbearbeitung eine zentrale Rolle spielen. Dazu gehören unter anderem Equalizer, Kompressoren und Reverb, die gezielt eingesetzt werden, um Stimmen klar verständlich zu machen, Musik in den Mix einzufügen oder Geräusche räumlich wirken zu lassen.

Kompressor – Kontrolle über die Dynamik

Ein Kompressor wird verwendet, um die Dynamik eines Audiosignals zu reduzieren. Wenn eine Aufnahme zu große Lautstärkeunterschiede hat, kann das dazu führen, dass leise Passagen schwer verständlich sind, während laute Stellen die Zuhörer erschrecken könnten. Der Kompressor sorgt dafür, dass diese Unterschiede ausgeglichen werden und das Signal gleichmäßiger klingt.

Das Herzstück eines Kompressors ist der Threshold, also ein festgelegter Lautstärkewert. Alles, was lauter ist als dieser Wert, wird vom Kompressor abgesenkt. Wie stark diese Absenkung erfolgt, hängt vom Ratio-Wert ab. Ein Ratio von 2:1 bedeutet, dass ein Signal, das 2 dB über dem Threshold liegt, nach dem Kompressor nur noch 1 dB lauter ist. Bei einem Ratio von 4:1 wird eine Pegelspitze von 4 dB über dem Threshold auf 1 dB reduziert. Stärkere Einstellungen wie 8:1 komprimieren noch drastischer.

Die extremste Form der Kompression ist ∞:1 (unendlich zu eins). Hier wird alles, was über den Threshold hinausgeht, nahezu auf dieselbe Lautstärke reduziert. In diesem Fall spricht man nicht mehr von einem Kompressor, sondern von einem **Limiter**. Limiter werden oft verwendet, um Spitzen im Signal vollständig abzufangen und sicherzustellen, dass kein Pegel über einen bestimmten Wert hinausgeht.

Equalizer – Frequenzen gezielt formen

Alles, was wir hören, besteht aus unterschiedlichen Frequenzen, die sich in einem bestimmten Spektrum bewegen. Dieses reicht von 20 Hertz im tiefen Bereich bis hin zu 20.000 Hertz (20 Kilohertz) bei einem Neugeborenen. Mit zunehmendem Alter nimmt das Hörvermögen ab. Während junge Menschen noch hohe Frequenzen wahrnehmen, sind ältere Personen oft froh, wenn sie noch bis 5 Kilohertz hören können – denn dann sind sie in der Lage, Sprache und Gespräche gut zu verstehen. Das menschliche Gehör kann grob in drei Frequenzbereiche unterteilt werden: Bässe: 20 Hz bis ca. 300 Hz, Mitten von 300 Hz bis ca. 3.000 Hz und Höhen von 3.000 Hz bis 20.000 Hz.

Mit einem Equalizer (EQ) lassen sich verschiedene Frequenzbereiche gezielt anheben oder absenken, um den Klang zu optimieren. Am flexibelsten ist ein parametrischer EQ, bei dem man mehrere Bänder unabhängig voneinander einstellen kann.

Schauen wir uns die Anwendung eines Equalizers am Beispiel der menschlichen Sprache an. Ziel ist es, störende Frequenzen zu reduzieren und die Verständlichkeit zu verbessern.

Einige Frequenzen können die Sprachqualität negativ beeinflussen. Beispielsweise klingt der Bereich um 400 Hz oft »boxig«, was die Stimme dumpf und unangenehm wirken lässt. Diesen Bereich senkt man leicht ab – meist um 1 bis 2 dB, da eine zu starke Absenkung unnatürlich klingen kann.

Wichtige Frequenzen für die Sprachverständlichkeit befinden sich zwischen 1 und 5 kHz. Eine leichte Anhebung in diesem Bereich macht die Stimme klarer und durchsetzungsfähiger. Wenn die Stimme insgesamt dumpf klingt, kann es helfen, die Höhen mit einem Shelf-EQ anzuheben. Gleichzeitig empfiehlt es sich, tiefe Frequenzen unter 100 Hz herauszufiltern, da sie für Sprache meist nicht relevant sind. Hierfür nutzt man einen Hochpassfilter, der alles unterhalb einer bestimmten Frequenz entfernt.

Die optimale Equalizer-Einstellung hängt von vielen Faktoren ab. Neben der natürlichen Klangfarbe der Stimme spielen auch das verwendete Mikrofon, der Aufnahmeraum und die Position des Sprechers eine große Rolle. Deshalb gibt es keine allgemeingültige Equalizer-Voreinstellung, die für jede Situation passt. Am Ende entscheidet immer das Gehör, welche Anpassungen notwendig sind, um den Klang ideal abzustimmen.

Delay – Das Prinzip des Echos

Ein Delay ist eine verzögerte Wiederholung eines Signals – man könnte es auch als »künstliches Echo« bezeichnen. Stell dir vor, du stehst in den Bergen und rufst laut »Hallo Echo!«. Eine Sekunde später kommt der Schall von der Bergwand zurück, etwas leiser und dumpfer. Genau dieses Prinzip nutzt ein Delay in der Audioproduktion.

Beim Delay lässt sich einstellen, wie lange die Verzögerung dauert – üblicherweise in Millisekunden oder, bei längeren Echos, in Sekunden. Zudem kann man bestimmen, wie oft sich das Signal wiederholt. Ähnlich wie in den Bergen, wo der Schall gegen eine weitere Felswand reflektiert werden kann und mit einer zusätzlichen Verzögerung erneut zurückkommt, kann auch ein Delay mehrere Wiederholungen erzeugen.

Ein weiterer wichtiger Parameter ist der Klang der Verzögerung. Häufig werden die Echos etwas dumpfer oder dünner als das Originalsignal gemacht, damit sie sich besser in den Mix einfügen. Schließlich gibt es noch den Mix-Regler, mit dem das Verhältnis zwischen Original- und Effektsignal bestimmt wird. Bei Dry (0 %) hört man nur das Originalsignal, bei Wet (100 %) nur das verzögerte Signal. In der Praxis setzt man das Delay meist leiser als das Original, zum Beispiel bei 20 %, sodass die Verzögerung dezent im Hintergrund bleibt.

Die wichtigsten Einstellungen eines Delays sind:

- **Delay-Zeit:** Dauer der Verzögerung
- **Feedback:** Anzahl der Wiederholungen
- **Low-Pass-Filter:** Filtert Höhen weg, macht den Klang dumpfer
- **High-Pass-Filter:** Filtert tiefe Frequenzen weg, macht den Klang dünner

Da Delays in der Filmproduktion selten eine große Rolle spielen, wird dieser Effekt meist nur für kreative Zwecke oder zur räumlichen Gestaltung von Sounds genutzt.

Reverb – Der Klang des Raumes

Wenn wir in einer großen Kirche stehen und sprechen, hören wir nicht nur unsere eigene Stimme, sondern auch, wie sie von den Wänden zurückgeworfen wird. Ähnlich wie ein Echo gibt es hier viele Verzögerungen – doch im Gegensatz zum Delay handelt es sich nicht nur um eine einzige Reflektion, sondern um unzählige Reflektionen aus verschiedenen Richtungen, die so schnell aufeinander folgen, dass unser Ohr sie nicht mehr als einzelne Wiederholungen wahrnimmt. Stattdessen entsteht ein zusammenhängender, räumlicher Klang, den wir als Hall (engl. Reverb) bezeichnen.

Dieser Hall entsteht, weil der Schall nicht nur von einer Wand reflektiert wird, sondern auch von der linken und rechten Seitenwand, der Decke, dem Boden und oft sogar über mehrere Umwege zurück zu unseren Ohren gelangt. Dadurch entsteht ein komplexes Klangbild, das uns Informationen über die Größe und Beschaffenheit eines Raumes vermittelt.

Der wichtigste Parameter eines Hallgeräts ist die Hallzeit, also die Dauer, bis der Hall vollständig abklingt. Ein kurzer Hall ist mit unter 500 Millisekunden definiert. Er erzeugt einen trockenen, dezenten Raumeindruck. Ein langer Hall dauert über zwei Sekunden – er wirkt groß und episch, wie in einer Kathedrale oder Tropfsteinhöhle. Und dann gibt es noch den extremen Hall: Er kann über zehn Sekunden dauern und kommt oft in kreativen Sounddesigns oder surrealen Filmszenen zum Einsatz.

Ein wichtiger Regler ist der Mix-Regler, mit dem bestimmt wird, wie laut der Hall im Verhältnis zum Originalsignal ist. Je nach Anwendung kann der Hall nur einen subtilen räumlichen Eindruck erzeugen oder stark in den Vordergrund treten.

Faltungshall – Die realistischste Hallmethode für Filme

Während viele digitale Hallgeräte künstlich berechnete Räume simulieren, gibt es eine besonders realistische Technik, die in der Filmproduktion besonders wichtig ist: den Faltungshall (engl. Convolution Reverb).

Beim Faltungshall wird der Klangcharakter eines echten Raumes durch eine spezielle Aufnahmetechnik eingefangen. Dabei wird ein Lautsprecher in einem Raum aufgestellt und ein Mikrofon nimmt auf, wie der Schall von Wänden, Boden und Decke reflektiert wird. Diese Raumcharakteristik wird als Preset in einem Faltungshall gespeichert und kann später auf beliebige Sounds angewendet werden. Das Besondere: Mit einem Faltungshall kann man genau den Raum simulieren, in dem eine Filmszene spielt. Man hat Zugriff auf eine breite Auswahl an realen Umgebungen – von kleinen Räumen wie einer Toilette oder Garage bis hin zu riesigen Orten wie dem Stephansdom oder einer Tropfsteinhöhle. Dadurch lassen sich Dialoge und Geräusche so anpassen, dass sie sich nahtlos in das akustische Umfeld einer Filmszene einfügen. Der Vorteil liegt darin, dass man nicht mühsam mit künstlichen Hallparametern experimentieren muss, sondern einfach den passenden Raum auswählt und lediglich die Lautstärke des Halls feinjustiert.

Die meisten Effekte, die wir in diesem Kapitel bisher erklärt haben – also Equalizer, Kompressoren und weitere grundlegende Audioeffekte – sind in jeder DAW (Musikprogramm) sowie in den wichtigsten Film- und Schnittprogrammen standardmäßig enthalten. Doch die wenigsten dieser Programme verfügen über einen Faltungshall.

Wer realistischen Raumklang in seine Produktion integrieren möchte, kann sich einen Faltungshall als VST-Plugin kaufen und diesen in Adobe Premiere Pro, Final Cut Pro oder einer DAW wie Logic oder Pro Tools verwenden. Zwei der besten Plugins für realistischen Hall sind die folgenden. Mit diesen Plugins kann man den Klang einer Filmszene exakt an den Raum anpassen, in dem die Handlung spielt, ohne künstlich klingende Reverbs manuell einstellen zu müssen.

- **Audio Ease Altiverb 7:** Der Branchenstandard für Faltungshall mit hochauflösenden Impulsantworten aus Konzertsälen, Kirchen und anderen realen Umgebungen. Perfekt für professionelle Film- und Musikproduktionen.
- **LiquidSonics Cinematic Rooms:** Speziell für Filmton entwickelt und ideal für Surround- und Atmos-Produktionen. Besonders in der Postproduktion von Hollywood-Filmen wird dieses Plugin häufig eingesetzt.

Natürlich gibt es noch viele weitere Effekte, wie Modulationseffekte (Phaser, Flanger, Chorus) oder Effekte zur Verzerrung und Klangveränderung. Da es in diesem Kapitel jedoch hauptsächlich um die Möglichkeiten der künstlichen Intelligenz geht, wollte ich mich hier auf die wichtigsten grundlegenden Funktionen konzentrieren. Mein Ziel war es, insbesondere für diejenigen, die sich mit Audiobearbeitung noch nicht intensiv beschäftigt haben, ein Grundverständnis dafür zu schaffen, wie bisher mit klassischen Tools gearbeitet wurde. Denn nur wenn man versteht, welche Techniken es bereits gibt, kann man die neuen Möglichkeiten der KI in der Audioproduktion wirklich einordnen und erkennen, wie revolutionär sie sein können.

9.2 KI-Tools für die Audibearbeitung

Nun haben wir uns mit klassischen Audio Tools wie Equalizer, Kompressor und Reverb beschäftigt. Aber was ist, wenn du dir die Einstellung all dieser Parameter sparen möchtest? Genau hier kommen moderne, KI-basierte Tools ins Spiel. Diese Plugins übernehmen das für dich – du lädst sie in dein Audio- oder Videoschnittprogramm, startest den Lernmodus, und die künstliche Intelligenz analysiert das Material und stellt automatisch alles optimal ein.

Gerade bei Musikproduktionen funktioniert das inzwischen verblüffend gut – bei Gesang, Drums oder Gitarren erhält man oft in Sekunden ein professionelles Ergebnis. In der Filmwelt sind die Resultate bei Sprache ebenfalls hilfreich, bei Umgebungsgeräuschen oder komplexeren Audiomischungen stoßen die Tools allerdings manchmal noch an ihre Grenzen. Trotzdem: Diese Helfer sparen viel Zeit – und liefern in vielen Fällen Ergebnisse, die besser sind als das, was manuell in kurzer Zeit machbar wäre.

Intelligente Klangbearbeitung mit dem Pure Bundle von Sonible

Eines der gelungensten Beispiele ist das Pure Bundle der Firma Sonible. Es besteht aus mehreren Plugins, die sich alle durch eine besonders einfache Bedienung, KI-gestützte Analyse und hochwertigen Klang auszeichnen. Die Plugins funktionieren als klassische Audioeffekte – und sind sowohl in der Musikproduktion als auch im Filmton einsetzbar.

Abbildung 9.1 Die Pure-Plugins

- **Pure:EQ – Automatisch der richtige Klang:** Pure:EQ erkennt innerhalb weniger Sekunden, welche Frequenzbereiche eines Audiosignals optimiert werden sollten. Nach Auswahl eines Signaltyps – etwa Sprache, Gitarre oder Gesang – analysiert die KI das Material und erstellt eine passende EQ-Kurve. Mit wenigen Reglern kannst du dann den Klang anpassen: etwa durch Auswahl des Stils (hell, warm oder neutral), die Balance der Bearbeitung (zwischen 0 und 100 %) oder dynamische Anpassung an das Signal in Echtzeit.

- **Pure:Comp – Kompression ohne Komplikation:** Der Pure:Comp vereinfacht die Kompression drastisch. Du wählst den Typ deines Audiosignals – z. B. Sprache oder Percussion – und startest den Lernvorgang. Danach kannst du die Stärke der Kompression mit einem einzigen Regler bestimmen und aus verschiedenen Klangcharakteristiken wählen – etwa transparent (CLEAN) oder durchsetzungsstark (DIRTY). Auch hier übernimmt die KI den schwierigen Teil der Analyse für dich.
- **Pure:Verb – Passender Raumklang auf Knopfdruck:** Einen stimmigen Hall zu erzeugen, kann aufwendig sein – außer du nutzt Pure:Verb. Die KI berechnet automatisch einen Reverb, der sich an den Charakter des Eingangssignals anpasst. Über Regler kannst du Größe, Mix und stilistische Varianten wie NORMAL, REVERSE oder BOUNCE auswählen. Gerade bei Sprachaufnahmen in Filmen oder Dokus lassen sich damit natürliche Raumeindrücke schnell erzeugen.
- **Pure:Limit – Der letzte Schliff:** Ein Limiter wird häufig am Ende der Audiokette eingesetzt, um Lautstärkespitzen zu zähmen. Auch hier übernimmt die KI die Analyse des Materials. Du bestimmst lediglich die Intensität der Bearbeitung und wählst den Stil – etwa weich (*Soft*) oder kraftvoll (HARD). Ein spezieller Regler namens INFLATE verleiht dem Mix zusätzlich Energie, besonders in den tiefen Frequenzen.
- **Pure:Unmask – Wenn Sprache und Musik sich in die Quere kommen:** Dieses Plugin ist besonders spannend für Filmschaffende. Du platzierst Pure:Unmask auf der Musikspur und legst die Sprachspur in den Sidechain-Eingang. Das Plugin erkennt dann automatisch die Frequenzbereiche, in denen sich Sprache und Musik überlappen – und reduziert nur dort die Musik. So bleibt die Musik hörbar, und die Sprache wird trotzdem besser verstanden. Ideal für Moderationen, Dokus oder auch Social-Media-Videos mit Hintergrundmusik.
- **Pure:Deess – Schluss mit Zischlauten:** Dieses Plugin entfernt automatisiert scharfe S-Laute in Sprach- oder Gesangsaufnahmen. Statt pauschal alle Zischlaute abzusenken, analysiert die KI individuelle Stimmprofile und erkennt auch schwierige Laute wie »Sch« oder »T«. Das Ergebnis klingt natürlicher als bei herkömmlichen De-Essern – und das ganz ohne komplexe Einstellungen.

Fazit: Das Pure Bundle von Sonible richtet sich an alle, die professionelle Ergebnisse erzielen möchten, ohne sich in komplexen Parametern zu verlieren. Gerade in der schnellen Produktion für YouTube, Dokus oder Social-Media-Content ist es ein echter Zeitgewinn – und eine klangliche Aufwertung. Für alle, die sich intensiver mit Klang beschäftigen, bieten die Plugins zudem ausreichend Spielraum, um auch manuell noch kreativ einzugreifen.

Intelligente Mixing-Unterstützung mit Neutron 5

Wer mit Audioeffekten wie Equalizer, Kompressor, Delay oder Hall arbeitet, weiß: Es braucht viel Erfahrung, um diese Tools optimal einzusetzen. Neben technischem Wissen ist vor allem eines gefragt: ein gutes Gehör. Genau hier setzt Neutron 5 an. Die Software von iZotope analysiert das Audiomaterial einer Spur und macht anschließend konkrete Vorschläge zur Klangverbesserung. Dabei greift sie auf elf interne Effektmodule zurück, darunter Equalizer, Kompressor, Exciter, Sculptor oder auch das neue Modul Density für transparente Aufwärtskompression.

Abbildung 9.2 Soundbearbeitung mit Neutron

Neutron 5 verwendet künstliche Intelligenz, um typische Klangprobleme zu erkennen und automatisch zu optimieren. Besonders überzeugend ist der »Mix Assistant«, der auf Wunsch für jede Spur einen individuellen Signalweg mit passenden Modulen erstellt. Die Analyse dauert nur wenige Sekunden, das Ergebnis ist oft erstaunlich präzise. Für Produzenten, die nicht in jedem Detail die passende Kompression oder EQ-Kurve selbst einstellen wollen, ist das ein enormer Zeitgewinn.

In der Praxis hat sich Neutron 5 vor allem bei Instrumenten als sehr hilfreich erwiesen. Gitarren, Pianos, Synthesizer oder Drums klingen nach dem KI-gestützten Processing oft ausgewogener, klarer und professioneller. In meinen Tests war ich immer wieder erstaunt, wie gut die Vorschläge oft passten – und das selbst bei Spuren, die ich vorher für durchaus gelungen hielt.

Weniger überzeugt hat mich die KI beim Bearbeiten von Soundeffekten oder komplexem Atmosphären-Material, wie man es in der Filmproduktion häufig einsetzt. Hier merkt man, dass Neutron primär für Musikproduktion optimiert wurde und mit typischen Instrumentensounds trainiert ist. Zwar lassen sich die internen Module weiterhin manuell nutzen, die automatischen Vorschläge bringen aber vor allem bei musikalischem Material einen echten Mehrwert.

Neu in Neutron 5

Neutron 5 bringt eine Reihe neuer Funktionen mit, die das Mixing weiter verbessern. Dazu gehören:

- Clipper-Modul für kontrolliertes Soft-Clipping
- Density-Modul für transparente Aufwärtskompression
- Phase-Modul zur Erkennung und Korrektur von Phasenproblemen
- Transient/Sustain-Modus und Mid/Side-Bearbeitung in vielen Modulen
- Delta-Buttons zum gezielten Vorher-Nachher-Vergleich

Ergänzt wird die Suite durch Tools wie den Visual Mixer, iZotope Relay und Tonal Balance Control 2, die eine übergreifende Kontrolle über den gesamten Mix erlauben.

Fazit: Neutron 5 ist eine leistungsstarke Mixing-Suite, die vor allem in der Musikproduktion Zeit spart und beeindruckende Resultate liefert. Gerade für

Musiker*innen, Produzent*innen und Creator ohne langjährige Tontechnik-Erfahrung kann die KI-basierte Analyse und Optimierung ein echter Gamechanger sein. Für Filmton eignet sich das Tool in erster Linie dann, wenn es um musikalisches Material geht. Wer sich auf kreative Sounddesigns oder Atmosphären spezialisiert, wird vermutlich andere Werkzeuge bevorzugen – kann Neutron 5 aber dennoch für einzelne Musikelemente sehr gut integrieren.

YouTube-Video: Neutron 4-Tutorial
https://youtu.be/OI_bjf99rp8

9.3 Trennen der menschlichen Stimme von Musik mit LALAL.AI und Logic Pro Stems

Es gibt zahlreiche Situationen, in denen es sinnvoll ist, Sprache von Musik zu trennen. Stellen wir uns beispielsweise vor, wir möchten für eine Dokumentation eine Szene verwenden, in der der Originalton essentiell ist. Allerdings läuft im Hintergrund Musik, die entweder emotional nicht passt oder aus lizenzrechtlichen Gründen nicht genutzt werden kann. Mithilfe künstlicher Intelligenz ist es heute möglich, Sprache von Musik zu isolieren. Dasselbe gilt für Gesang: Auch hier kann KI helfen, die Stimme von der Instrumentalbegleitung zu trennen – eine Technik, die besonders bei Neuinterpretationen älterer Songs nützlich ist.

Ein prominentes Beispiel für den Einsatz dieser Technologie ist der Song »Now and Then« von den Beatles. Die Band nutzte KI, um eine alte Demoaufnahme von John Lennon zu retten, in der er sich selbst auf dem Klavier begleitete. Da sich das Klavier und die Stimme nicht getrennt abmischen ließen, war das Material lange Zeit unbrauchbar. Erst mit der heutigen KI-Technologie konnten Lennons Gesang und das Klavier sauber separiert werden. Dadurch wurde es möglich, ein neues Instrumental-Arrangement zu erstellen und die noch lebenden Beatles-Mitglieder darauf singen zu lassen.

Mittlerweile gibt es zahlreiche Tools, die diese Technologie für verschiedene Zwecke nutzen. Zwei der bekanntesten und leistungsfähigsten sind LALAL.AI und Logic Pro Stems.

LALAL.AI – Eine einfache Lösung für präzise Trennungen

LALAL.AI ist eines der beliebtesten KI-gestützten Tools zur Trennung von Vocals und Instrumental. Eine kostenlose Testversion erlaubt es, bis zu einer Minute Audio zu verarbeiten.

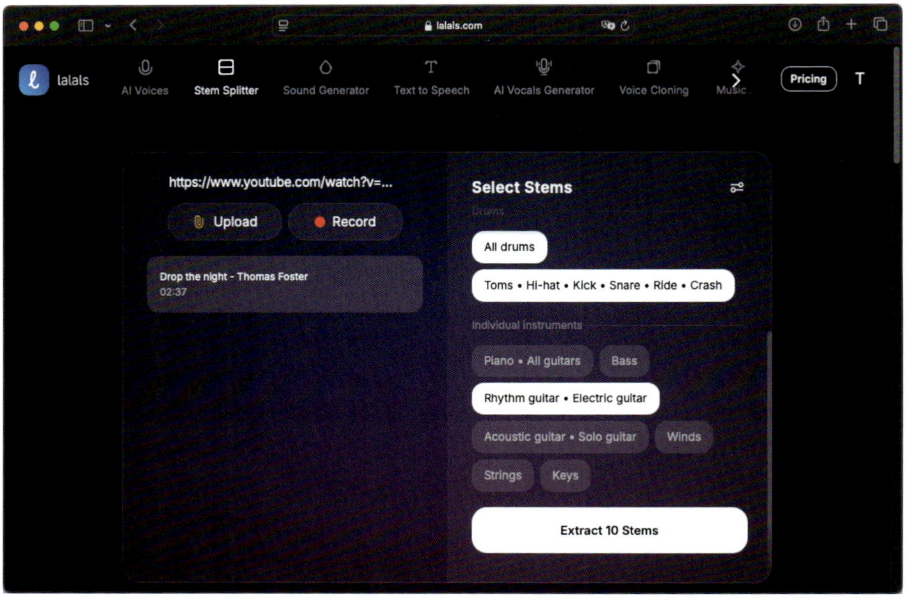

Abbildung 9.3 LALAL.AI

Die Bedienung ist denkbar einfach:

1. **Website öffnen**: Besuche *lalal.ai* in deinem Browser.
2. **Datei hochladen**: Klicke auf SELECT FILES und wähle ein Audio- oder Video File in einem der unterstützten Formate (MP3, WAV, MP4, etc.).
3. **Trennmethode wählen**: Wähle, ob du Vocals und Instrumental trennen möchtest oder spezifische Elemente wie Drums, Bass oder Gitarre extrahieren willst.
4. **Verarbeitung abwarten**: Das Tool analysiert das Audio und erstellt zwei separate Spuren: eine mit Vocals (bzw. Sprache) und eine mit Instrumenten.
5. **Ergebnisse prüfen**: Die Vorschau kann sofort abgespielt werden. Über die Mute-Buttons lassen sich die separierten Spuren individuell ein- oder ausblenden.

6. **Finale Dateien exportieren**: Für eine vollständige und hochauflösende Trennung kann die Funktion Split in Full genutzt werden. Nach wenigen Sekunden stehen die finalen Dateien zum Download bereit.

Logic Pro Stems

Mein Lieblings Tool für die Trennung von Sprache und Gesang aus Musik ist die neue Stems-Funktion in Logic Pro. Sie überzeugt mich aus drei Gründen. Zunächst die lokale Verarbeitung: Alles läuft direkt auf dem Rechner, ohne dass Dateien erst hochgeladen oder online verarbeitet werden müssen. Zweitens überzeugt die Software mit hoher Qualität: Die Stems-Trennung klingt beeindruckend sauber, gerade im Vergleich zu vielen Online-Tools. Und dann geht drittens auch noch alles unglaublich schnell und ist direkt in Logic integriert, ohne zusätzliche Software.

Allerdings macht diese Lösung nur Sinn, wenn man bereits mit Logic arbeitet oder ein Apple-Gerät besitzt. Extra dafür Logic Pro zu kaufen, wäre meiner Meinung nach zu teuer, wenn man keine anderen Gründe für die DAW hat.

Alternativen

Ich empfehle zwei Alternativen, die ebenfalls hervorragende Ergebnisse liefern und unabhängig von Apple-Geräten genutzt werden können, nämlich *Fadr.com* und *X-Minus.pro*.

9.4 iZotope RX 11 – Klassiker der Audioreparatur

RX von iZotope gilt seit Jahren als eines der führenden Tools, wenn es darum geht, problematisches Audiomaterial zu reparieren. Ob Rauschen, Hall, Brummen, Verzerrungen oder störende Hintergrundgeräusche – RX liefert zahlreiche Werkzeuge, um genau solche Probleme zu lösen und Aufnahmen wieder verwendbar zu machen. Besonders in der Film- und TV-Postproduktion ist RX in vielen Studios ein fester Bestandteil des Workflows.

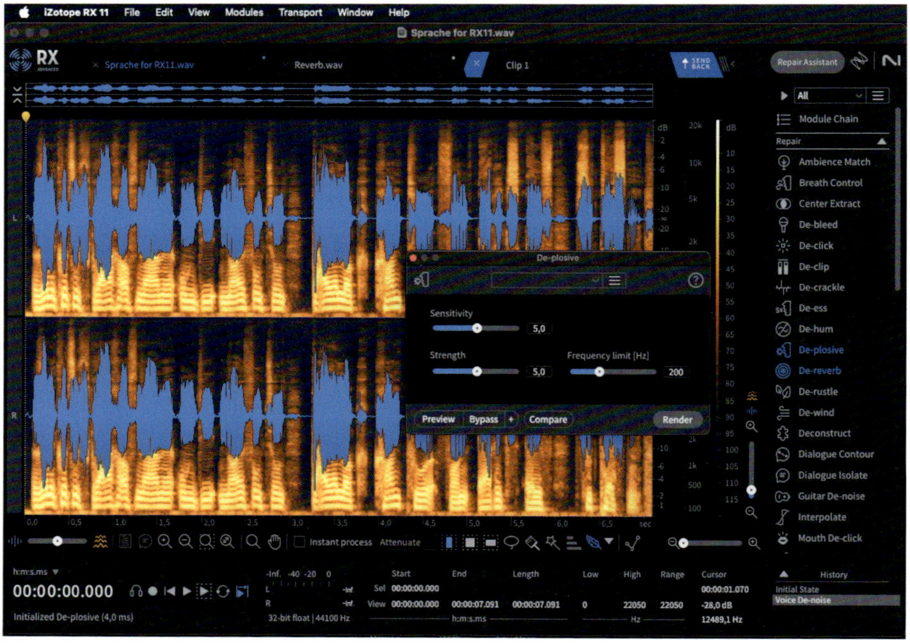

Abbildung 9.4 Die Oberfläche von RX 11

Mit der aktuellen Version RX 11 hat iZotope die Software noch einmal deutlich verbessert und neue KI-gestützte Funktionen hinzugefügt. Trotzdem wirkt der Preis für viele inzwischen etwas hoch, denn es gibt mittlerweile einige Tools, die ähnliche Ergebnisse deutlich günstiger liefern – etwa Adobe Podcast oder Auphonic. Wer aber maximale Kontrolle, höchste Qualität und alle Möglichkeiten in einem Tool sucht, kommt an RX 11 kaum vorbei. Einige der wichtigsten Funktionen im Überblick:

- Dialogue Isolate: Kombiniert Echtzeit-Entrauschung und Ent-Hallung in einem Modul. Ideal, um gesprochene Sprache aus lauten Umgebungen herauszufiltern
- Spectral Repair & De-noise: Entfernt gezielt unerwünschte Geräusche wie Husten, Klicks, Wind oder Rauschen im Frequenzspektrum
- De-hum: Filtert Brummgeräusche, etwa von Stromleitungen oder schlechten Kabeln
- Mouth De-click: Entfernt störende Mundgeräusche wie Schmatzer oder Klicks aus Sprachaufnahmen

- Loudness Optimize: Passt das Material für Streaming-Plattformen optimal an – inklusive True-Peak-Kontrolle und LUFS-Normierung
- Ambience Match: Gleicht Hintergrundatmosphären zwischen zwei Aufnahmen an – besonders praktisch bei Nachvertonung oder Schnitt.
- Repair Assistant: Nutzt maschinelles Lernen, um automatisch passende Module vorzuschlagen und die Bearbeitung zu vereinfachen
- Music Rebalance: Hebt einzelne Elemente im Mix hervor oder senkt sie ab – z. B., um Platz für Dialoge im Soundtrack zu schaffen
- Cut Silence/Remove Filler Words: Schneidet automatisch Pausen oder Füllwörter wie »äh« heraus

Gerade die Kombination aus präzisem Spectral Editing und intelligenter Automatisierung macht RX 11 zu einem der leistungsfähigsten Tools auf dem Markt.

Fazit: Auch wenn RX 11 kein Schnäppchen ist, bleibt es ein Industrie-Standard für alle, die Audiomaterial auf höchstem Niveau restaurieren möchten. Besonders für Filmschaffende, die mit herausfordernden Tonaufnahmen arbeiten, ist RX 11 ein mächtiges Werkzeug – sei es am Set, in der Doku-Nachbearbeitung oder im Tonstudio.

YouTube-Tutorial: iZotope RX 11
https://youtu.be/GG9-RXc_pMY

Kapitel 10
KI für Musik und Soundtracks
Vom epischen Orchesterklang zur Filmmusik aus dem Algorithmus

Wenn Algorithmen komponieren: In diesem Kapitel erfährst du, wie KI die Welt der Filmmusik verändert – von majestätischen Orchesterklängen bis zu spannungsgeladenen Action-Scores. Wir vergleichen Tools wie Suno, Udio und Producer.ai und zeigen, wie du in Sekunden Soundtracks erzeugst, die verblüffend nah an Hollywood klingen. Dabei geht es um die Frage: Kann KI schon heute echte Komponisten ersetzen – oder liefert sie einfach einen neuen, schnellen Weg zu epischer Filmmusik?

10.1 Einführung

Die Synchron Stage Vienna ist ein Ort voller Geschichte und unvergleichlicher Akustik, der die Entwicklung der Filmmusik entscheidend geprägt hat. Zwischen 1939 und 1941 wurde das Gebäude von den Nationalsozialisten für Bild synchrone Tonaufnahmen errichtet, daher kommt also der Name »Synchronhalle«. Joseph Goebbels soll den Bau persönlich in Auftrag gegeben haben, um Propagandafilme mit den damaligen Filmstars der UFA in Wien zu produzieren. Die bauliche Struktur der Halle war zugegebenermaßen revolutionär: Ein spezielles Fundament entkoppelte sie vom Rest des Gebäudes, um jegliche Vibrationen und Störungen zu eliminieren. Eine aufwendige Dachkonstruktion schirmte sie sogar gegen Flugverkehr ab. So entstand eine Haus-in-Haus-Konstruktion, die bis heute eine herausragende Akustik bietet. Damals existierte noch keine Mehrspurtechnik, weshalb das Studio so konzipiert wurde, dass in verschiedenen Räumen gleichzeitig Sprachaufnahmen, Geräusche und Orchesterklänge aufgenommen werden konnten. Diese Struktur machte die Halle zu einem zentralen Ort für die Produktion vieler bedeutender europäischer Filme. In den 1950er Jahren wurden hier jährlich bis zu zehn Filmmusiken mit großem Orchester eingespielt. Namhafte Künstler wie Karl Böhm, Herbert von Karajan, Yehudi Menuhin und Mstislaw Rostropowitsch entdeckten die herausragende Akustik der Halle und nutzten sie für ihre Schallplattenaufnahmen.

Mit der Verlagerung der Filmindustrie nach Hollywood wurde die Synchron Stage verstärkt für Orchesteraufnahmen genutzt. 2013 übernahm die Vienna Symphonic Library das Studio und renovierte es aufwendig, mit dem Ziel, eine hochqualitative Sample Library für Musiker zu erstellen, die Orchestermusik am Computer produzieren wollen. Dabei wurde alles exakt so wieder aufgebaut, wie es früher war, um die einzigartige Klangcharakteristik zu bewahren. Dies ist der Grund, warum Komponisten und Produzenten aus aller Welt in die Synchron Stage kommen – weil sie nämlich einen Klang bietet, den man nirgendwo sonst auf der Welt findet.

Schon bald wurde die Location auch für große Hollywood-Produktionen interessant. Soundtracks für Filme wie Inferno mit Tom Hanks, The Girl in the Spider's Web, Ad Astra, Dune, Moonfall sowie für erfolgreiche Serien wie The Crown wurden hier aufgenommen. Neben Hans Zimmer haben auch renommierte Komponisten wie Lorne Balfe und Bear McCreary die einzigartige Akustik der Synchron Stage Vienna für ihre Werke genutzt.

Bis heute werden auf der Synchron Stage epische Filmmusiken mit großem Aufwand aufgenommen. Ein 200-köpfiges Orchester mit Chor sorgt für den unverwechselbaren Klang großer Blockbuster. Gleichzeitig hat sich in den letzten Jahren eine digitale Alternative etabliert: Soundtracks, die komplett am Computer generiert werden. Hierfür kommen Sample Libraries zum Einsatz, bei denen einzelne Orchestertöne aufgenommen und anschließend in Software-Sampler geladen werden.

Diese Technik, bekannt als Sampling, ermöglicht es, Orchesterklänge über eine MIDI-Tastatur abzurufen und zu spielen. Beim Sampling wird jeder einzelne Ton eines Instruments aufgenommen, oft mit verschiedenen Lautstärken und Spielweisen, und als digitale Datei gespeichert. Musiker können diese dann über ein Keyboard oder eine Software abrufen, wodurch sie realistisch klingende Musik erschaffen können, ohne dass ein echtes Orchester spielen muss. Zu den führenden Entwicklern gehören die Vienna Symphonic Library, Spitfire Audio aus den

USA und Orchestral Tools aus Berlin. Bereits heute ist es möglich, dass Soundtracks auf Netflix & Co. vollständig am Computer erzeugt werden, ohne dass das Publikum den Unterschied bemerkt. Dennoch setzen viele Produktionen auf eine Mischung aus digitalem Orchester und echten Musikern, um den Klang natürlicher wirken zu lassen.

Aber wie sieht es mit KI-generierter Filmmusik aus? Bisher gibt es keine bekannten Filmproduktionen, die ausschließlich mit KI-Tools realisiert wurden. Die Vorteile einer solchen Technologie liegen jedoch auf der Hand: Kostenersparnis und Geschwindigkeit. Während ein traditioneller Soundtrack schnell mehrere hunderttausend Euro kosten kann, benötigt eine KI-generierte Filmmusik nur die Abogebühren für entsprechende Plattformen. Zudem kann die Musik innerhalb weniger Sekunden während des Schnitts erstellt und sofort im Film getestet werden.

Aber wie gut sind diese KI-generierten Soundtracks wirklich? Ich habe einen ausführlichen Test durchgeführt und ein Video erstellt, in dem ich drei verschiedene Filmmusik-Genres getestet habe, und zwar ein majestätisches Abenteuer (inspiriert von Jurassic Park), eine düstere Action und eine Horrorfilmmusik.

YouTube-Video: Filmmusik mit KI – Suno, Udio & Riffusion (der Vorgänger von Producer.ai) im Test
https://youtu.be/Py9Zi5dqtwE?si=VVLoHvkeOPwQcka2

Ich habe dabei die KI-Musik Generatoren Suno, Udio und Riffusion, den Vorgänger von Producer.ai, miteinander verglichen. Die große Frage: Klingt das nach echtem Hollywood oder eher nach einem Experiment mit KI? Das Ergebnis ist eindeutig: Noch kann keine KI einen echten Filmmusikkomponisten oder ein Orchester ersetzen. Dennoch würde wohl über 90 % der Zuschauer nicht bemerken, wenn in einem Blockbuster ein KI-generierter Soundtrack verwendet würde. Beim Versuch, nach einem echten Orchester zu klingen, hat Udio am meisten überzeugt. Wenn es weniger orchestral sein muss, war Suno mein Favorit. Auch Producer.ai hat überraschend gute und teils ähnliche Ergebnisse geliefert und brilliert durch den neuen Voice-Mode. In den nächsten Abschnitten werden wir uns diese drei Plattformen genauer ansehen und ihre Stärken und Schwächen beleuchten.

10.2 Udio – KI-generierte Musik auf einem neuen Level

In meinen Tests zur Generierung von Filmmusik mit künstlicher Intelligenz hat Udio, insbesondere bei orchestralen Kompositionen, mit Abstand die besten Ergebnisse geliefert. Während viele KI-Musiktools beeindruckende Pop-, Elektro- oder Lo-Fi-Tracks erstellen können, überzeugte Udio besonders durch die Tiefe, Dynamik und Klangqualität seiner orchestralen Arrangements. Deshalb werfen wir jetzt einen genaueren Blick auf diese Plattform und erkunden, wie du sie für deine eigenen Musikprojekte nutzen kannst.

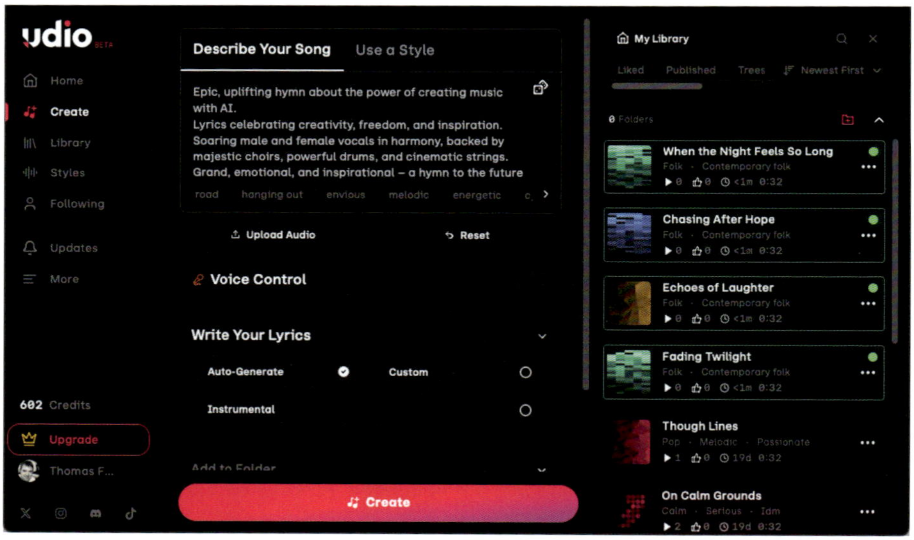

Abbildung 10.1 Die Oberfläche von Udio

Wie bei den meisten KI-gestützten Plattformen ist der erste Schritt die Registrierung. Nach der Anmeldung gelangst du direkt zur Hauptansicht, die sich intuitiv bedienen lässt.

Auf der linken Seite des Dashboards findest du die wichtigsten Menüpunkte, unter anderem Home und Create. Unter Home siehst du Beispiele von Songs, die andere Nutzer mit Udio erstellt haben. Durch das Anklicken eines Tracks kannst du nicht nur die Musik hören, sondern auch den dazugehörigen Prompt einsehen und bei Bedarf für deine eigene Komposition übernehmen. CREATE ist der spannendste Bereich der Plattform, denn hier entsteht deine eigene Musik.

So erstellst du Musik mit Udio

Das Herzstück von Udio ist das Promptingsystem. Oben auf der Create-Seite findest du ein Eingabefeld, in das du eine Beschreibung für deinen Song einträgst. Die Plattform bietet verschiedene Methoden, um Prompts zu generieren: Einmal die freie Eingabe, über die du genau definieren kannst, wie dein Song klingen soll – etwa durch die Angabe von Genre, Stimmung und Instrumenten. Außerdem gibt es den Zufalls-Prompt. Hier kannst du über ein kleines Würfelsymbol zufällige Vorschläge generieren, falls du dich inspirieren lassen möchtest. Noch weiter geht das Vorschlagsfeature: Unter dem Eingabefeld findest du eine Funktion, die passende Begriffe vorschlägt, die du mit einem Klick in dein Prompt übernehmen kannst.

So viele Sprachen!

Ein großer Vorteil von Udio ist, dass es Eingaben in mehreren Sprachen unterstützt – ein Feature, das viele andere KI-Musik Generatoren nicht bieten. Du kannst also problemlos Prompts auf Deutsch, Französisch oder Italienisch verwenden.

Ein bewährter Ansatz für hochwertige Songs ist die Nutzung von Schlagworten, die durch Kommas getrennt sind. Alternativ kannst du aber auch ganze Sätze eingeben. Hier einige Beispiele für effektive Prompts:

- »2020s, youthful, indie pop, electropop, female vocalist«
- »Lo-Fi, Chillhop, Japanese, instrumental hip hop, dreamy, relaxing«
- »Nu Metal, alternative rock, melodic, passionate, atmospheric«
- »Big Band, Jazz, Swing, Sinatra-Stil, elegant«

Sobald dein Prompt eingegeben ist, generiert Udio zwei verschiedene Song-Versionen. Du kannst beide anhören und entscheiden, ob einer davon deinen Erwartungen entspricht oder ob du Anpassungen vornehmen möchtest.

Die Wahl des richtigen Modells

Udio bietet verschiedene KI-Modelle zur Auswahl. Während einige Modelle eher für kurze musikalische Ideen geeignet sind, ermöglichen andere längere und komplexere Kompositionen. Die verfügbaren Modelle werden regelmäßig aktualisiert.

Songtexte & Anpassungen

Ein weiteres mächtiges Feature von Udio ist die Möglichkeit, den Text des Songs anzupassen. Über AUTO-GENERATED erstellt die KI automatisch einen Songtext passend zur Musik. Mit INSTRUMENTAL bleibt der Track genau das – nämlich rein instrumental, und über CUSTOM kannst Du eigene Lyrics eingeben und sogar bestimmte Songstrukturen definieren, etwa durch das Einfügen von Abschnitten wie [Verse], [Chorus] oder [Bridge].

Mit Udio kannst du Songs nachträglich verlängern oder remixen. Die Extend-Funktion ermöglicht es dir, einen Song um ein Intro, eine zusätzliche Strophe oder ein Outro zu erweitern. Besonders spannend ist die Remix-Funktion, mit der du bestehende Songs auf kreative Weise verändern kannst. Hier kannst du mit einem Regler VARIANZ steuern, wie stark sich der Remix vom Original unterscheiden soll.

Audio-Upload – Ein neues Feature

Eine der neuesten Funktionen auf Udio ist die Möglichkeit, eigene Audiodateien hochzuladen. Diese Funktion bietet enormes Potenzial, um eigene Kompositionen weiterzuentwickeln oder bestehende Songs neu zu interpretieren. Denn so kannst du bereits bestehende Musikstücke als Basis verwenden und von der KI weiterentwickeln lassen. Allerdings gibt es hier einige Einschränkungen:

- Die hochgeladene Datei darf maximal eine Minute lang sein.
- Nur MP3-Dateien werden akzeptiert (keine WAV-Dateien).
- Die Datei muss dein eigenes Werk sein – Songs, die bereits veröffentlicht wurden, werden automatisch abgelehnt.

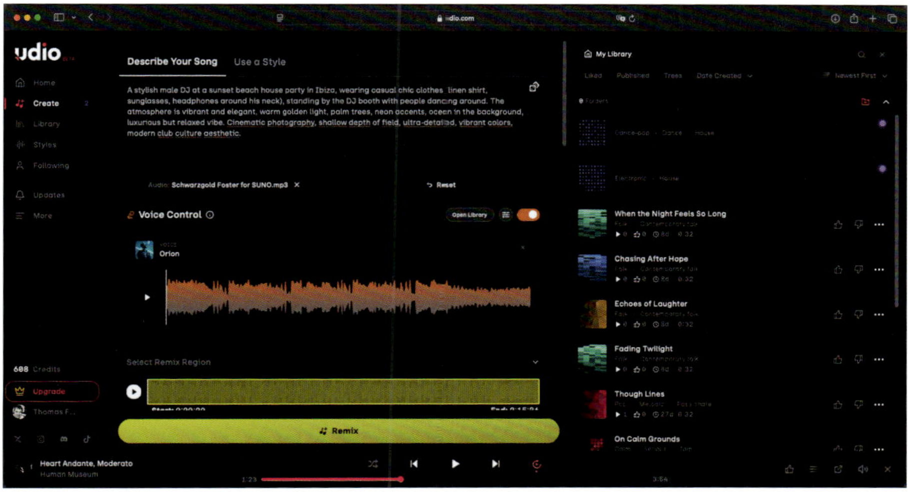

Abbildung 10.2 Song hochladen in Udio

Organisation & Community-Funktionen

Udio bietet verschiedene Möglichkeiten, um deine Songs zu verwalten und mit anderen Nutzern in Kontakt zu treten. Einmal die Library, über die du deine erstellten Tracks speichern und organisieren kannst, und dann die Funktion FOLLOWING. Du kannst anderen Usern folgen und deren Musik entdecken.

Fazit: In den letzten Monaten hat sich Udio als eine der führenden Plattformen für KI-generierte Musik etabliert. Die kontinuierlichen Updates, neuen Funktionen und die benutzerfreundliche Oberfläche machen es zu einer ernstzunehmenden Alternative zu Suno. Besonders die Remix-Optionen, der Audio-Upload und die detaillierte Prompt-Steuerung setzen Udio von anderen KI-Musikgeneratoren ab.

Ob Udio oder Suno die bessere Wahl ist, hängt letztendlich von den persönlichen Vorlieben ab. Wer eine Plattform sucht, die flexibles Prompting mit hochwertigen Ergebnissen kombiniert, wird mit Udio definitiv spannende Möglichkeiten entdecken.

YouTube-Video: Udio erzeugt gratis komplette Songs mit künstlicher Intelligenz
https://youtu.be/p37jHH6PjX4?si=fj0IA2aZNR_U1_CZ

10.3 Suno – Die KI für kommerzielle Musik mit Vocals

Suno ist eine innovative Plattform, die eindrucksvoll zeigt, wie künstliche Intelligenz in der Musikproduktion eingesetzt werden kann. Um Suno zu nutzen, ruft man die Website *suno.com* auf und erstellt einen Account. Nach dem Login gelangt man zur Hauptseite, die eine übersichtliche und intuitive Benutzeroberfläche bietet.

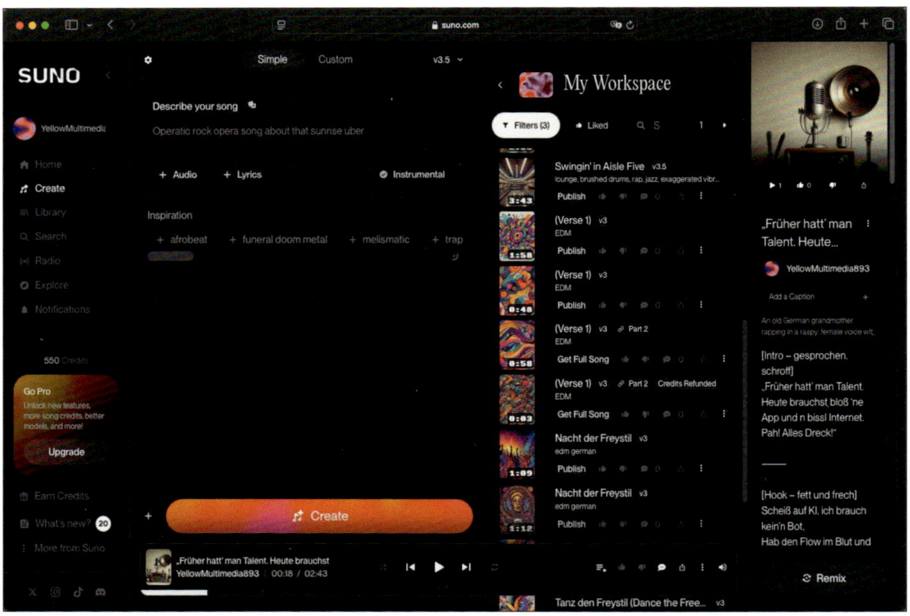

Abbildung 10.3 Die Oberfläche von Suno

Auf der linken Seite befinden sich die Menüpunkte Home, Create, Library, Explore, Search u.a. Um einen neuen Song mit Suno zu erstellen, navigiert man zu CREATE. Dort gibt es ein Eingabefeld mit dem Titel DESCRIBE YOUR SONG. Hier beschreibt man dann also den gewünschten Stil, die Atmosphäre oder die Instrumentierung des Songs. Nach der Eingabe genügt ein Klick auf CREATE, und Suno generiert direkt zwei Songvarianten, die zur Beschreibung passen.

Einen guten Prompt formulieren

Der Schlüssel zu guten Ergebnissen liegt in der präzisen Formulierung eines Textprompts. In meinen Tests habe ich festgestellt, dass Suno eine erstaunlich breite Palette an Eingaben versteht – von kurzen Stichworten bis hin zu vollständigen Sätzen, sogar auf Deutsch. Dennoch ist es ratsam, die Prompts auf Englisch zu schreiben. Die beste Methode ist es, kurze, prägnante Stichwörter zu verwenden, die durch Kommas getrennt sind. Hier einige Beispiele für effektive Prompts:

- »Energetic Latin dance, vibrant and rhythmic, catchy melody, summer vibes, featuring congas, trumpets, acoustic guitar«
- »Dark, fast to slow, industrial, bhangra, synthwave elements, spinning moog-out, clear vocals«
- »Guitar, trap, rap, deep layered bass, chill, dreamy«
- »Emotional, sad, metalcore, progressive metalcore, modern«

Nach der Songgenerierung erscheinen die zwei Varianten mit einem kleinen Plattencover und einem Titel. In der Mitte des Covers befindet sich ein Play-Button, um sich das Ergebnis anzuhören. So kann man einfach entscheiden, welche Version einem besser gefällt.

Funktionen zur Feinabstimmung

Suno bietet verschiedene Funktionen, um die generierte Musik gezielt anzupassen. Über UPLOAD AUDIO kannst du eigene Audiodateien als Grundlage für die Komposition hochladen (z. B. Akkorde, Gesangsspuren oder instrumentale Phrasen). Mit INSTRUMENTAL werden Songs ohne Gesang erzeugt, und über den CUSTOM MODE können eigene Songtexte eingefügt und der Musikstil detailliert beschrieben werden. Ein besonderes Feature im CUSTOM MODE ist die Möglichkeit, den Songtext zu strukturieren. Durch eckige Klammern [ ] kann man verschiedene Abschnitte markieren. Durch diese Markierungen erkennt Suno die Struktur und setzt den Song entsprechend zusammen.

- [Intro] Dies ist das Intro, das den Song einleitet.
- [Strophe 1] Erste Strophe mit erzählerischem Text
- [Refrain] Hier folgt der eingängige Refrain.
- [Bridge] Die Bridge, die das Lied spannend hält

Nach der Song-Generierung findest du im Drei-Punkte-Menü verschiedene Möglichkeiten zur Weiterbearbeitung:

- EXTEND: Songs verlängern, indem man weitere Abschnitte generiert.
- REUSE PROMPT: Den ursprünglichen Prompt erneut nutzen, um eine neue Variation des Songs zu erstellen.
- COVER SONG: Eine bestehende Komposition in einen neuen Stil oder ein anderes Genre umwandeln.
- GET STEMS: Die einzelnen Spuren des Songs exportieren (z. B. für Mixing oder Remixes).
- CROP SONG: Song kürzen und unnötige Abschnitte entfernen.

MakePersona – Songs mit eigenem Charakter erschaffen

Eine der spannendsten Neuerungen ist MAKEPERSONA. Dieses Feature ermöglicht es, die Essenz eines Songs – also seine Stimmung, seinen Gesangsstil und seine Gesamtatmosphäre – zu speichern und in neuen Kreationen wiederzuverwenden. So lassen sich individuelle Sound-Profile erstellen, die man immer wieder abrufen kann. Das geht recht einfach. Wähle zunächst einen Song aus, dessen Stil du speichern möchtest. Im Drei-Punkte-Menü klickst du auf CREATE • MAKEPERSONA.

Dann entscheidest du, ob die Persona öffentlich oder privat sein soll. Öffentliche Personas können logischerweise von anderen Nutzern verwendet werden. Beim Erstellen eines neuen Songs kann man jetzt die gespeicherte Persona auswählen und mit neuen Lyrics oder Stilen kombinieren.

Mit MakePersona kann man experimentieren, den Charakter eines Tracks beibehalten oder ihn auf neue, kreative Weise neu interpretieren.

Weitere Funktionen in Suno

Neben der Song-Erstellung gibt es noch weitere Menüpunkte mit praktischen Features:

- Home: Eine Übersicht über veröffentlichte Songs von anderen Nutzern.
- Library: Eigene Musik verwalten, speichern und in Playlists organisieren.
- Explore: Zufällige Musikstile entdecken und sich inspirieren lassen.
- Search: Nach Songs anderer Nutzer suchen und neue Trends erkunden.

Suno bietet also nicht nur eine leistungsstarke KI zur Musik-Erstellung, sondern auch verschiedene Werkzeuge, um die Ergebnisse nach eigenen Vorstellungen anzupassen und zu verfeinern.

YouTube-Video: Suno – KI produziert Musik – Ich bin arbeitslos!
https://youtu.be/7bQHfCozRZ0?si=tIwOrnpXQL7MKoLh

10.4 Producer.ai – Musik machen im Gespräch mit der KI

Producer.ai ist der Nachfolger von Riffusion und versteht sich weniger als klassischer Generator, sondern als »Producer-Agent«. Statt nur ein Stichwort einzugeben, eröffnet man eine Session, spricht mit der KI über die eigenen Ideen und bekommt unmittelbar musikalische Vorschläge.

Der Voice-Mode

Besonders eindrucksvoll ist dabei der Voice-Mode: Hält man die Taste gedrückt, spricht man seine Wünsche ein, lässt man los, hört die KI zu und antwortet. So entsteht ein echter Dialog. Man äußert eine Vision, die KI setzt sie um, man hört sich das Ergebnis an und kann sofort sagen, was man geändert haben möchte. Für mich ist das genau die Arbeitsweise, die ich mir für die Zukunft der Musikproduktion vorstelle: Ich bin der Produzent mit den Ideen, die KI versteht mich, diskutiert mit mir, arbeitet die Details ein und liefert in Sekundenschnelle eine neue Version.

Die technische Basis bildet das Modell Fuzz 2.0, ergänzt durch eine experimentellere Variante »Raw«. Damit reagiert Producer.ai deutlich sensibler auf Tempo- und Tonartangaben als frühere Versionen. Außerdem können Songs in Stems zerlegt und mit Effekten versehen werden, was die Bearbeitung flexibler macht. Auch Coverbilder und Visualizer lassen sich direkt erzeugen. Wer möchte, kann sich eigene Arbeitsabläufe speichern oder Producer.ai über dauerhafte Einstellungen an den persönlichen Stil anpassen.

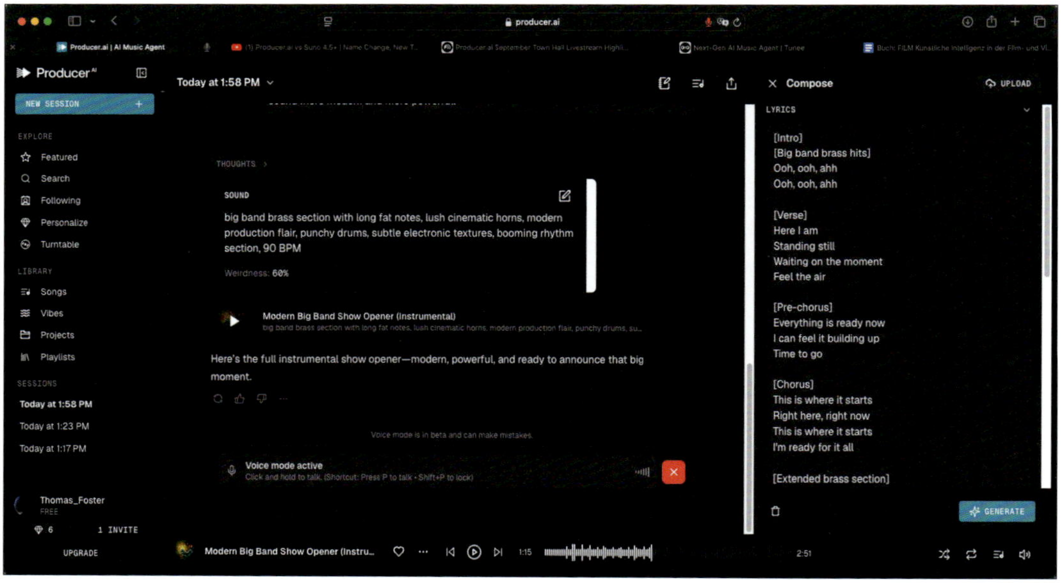

Abbildung 10.4 Der Voice-Mode von Producer AI

Stärken und Schwächen

So faszinierend dieser Workflow ist, so klar wird auch die Grenze: Die musikalische Qualität kommt noch nicht an Suno heran. Während Suno klanglich oft erstaunlich professionell wirkt, bleibt Producer.ai deutlich dahinter zurück. Das ist schade, denn von der Arbeitsweise her wäre es für mich eigentlich das perfekte Hauptwerkzeug: ein System, das mir zuhört, versteht, was ich möchte, und sofort eine überarbeitete Version liefert. In dieser Form macht die Arbeit großen Spaß, aber für den Einsatz in einer professionellen Produktion reicht die klangliche Qualität derzeit noch nicht.

Producer.ai ist ein Konzept, das für die Zukunft viel verspricht. Die Idee, Musik wirklich im Gespräch mit einer KI zu entwickeln, ist revolutionär und fühlt sich an wie die Zusammenarbeit mit einem echten Produzenten. Auch wenn Suno im Moment qualitativ klar die Nase vorn hat, lohnt es sich, Producer.ai im Blick zu behalten. Viele der Ansätze sind so innovativ, dass man nur hoffen kann, dass die Entwickler bald auch in klanglicher Hinsicht aufschließen. Dann könnte dieses Tool tatsächlich zu einem der wichtigsten Werkzeuge für Produzenten werden.

Kapitel 11

Die Kunst der Geräusche

Wie ein alter Beruf in die Zukunft geht

*Vom Kieselknirschen bis zum Lederknarzen: Geräuschemacher*innen erwecken Bilder seit hundert Jahren mit Schuhen, Sandkästen und perfektem Timing zum Leben. Heute trifft dieses Handwerk auf Libraries, Field Recording, prozedurale Tools – und immer öfter auf KI. In diesem Kapitel zeige ich dir, wie Foley (das ist in der Filmsprache das Handwerk des Geräuschemachens) weitergedacht wird und wie du mit modernen Workflows organisch klingende Welten schneller und präziser baust.*

11.1 Die klassische Geräuschvertonung

Joanna Fang betritt das Studio. Ein schallgedämpfter Raum, gefüllt mit den merkwürdigsten Gegenständen: Holzbretter, Metallplatten, alte Schuhe, Kisten voller Stoffe und Papiere. In der Ecke steht ein großer Sandkasten, daneben eine mit Wasser gefüllte Wanne. Das hier ist ihre Bühne. Heute hat sie eine neue Szene zu vertonen – eine Frau auf der Straße, zwei Baguettes unter dem Arm, eine Lederjacke, die bei jeder Bewegung knarzt.

Joanna setzt sich vor den Monitor, spult das Video zurück und betrachtet die ersten Sekunden genau. Die Straße – leicht sandig, gepflastert, vielleicht ein paar lose Kiesel. Ihre erste Aufgabe: Die richtigen Schritte finden. Sie probiert verschiedene Schuhe aus, setzt einen Fuß auf den Boden, hört genau hin. Ein paar Stiefel klingen zu schwer, Sneakers zu weich. Schließlich entscheidet sie sich für ein Paar Lederschuhe mit harter Sohle, gerade genug Resonanz, um den Straßenbelag zu spüren.

Dann die Baguettes. Natürlich liegen hier keine echten Baguettes herum. Also überlegt sie: Welches Material könnte den dumpfen, trockenen Klang von Brot imitieren? Sie greift zu Papier, knetet es vorsichtig in der Hand, drückt es zusammen, bewegt es so, wie es unter dem Arm einer laufenden Person klingen würde. Ein leises Knistern, ein dumpfes Rascheln – das kommt der Sache nahe.

In der nächsten Runde ist die Lederjacke dran. Sie nimmt eine alte Jacke aus dem Regal, hält sie in beiden Händen, bewegt sie leicht. Das Knarzen des Leders muss genau zum Bild passen – nicht zu laut, nicht zu leise. Einmal, zweimal, dreimal – bis jeder Ton exakt sitzt.

So arbeitet sie sich Szene für Szene vor, Schicht für Schicht. Ihr Ziel ist nicht nur, den Sound zu replizieren, sondern ihn lebendig zu machen.

Der Geräuschemacher, wie dieser Beruf im deutschsprachigen Raum genannt wird, ist wohl die älteste Form der Geräusch Vertonung. Seit den Anfängen des Tonfilms stehen Menschen in Studios wie diesem, um mit alltäglichen Objekten Geräusche nachzustellen. Die Kunst besteht darin, das richtige Material zu finden, den perfekten Klang zu erzeugen – und das alles in Echtzeit, synchron zum Film.

Joanna Fang ist eine der wenigen Spezialisten auf diesem Gebiet. Sie arbeitet als Senior Foley Artist für PlayStation Studios, wo sie das akustische Fundament für einige der bekanntesten Videospiele der Welt schafft. Für sie ist Foley mehr als nur das Nachstellen von Geräuschen – es ist eine Form des Geschichtenerzählens. »Sound ist extrem wichtig für das Spielerlebnis, für Immersion und Emotionen«, sagt sie. »Ein Spiel ohne Sound wäre wie ein Film ohne Bilder.«

Foley?

Foley bezeichnet das Handwerk der Geräuschemacherei im Film und Fernsehen. Der Begriff geht auf den US-amerikanischen Soundpionier Jack Foley (1891–1967) zurück, der in den 1920er-Jahren entwickelte, wie man Geräusche live zu Bildern einspielt – etwa Schritte, Rascheln, Klirren oder Bewegungen. Seitdem nennt man diese Kunst Foley Art oder schlicht Foley.

Doch obwohl dieser Beruf heute noch eine wichtige Rolle spielt, gibt es längst moderne Ansätze zur Geräuschvertonung. Statt Geräusche manuell aufzunehmen, arbeiten viele Sounddesigner heute mit digitalen Audio-Workstations wie Pro Tools, greifen auf umfangreiche Soundbibliotheken zurück oder nutzen Techniken wie Sampling und Layering, um Klänge gezielt zu kombinieren und zu formen.

Bevor wir uns anschauen, was KI in diesem Bereich bereits heute leisten kann und welche Auswirkungen sie auf die Branche haben wird, werfen wir einen kurzen Blick auf die modernen Methoden der Geräuschvertonung – und wie sich die Arbeit von Sound Designern in den letzten Jahrzehnten verändert hat.

Neben Foley-Sounds, also Geräuschen, die im Studio mit dem Mikrofon aufgenommen werden, gibt es mehrere weitere Techniken, um Geräusche für einen Film zu erzeugen. Hier ein kurzer Überblick:

Soundbibliotheken – Vorgefertigte Geräusche

Eine der häufigsten Quellen für Filmgeräusche sind Sound-Libraries. Diese Bibliotheken kann man als Ganzes herunterladen, sodass alle Sounds lokal auf der Festplatte gespeichert sind und für verschiedenste Situationen zur Verfügung stehen.

Dazu gehören:

- **Atmosphären:** Wind, Vögel, Wellen, Stadtgeräusche, Naturkulissen
- **Einzelgeräusche:** Autotüren, Pistolenschüsse, Schritte, Explosionen
- **Non-Diegetic Sounds:** Also Geräusche, die nicht im Bild zu sehen sind, wie Whooshes, Impacts oder Risers, die häufig für dramatische Übergänge oder emotionale Verstärkung eingesetzt werden

Field Recording – Eigene Außenaufnahmen

Statt auf fertige Soundbibliotheken zurückzugreifen, kann man Geräusche selbst aufnehmen – das nennt man Field Recording. Dies ist die aufwendigste, aber oft auch die hochwertigste Methode, da die Sounds exakt auf den Film abgestimmt sind. Besonders bei Naturdokumentationen oder Szenen, die eine authentische Umgebung benötigen, wird diese Technik genutzt.

Soundbearbeitung – Bestehende Geräusche transformieren

Viele Filmsounds entstehen dadurch, dass bestehende Geräusche technisch verändert werden. Ein Beispiel ist die Zeitmanipulation: Langsamer abgespielte Sounds wirken tiefer und massiver – so wurden etwa Elefanten-, Alligatoren- und Tigerlaute verlangsamt, um das ikonische Brüllen des Tyrannosaurus Rex in Jurassic Park zu erzeugen. Auch die sogenannte Granularsynthese eröffnet neue Möglichkeiten, indem ein Klang in winzige Fragmente zerlegt und daraus völlig neue Klangwelten gebaut werden. Hinzu kommt die Effektbearbeitung: Mit Reverb, Verzerrung, Equalizern und anderen Effekten lassen sich aus natürlichen Geräuschen ungehörte Sci-Fi-, Horror- oder Thriller-Sounds erschaffen. Außerdem spielt auch die Rückwärtsspielung eine Rolle – viele unheimliche Effekte entstehen schlicht dadurch, dass alltägliche Sounds rückwärts abgespielt werden. Ein berühmtes Beispiel ist der Wasserplanet aus Interstellar: Tiefer gepitchte Wellen und Wassertropfen wurden als Basis für die verstörenden Wassereffekte der Szene verwendet.

Klangsynthese – Geräusche aus dem Nichts erschaffen

Neben der Manipulation bestehender Sounds können Geräusche auch komplett synthetisch generiert werden – das nennt man Klangsynthese. Besonders beliebt ist der Serum-Synthesizer von Xfer Records, ein Plugin, das in fast alle Audioprogramme wie Pro Tools, Logic Pro oder Ableton Live eingebunden werden kann. Damit lassen sich futuristische Sci-Fi-Klänge, Maschinen-Geräusche oder Alien-Stimmen erzeugen.

Prozedurale Soundgenerierung – Dynamische Klanglandschaften

Neben festen Soundbibliotheken gibt es Software, die Klanglandschaften prozedural generiert, also dynamisch erschafft, anstatt feste Samples zu nutzen. Programme wie Sound Particles oder Boom Environ erzeugen realistische Hintergrundgeräusche, indem sie einzelne Soundelemente zufällig variieren und im Raum verteilen. Dadurch entstehen lebendige Atmosphären, die sich nicht hörbar wiederholen und sich sogar in 3D-Raumklang bewegen können. Besonders für Surround-Sound und Dolby-Atmos sind diese Tools ein großer Fortschritt, da sie komplexe Umgebungsgeräusche automatisch anpassen und positionieren.

Pro Tools – Der Industriestandard für Filmvertonung

Die meisten Sounddesigner, die für große Kinoproduktionen arbeiten, nutzen Pro Tools, eine Software, die für die Arbeit mit vielen Audiospuren optimiert ist. Während Pro Tools für Musikproduktion weniger intuitiv ist, ist es der Standard für Filmvertonung, Orchesteraufnahmen und Mixing. In einer typischen Hollywood-Produktion können schnell über 100 oder mehr Spuren pro Szene entstehen, die dann für 5.1, 7.1 oder Dolby Atmos gemischt werden.

11.2 Geräusche mithilfe von KI

Wie nicht anders zu erwarten: Inzwischen greift immer häufiger KI in die Geräuschgestaltung ein – mit Ergebnissen, die vor wenigen Jahren noch undenkbar gewesen wären. Statt stundenlang nach dem richtigen Sample zu suchen, reicht heute oft ein kurzer Textprompt – und die Maschine erzeugt passende Klänge in Sekunden. Dadurch wird Sounddesign nicht ersetzt, sondern ergänzt: Kreative können schneller experimentieren, Lücken in ihrer Library schließen und ungewöhnliche Klangwelten erschaffen, die sich per Hand nur schwer realisieren ließen.

In diesem Kapitel stelle ich dir drei spannende Vertreter dieser neuen Generation von Tools vor: ElevenLabs, MM-Audio und den Foley Crafter.

Soundeffekte mit ElevenLabs – Beeindruckende Fortschritte in kurzer Zeit

ElevenLabs hat sich ursprünglich als eines der führenden Tools für KI-generierte Stimmen etabliert. Inzwischen ist es auch im Bereich der Soundeffekt-Erzeugung ein viel beachteter Anbieter. Während mich die Qualität der erzeugten Geräusche bei einem ersten Test vor rund einem Jahr noch enttäuscht hatte, war ich bei einem erneuten Test erstaunt, wie drastisch sich die Klangqualität inzwischen verbessert hat.

Nach dem Einloggen gelangt man über das Menü auf der linken Seite zur Rubrik Sound Effects. Dort befindet sich ein Texteingabefeld mit dem Platzhalter Describe a Sound. Hier beschreibt man in einem einfachen Prompt auf Englisch, was man hören möchte – etwa »person walking on grass« oder »old-school funky brass stabs from an old vinyl sample, stem«.

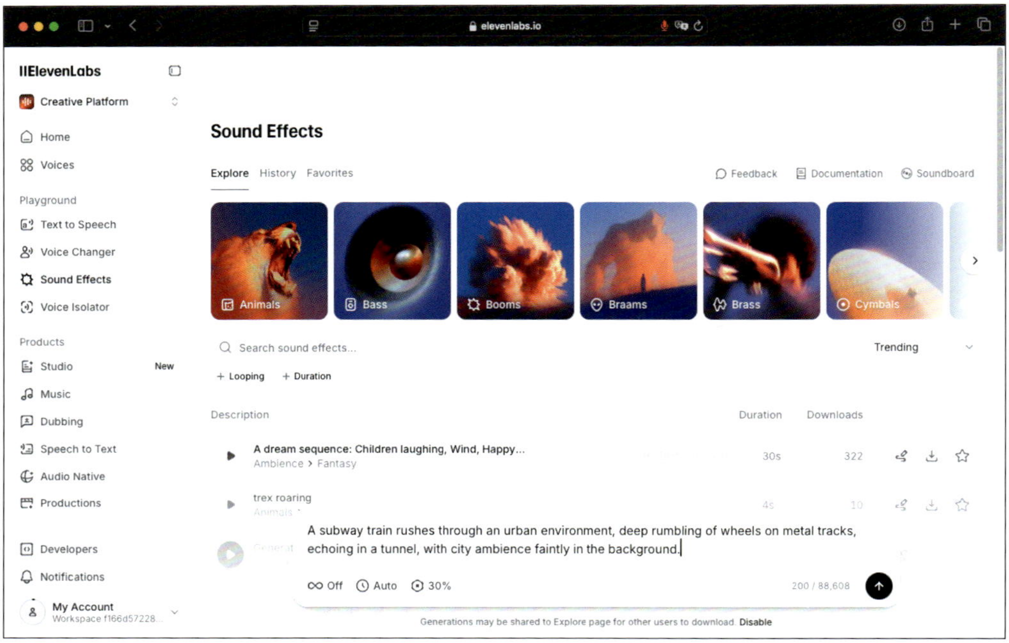

Abbildung 11.1 Soundeffekte mit ElevenLabs

Anschließend kann man die gewünschte Länge des Sounds definieren oder Eleven Labs automatisch die passende Dauer wählen lassen. Mit dem Prompt Influence Slider lässt sich zudem einstellen, wie stark sich der Output am Prompt orientieren soll. Nach dem Klick auf GENERATE werden vier unterschiedliche Soundeffekte erzeugt, die direkt angehört werden können. Gefällt keiner davon, kann man entweder die Einstellungen anpassen oder den Prompt variieren und erneut generieren lassen.

Darüber hinaus bietet der Bereich EXPLORE eine Sammlung bereits generierter Sounds aus der Community, die zur Inspiration dienen kann.

Wichtig

Prompts auf Deutsch führen derzeit zu keinen brauchbaren Ergebnissen – man sollte die Beschreibung unbedingt auf Englisch verfassen.

MMAudio.net – KI-generierter Sound auf professionellem Niveau

MM-Audio ist eines der spannendsten Tools im Bereich KI-gestützter Audioerzeugung. Es richtet sich an alle, die Filme, Podcasts, Musikvideos oder Games vertonen und dabei nach einer schnellen, flexiblen und modernen Lösung suchen. Anders als viele experimentelle Gratistools mit unausgereiften Ergebnissen und wenig Support verfolgt MM-Audio einen professionelleren Ansatz.

Kosten

Die Plattform kostet aktuell 9,99 US-Dollar im Monat (etwa 9,30 Euro) und überzeugt durch hohe Stabilität, einfache Bedienung und gute Resultate.

Nach dem Einloggen landet man direkt auf einer klar strukturierten Oberfläche. Die erste und zentrale Funktion ist die automatische Video-Vertonung. Hier lädt man ein Video hoch – entweder per Drag & Drop oder über einen Video-Link – und beschreibt per Textprompt, welche Art von Sound generiert werden soll. Die KI analysiert das Bildmaterial und erstellt innerhalb weniger Sekunden eine passende Tonspur.

In meinem Test war das System bei kurzen Videos von acht Sekunden besonders treffsicher. Das liegt vermutlich daran, dass das Modell auf dieser Länge trainiert wurde. Längere Clips, wie zum Beispiel ein 16-Sekunden-Video mit zwei unterschiedlichen Szenen (eine Gondelfahrt und ein Pferd auf einer Treppe), lieferten zunächst schwächere Ergebnisse. Nachdem ich die beiden Szenen getrennt und jeweils als eigene 8-Sekunden-Clips hochgeladen hatte, war die Qualität deutlich besser. Die Vertonung der Gondel wirkte ruhig und stimmungsvoll, das Pferd auf der Treppe überzeugte mit realistischem Hufklang und Raumhall – kleine Ungleichheiten in der Lautstärke ausgenommen.

MM-Audio bietet aber noch zwei weitere spannende Funktionen, die über das Menü KI-Tool erreichbar sind: Text zu Audio und Text zu Soundeffekten. Beide basieren auf einem ähnlichen Prinzip: Man beschreibt, was man hören möchte – etwa »düstere Sci-Fi-Atmosphäre« oder »Kind spielt mit Ball auf dem Hof« – und die KI liefert passende Sounds. Dabei ist die Grenze zwischen Musik, Effekt und Atmosphäre oft fließend. So erhielt ich bei einem Soundeffekt-Test (zum Beispiel »Junge spielt Fußball«) unerwartet auch Hintergrundgeräusche sowie

Gesprächsfetzen. In anderen Fällen bekam ich bei einem reinen Audiotest eine Musikspur, obwohl ich nur Umgebungsgeräusche erwartet hätte. Um das zu vermeiden, kann man ein sogenanntes Negativ-Prompt verwenden – also zum Beispiel »keine Musik« oder »keine Sprache« hinzufügen.

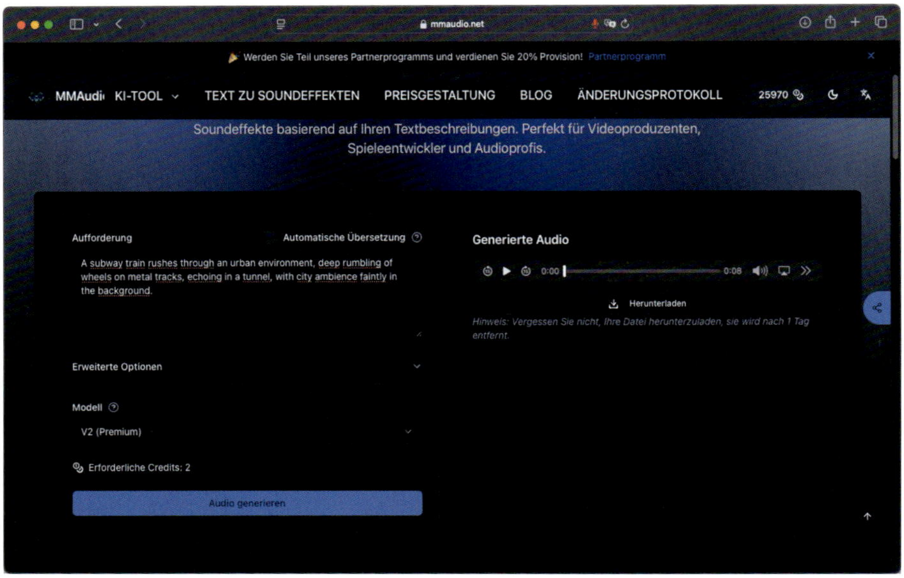

Abbildung 11.2 Text zu Audio mit MMAudio.net

Besonders interessant fand ich den Einsatz der KI bei sehr spezifischen Aufgaben, wie zum Beispiel die Erzeugung eines Dinosaurier-Schreis. Ein solcher Sound wäre in meiner Library kaum zu finden – MM-Audio lieferte aber ein überraschend gutes Ergebnis. Auch für düstere, elektronische Klangflächen, mystische Drones oder unheimliche Hintergrundatmosphären ist die Funktion TEXT ZU AUDIO ideal geeignet. Wer komplexe orchestrale Filmmusik sucht, wird hier nicht fündig – aber für einfache, stimmungsvolle Klangteppiche ist das Tool mehr als brauchbar. Und vor allem: Es ist schnell. Viel schneller, als man denselben Effekt in einer DAW mit Plugins und Samples umsetzen könnte.

Die Benutzeroberfläche ist insgesamt sehr übersichtlich gestaltet. Neben dem Hauptfeld für den Prompt gibt es ein optionales Feld für Negativhinweise sowie eine erweiterte Option zur Längeneinstellung der Audiospur. Auch hier gilt: Acht Sekunden führen meist zu den besten Ergebnissen. Die maximale Länge liegt derzeit bei 30 Sekunden. Längere Eingaben wurden bei meinen Tests nicht akzeptiert.

Trotz dieser Einschränkungen bin ich von der Plattform durchaus angetan. Nein, ich würde meine persönliche Sound-Library noch nicht löschen. Und nein, Foley Artists müssen sich noch keine Sorgen um ihren Job machen. Aber ich sehe in MM-Audio eine wertvolle Ergänzung: ein Tool, das kreative Ideen schnell umsetzbar macht und das vor allem dann glänzt, wenn es um ungewöhnliche oder schwer auffindbare Sounds geht. In der aktuellen Version sind die Ergebnisse oft verblüffend gut, wenn auch nicht perfekt. Aber angesichts der rasanten Entwicklung in diesem Bereich ist absehbar, dass sich das sehr bald ändern könnte. Wer heute schon mit KI-Sound arbeitet, verschafft sich nicht nur kreative Freiheiten, sondern auch einen Vorsprung in der Zukunft.

YouTube-Video: MM-Audio –
KI erzeugt Soundeffekte mit Text
https://youtu.be/MzLarVQroEY

Foley Crafter – Automatisierte Soundeffekte durch KI

Foley Crafter ist ein KI-Tool zur automatisierten Erzeugung von Soundeffekten für Videos. Es analysiert visuelle Inhalte und generiert passende Geräusche, die den Bildausschnitt semantisch und zeitlich untermalen. Auf der offiziellen Webseite findet man zur Einführung ein eindrucksvolles Video mit zahlreichen Beispielen.

Die Anwendung lässt sich lokal auf dem eigenen Rechner installieren – sinnvoll für langfristige, datenintensive Projekte. Für einen schnellen Einstieg genügt jedoch ein Klick auf den Demo-Button auf der Webseite. Über das Feld INPUT VIDEO kann man ein eigenes Video hochladen. Mit einem Klick auf GENERATE wird der Prozess gestartet; hierfür ist ein kostenloser Account erforderlich.

Besonders spannend ist das sogenannte Prompt-Feld: Hier kann man in eigenen Worten beschreiben, was man klang ich hören möchte. Zusätzlich lassen sich durch Negativ-Prompts gezielt bestimmte Geräusche ausschließen.

Für professionelle Nutzer bietet Foley Crafter mehrere technische Einstellmöglichkeiten:

Visual Content Scale steuert, wie stark der visuelle Inhalt in die Sounderzeugung einfließt. Ein höherer Wert bewirkt eine stärkere semantische Kopplung von Bild und Ton. Temporal Align Scale regelt die Genauigkeit der zeitlichen Synchronisation zwischen Video und Sound. Besonders bei bewegungsintensiven Szenen empfiehlt sich ein höherer Wert.

Die Einstellungen unter Sampling Settings beeinflussen den Stil und die Qualität der generierten Audioausgabe:

- Sampling Method: Auswahl zwischen DDIM (schnell), Euler (ausgewogen) und PNDM (hochwertig).
- Sampling Steps: Gibt die Anzahl der Schritte im Generierungsprozess an – mehr Schritte bedeuten oft mehr Details.
- CFG Scale: Regelt, wie stark sich das Ergebnis an den eingegebenen Prompt halten soll. Ein hoher Wert führt zu mehr Konformität mit dem Prompt.
- Speed: Bestimmt die Geschwindigkeit der Berechnung. Ein höherer Wert verkürzt die Generierungszeit, kann aber zu Lasten der Audioqualität gehen. Der Standardwert liegt bei 42.

Diese Parameter erlauben eine gezielte Feinabstimmung, auch wenn sie für Einsteiger zunächst nicht selbsterklärend sind. Für weitergehende Informationen empfiehlt sich ein Blick in die offizielle Dokumentation von Foley Crafter.

Meine persönliche Erfahrung: Das Besondere an Foley Crafter ist, dass es derzeit kostenfrei verfügbar ist – sowohl in der Online-Demo als auch als lokale Open-Source-Version. Leider blieben bei meinen Tests sämtliche Ausgabevideos stumm, also ohne generierte Audiospur. Ich habe unterschiedliche Videoformate ausprobiert, mit und ohne Prompt gearbeitet und dabei mehrere Durchläufe gemacht – das Tool selbst lief stabil, aber der Ton blieb aus. Da ich jedoch mehrere YouTube-Videos gesehen habe, in denen Foley Crafter erfolgreich genutzt wurde, gehe ich davon aus, dass es sich bei meinem Problem eher um einen Einzelfall handelt – möglicherweise technik- oder serverseitig bedingt. Dennoch wollte ich das Tool in diesem Buch erwähnen, da es grundsätzlich ein vielversprechendes Beispiel für KI-gestützte Audioproduktion ist und bei anderen Nutzern und Nutzerinnen offensichtlich gute Ergebnisse liefert.

Kapitel 12

Sammelplattformen: Ein Zugang für alle Modelle

Alles unter einem Dach statt Abo-Chaos

Ein Login, viele Modelle: Statt zehn Accounts und Abo-Chaos arbeitest du in einem zentralen Studio, das Veo, Kling, Seedance & Co. per API zusammenführt. Hier erfährst du, wie Sammelplattformen wie Freepik und OpenArt deinen Workflow bündeln, Kosten transparenter machen und Projekte an einem Ort halten – inklusive Upscaling und Nachbearbeitung. So hast du alles unter einem Dach und kommst schneller vom Prompt zur fertigen Sequenz.

Wer sich ernsthaft mit KI-Video und KI-Bild beschäftigt, kennt das Problem: Jedes Modell hat seine eigene Plattform, und plötzlich jongliert man mit fünf oder mehr Accounts – mal bei Veo 3, mal bei Kling, mal bei Seedance oder MiniMax. Dazu kommen überall eigene Abo-Modelle, die monatlich Geld kosten, auch wenn man das Kontingent gar nicht ausschöpft. Schnell verliert man den Überblick, wo welche Szene erzeugt wurde, und zahlt am Ende oft mehr, als man dachte.

Hier setzen Plattformen wie Freepik und OpenArt an. Sie bündeln die wichtigsten Modelle in einem einzigen Interface. Möglich wird das über sogenannte APIs – Schnittstellen (Application Programming Interface), die es erlauben, dass ein Dienst wie Veo oder Seedance seine Technologie auch auf anderen Webseiten verfügbar macht. Genau diese Schnittstellen nutzen Sammelplattformen, um dir an einem zentralen Ort den Zugriff auf viele verschiedene Modelle zu geben.

Spannend ist, dass dieser Trend inzwischen auch die ursprünglichen Plattformen selbst erfasst hat. Anbieter wie Midjourney oder Leonardo AI, die eigentlich als reine Bildgeneratoren gestartet sind, öffnen sich zunehmend für Videomodelle und andere Dienste. Umgekehrt ergänzen Videoplattformen ihre Tools mit Bildgeneratoren. So wird jede Plattform Schritt für Schritt zu einer Art Gesamtstudio, das nicht nur die eigenen Modelle anbietet, sondern auch fremde Modelle integriert. Das macht die Landschaft zwar unübersichtlicher – man muss genau hinsehen, woher ein bestimmtes Ergebnis stammt –, zeigt aber auch, dass die Grenzen zwischen den einzelnen Angeboten immer mehr verschwimmen.

Der Nachteil dieser Entwicklung ist, dass Sammelplattformen natürlich mitverdienen und der Preis pro generierter Szene etwas höher liegt, als wenn man direkt auf der Originalplattform arbeitet. Doch weil man dort meist ein fixes Abo bezahlen muss, das man selten voll ausnutzt, kann es in der Praxis sogar günstiger sein, alles über eine zentrale Plattform zu erledigen. Vor allem aber behältst du die Kontrolle: Projekte liegen übersichtlich an einem Ort, und du musst nicht mehr rätseln, auf welcher Plattform du welche Version gespeichert hast.

12.1 Freepik – Ein Kreativstudio im Browser

Freepik kennt man seit Jahren als Plattform für Stockfotos, Vektoren und Vorlagen. Doch in den letzten Monaten hat sich das Angebot stark weiterentwickelt. Heute findest du dort nicht nur klassische Ressourcen, sondern eine vollständige AI-Suite, mit der sich Bilder und Videos direkt im Browser generieren lassen.

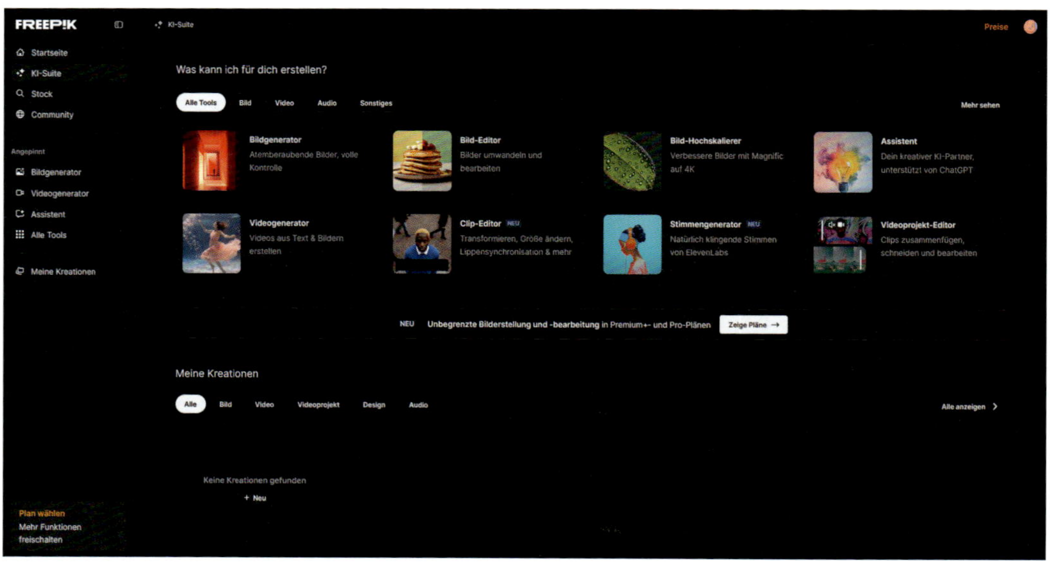

Abbildung 12.1 Freepiks Oberfläche

Wer sich einmal eingeloggt hat, entdeckt im linken Menü gleich zwei zentrale Punkte: den Bildgenerator und den Videogenerator. Damit ist Freepik nicht mehr bloß ein Archiv, sondern ein komplettes Kreativstudio.

Bildgenerierung mit Stil und Konsistenz

Im Bereich Bildgenerator kannst du auf alle großen Modelle zugreifen, die wir im Buch bereits kennengelernt haben. Neben Stable Diffusion und Google Imagen finden sich auch neuere Varianten wie Flux oder Ideogram. Besonders praktisch ist die Möglichkeit, ein Startbild hochzuladen, das als Grundlage für den Prompt dient. Dadurch lässt sich die Stimmung oder der Look einer Vorlage sehr einfach in neue Szenen übertragen.

Freepik bietet zusätzlich eine Reihe von Einstellmöglichkeiten, die sonst oft in spezialisierten Tools versteckt sind. Unter Stil kannst du wiederkehrende Looks speichern, sodass deine Ergebnisse konsistent bleiben. Mit Komposition steuerst du die Bildaufteilung, indem du festlegst, wo im Bild bestimmte Elemente erscheinen sollen. So lassen sich Serien von Illustrationen erstellen, die nicht nur vom Prompt abhängen, sondern auch formal zusammenpassen.

Video: von Text zu bewegten Szenen

Noch spannender wird es beim Videogenerator. Hier hast du Zugriff auf eine breite Auswahl aktueller Modelle: von Seedance und Kling über MiniMax HiLuo bis hin zu Google Veo 3. Auch weniger bekannte, aber sehr leistungsstarke Varianten wie Wan 2.2 stehen bereit.

Der Workflow ist vertraut: Du wählst ein Modell, gibst deinen Prompt ein und bestimmst Dauer sowie Seitenverhältnis des Clips. Viele Modelle erlauben zusätzlich den Upload eines Startbildes, einige sogar eines Endbildes, sodass sich fließende Übergänge erzeugen lassen.

Damit eignet sich Freepik sowohl für kurze Animationen aus einem einzigen Standbild als auch für komplexere Sequenzen, bei denen du Bild für Bild aufeinander aufbaust. Wer bisher zwischen verschiedenen Plattformen springen musste, findet hier eine zentrale Lösung.

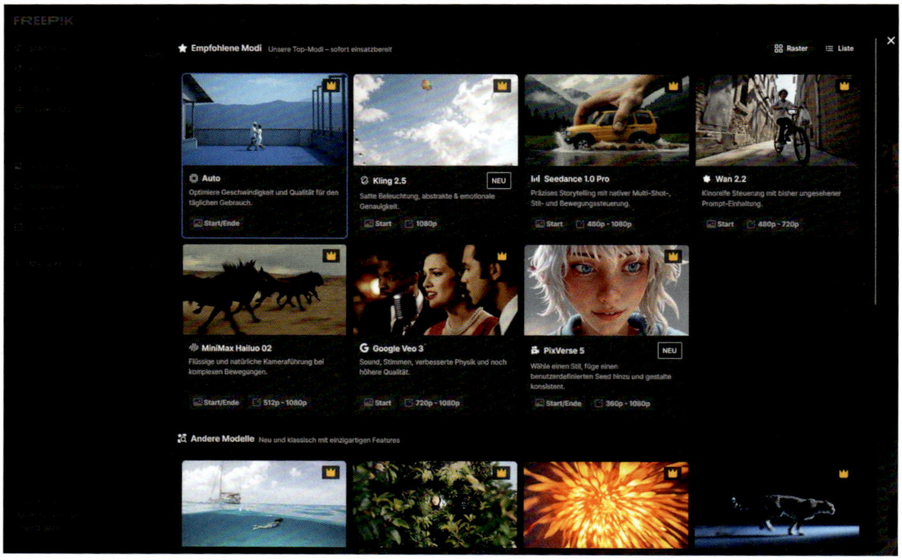

Abbildung 12.2 Freepik bietet Zugriff auf zahlreiche Modelle

Upscaling und Nachbearbeitung

Einmal erzeugte Bilder oder Videos lassen sich direkt in Freepik weiterbearbeiten. Die integrierte Upscale-Funktion erhöht die Auflösung und schärft Details nach. Mit REIMAGINE oder EXPAND kannst du Varianten desselben Motivs anlegen oder das Bild über den ursprünglichen Rand hinaus erweitern. Gerade bei Videoclips ist das ein großer Vorteil: Aus einem ersten Entwurf in kleiner Auflösung entsteht so ein hochwertiger Clip in Full-HD oder sogar 4K.

Fazit: Besonders wird Freepik durch die Tatsache, dass hier alle wichtigen Modelle unter einem Dach zu finden sind. Ob Seedance, Kling, MiniMax Hailuo, Google Veo 3 oder auch leistungsstarke Varianten wie Wan 2.2 – du musst nicht zwischen verschiedenen Accounts springen, sondern kannst direkt im gleichen Interface auswählen, mit welchem Modell du arbeiten willst. Dazu kommen zusätzliche Medienansätze wie die wBearbeitung von Fotos, das Entfernen von Hintergründen, das Hochskalieren von Clips oder die Erstellung von Mockups. Auf diese Weise wird Freepik zu einer Art Schaltzentrale, in der du die wichtigsten KI-Modelle sofort parat hast und die Ergebnisse gleich in einem flüssigen Workflow weiterverarbeiten kannst.

12.2 OpenArt – Ein kreatives Studio im Browser

Auch OpenArt ist eines der spannendsten Tools, wenn es darum geht, Bild- und Videogenerierung mit künstlicher Intelligenz unter einem Dach zu vereinen. Während viele andere Plattformen sich nur auf einen Bereich konzentrieren – etwa reine Bildgenerierung oder reine Videoproduktion – bietet OpenArt gleich eine komplette Suite an Funktionen, genau wie Freepik.

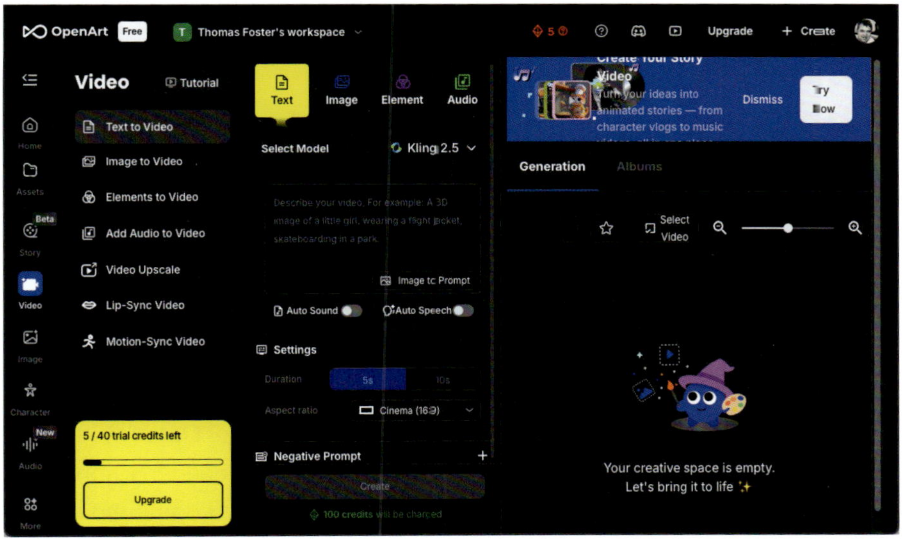

Abbildung 12.3 OpenArt – Die Schaltzentrale

Bildgenerierung

Im Bereich TEXT TO IMAGE kannst du bei OpenArt aus über 100 verschiedenen Modellen auswählen. Darunter sind die großen und bekannten wie Stable Diffusion, DALL·E 3 oder neuere Varianten wie Flux oder das Nano Banana-Modell. Besonders praktisch: Du kannst bis zu vier Referenzbilder hochladen, die OpenArt als Omni-Referenz verwendet. Das bedeutet, dass dein Prompt nicht nur durch Text gesteuert wird, sondern auch durch Bildmaterial, das die KI beim Generieren berücksichtigt.

Damit lässt sich beispielsweise der Look eines Charakters, ein Farbstil oder eine bestimmte Atmosphäre sehr präzise wiederholen. So entstehen nicht nur einmalige Einzelbilder, sondern eine visuell durchgängige Serie, die perfekt für Storytelling geeignet ist.

Video: von Text zu bewegten Szenen

Noch spannender wird es, wenn man in den Videobereich geht. OpenArt greift hier auf eine breite Palette aktueller Modelle zurück – darunter Kling, Hailuo, Wan 2.2, Seedance und natürlich Veo 3 von Google. Damit kannst du entweder Videos direkt aus Textbeschreibungen erzeugen oder bestehende Bilder und Clips in Bewegung versetzen.

Ein Beispiel: Du lädst ein Foto deines Charakters hoch, gibst einen einfachen Prompt wie »die Figur dreht sich zur Seite und lächelt« ein – und OpenArt erzeugt eine kurze Animation. Auf diese Weise kannst du sogar mit nur einem einzigen Standbild beginnen und dir nach und nach eine ganze Bewegungssequenz zusammenbauen.

Upscaling und Nachbearbeitung

Gerade bei Videoproduktion ist die Auflösung entscheidend. OpenArt hat eine eigene Video-Upscale-Funktion, mit der sich alte Clips oder generierte Rohvideos hochskalieren lassen. Aus einem unscharfen 720p-Clip wird damit ein sauberes Full-HD- oder sogar 4K-Video. Gleichzeitig stehen im Bildbereich Ultimate Upscale-Tools bereit, die Fotos nicht nur größer machen, sondern auch Details nachschärfen und Gesichter optimieren.

Lip-Sync und Sprache

Ein echtes Highlight ist die Möglichkeit, Lipsync-Animationen zu erzeugen. Du kannst entweder ein Foto oder ein bereits existierendes Video deines Charakters verwenden, eine Audiodatei hochladen – und OpenArt lässt die Figur die Lippen dazu bewegen. So entsteht schnell der Eindruck einer echten sprechenden Person.

Für die Sprachsynthese greift OpenArt übrigens auf den Algorithmus von ElevenLabs zurück, einem der führenden Anbieter für KI-Stimmen. Das bedeutet: Du kannst dir nicht nur eigene Figuren erstellen, sondern diese gleich mit realistisch klingender Sprache ausstatten.

Feste Charaktere und Storyboards

Ein Problem vieler KI-Tools ist die fehlende Konsistenz: dieselbe Figur sieht in jedem Bild anders aus. OpenArt löst das mit einem eigenen Character-Feature. Du kannst entweder eine Figur per Textprompt erstellen oder eine Referenz hochladen und daraus einen festen Charakter trainieren lassen. Danach bleibt diese Figur in allen weiteren Bildern und Videos konsistent – eine Grundvoraussetzung, wenn du eine Geschichte erzählen willst.

Apropos Geschichten: OpenArt hat inzwischen auch eine Storyboard-Funktion. Hier kannst du mehrere Charaktere auswählen, ein Setting beschreiben und OpenArt generiert nicht nur die passenden Bilder, sondern baut daraus eine animierte Sequenz. Damit ist es möglich, ohne Vorkenntnisse eine komplette Geschichte in Bildern und bewegten Szenen umzusetzen – von der Idee bis zum kleinen Kurzfilm.

Fazit: OpenArt ist damit weit mehr als ein weiteres Text-to-Image-Tool. Es ist ein komplettes Kreativstudio im Browser: von Bild über Video bis hin zu Sprache, Lipsync und Storytelling. Besonders für Einsteiger ist die Plattform spannend, weil du dich nicht erst durch eine Vielzahl von Accounts und Programmen wühlen musst. Gleichzeitig bietet OpenArt aber auch für Profis genug Tiefe – mit Model-Training, Inpainting, ControlNet und vielen Spezialfunktionen.

12.3 LTX Studio – Filme wie aus einem Guss

LTX Studio verfolgt einen spannenden Ansatz: Statt nur Clips aus einem Prompt zu erzeugen, denkst du hier gleich im ganzen Film. Du startest mit einer Idee oder einem fertigen Skript, daraus baut die KI ein Storyboard mit einzelnen Szenen und Bildern. Diese kannst du bearbeiten, Figuren festlegen und Bilddetails verändern, bevor du den nächsten Schritt gehst. Erst wenn das Storyboard passt, lässt du die Szenen zu bewegten Clips rendern und erhältst am Ende ein komplettes Video.

Der Workflow fühlt sich fast so an wie klassische Regiearbeit: Idee → Storyboard → Shot-Feinschliff → Bewegung → Export. Besonders hilfreich ist die Möglichkeit, Schauspieler (»Actors«) zu trainieren. Du lädst mehrere Fotos hoch und bekommst damit Figuren, die im ganzen Film konsistent auftreten. Auch Mimik und

Körpersprache kannst du steuern, indem du Ausdrücke wie »slight smirk« oder »distraught expression« in deinen Prompt einfügst.

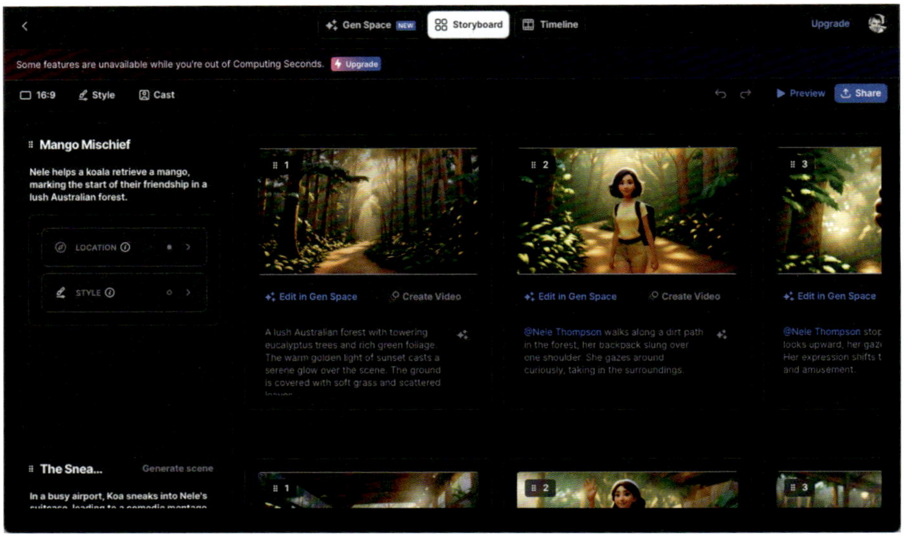

Abbildung 12.4 LTX Studio

Im Storyboard bearbeitest du Shots gezielt: neue Bilder generieren, Objekte entfernen, Gesichtsausdrücke ändern oder die Kamera mit Zooms und Winkelwechseln bewegen. Der Motion Editor erlaubt es, Bewegungen präzise zu definieren, statt nur auf Zufall zu setzen. Für Atmosphäre sorgen automatische Sounds und Voice-over – nützlich für schnelle Previews, auch wenn man später im Schnittprogramm meist noch nachbessert.

Die Nutzung ist über sogenannte *Computing Seconds* limitiert. Jede Aktion – Bild generieren, Bewegung hinzufügen, Export – kostet Credits. Gerade längere Videos brauchen viel Budget. Deshalb empfiehlt es sich, zuerst das Storyboard sorgfältig zu prüfen und nur die wirklich gelungenen Shots in Bewegung umzuwandeln.

Noch ist LTX Studio nicht perfekt: Manchmal entstehen unerwartete Ergebnisse, und man muss öfter regenerieren, bis ein Clip passt. Trotzdem wirkt der Ansatz zukunftsweisend. Denn statt mühsam einzelne Szenen in verschiedenen Tools zusammenzuklauben, planst du hier den ganzen Film an einem Ort – ein Schritt näher an echter KI-Filmproduktion.

Kapitel 13

Finale

Jetzt beginnt dein Film

Wenn Zukunft Realität wird: Im Finale erfährst du, warum KI nicht das Ende der Filmkunst bedeutet, sondern ihren nächsten großen Aufbruch. Von Text-to-Video bis zu virtuellen Schauspielern, von immersiven Erlebnissen bis hin zu neuen Jobprofilen – hier bekommst du einen ehrlichen Ausblick zwischen Euphorie und Realismus. Vor allem aber sollst du mit einem Gefühl herausgehen: Die Bühne ist frei, jetzt bist du dran.

13.1 Aufbruch

Wir stehen am Wendepunkt einer neuen Ära. Künstliche Intelligenz hat in der Film- und Videoproduktion die Bühne betreten – und wie! Was gestern noch nach Science-Fiction klang, ist heute Realität: KI schreibt Drehbücher, kreiert Special Effects, schneidet Trailer und lässt digitale Schauspieler über die Leinwand flimmern. Das ist aufregend und beängstigend zugleich. Einerseits sparen diese Technologien Zeit und Geld, andererseits könnten sie eine Flut an Deep Fakes und mittelmäßiger KI-Massenware auslösen.

Genau diesen Mix aus Euphorie und Realismus hast du in diesem Buch kennengelernt. Und jetzt, im großen Finale, wollen wir dir eines mitgeben: Du hast den perfekten Zeitpunkt erwischt. Die alten Regeln gelten nicht mehr – du kannst jetzt mitmischen!

Kleinere Teams, größere Träume

Früher brauchte man ein Heer von Spezialisten und ein Hollywood-Budget, um einen Film zu drehen. Heute reicht ein kleines Team – manchmal sogar eine Person mit Laptop und Handy. KI übernimmt viele Aufgaben, die einst Dutzende Crew-Mitglieder erforderten. Ob Skript-Entwurf, Bildbearbeitung oder Sounddesign: clevere Algorithmen helfen dir dabei. In der neuen Creator-Economy setzen bereits unzählige Kreative KI-Tools in ihrem Workflow ein. Sie nutzen Chatbots als »Ideen-Assistenten« oder lassen Bildgeneratoren Konzept-Art entwerfen, anstatt teuer Personal anzuheuern – ganz so, als hätten sie virtuelle Praktikanten eingestellt.

Die Folge? Produktionen werden schlanker und schneller. Ein eindrucksvolles Beispiel ist der Oscar-prämierte Film Everything Everywhere All at Once, bei dem ein Mini-Team dank KI atemberaubende Effekte zauberte. Was große Studios können, rückt in greifbare Nähe für alle, die mutig genug sind, neue Wege zu gehen. Eine Indie-Regisseurin brachte es auf den Punkt: »Ich weiß, dass gewisse Jobs durch KI bedroht werden. Aber Leuten ohne großes Budget gibt die Technik das Gefühl: Wir haben keine Ausreden mehr … wir können alles machen.« Dieses »Keine Ausreden mehr«-Gefühl ist pure Euphorie. KI nivelliert das Spielfeld – eine beispiellose Chance für unabhängige Filmemacher mit wenig Geld.

Stell dir vor, du drehst mit deinem Smartphone eine kurze Szene in deinem Wohnzimmer. Mit ein paar KI-Tools verwandelst du sie in ein episches Sci-Fi-Set: virtuelle Hintergründe, digitale Kreaturen, filmreifer Soundtrack – all das geht heute mit Apps und Diensten, die teils kostenlos oder günstig verfügbar sind. Dein Handy wird zum Hollywood-Studio. Was zählt, ist nicht die Größe deines Teams oder deines Budgets, sondern die Größe deiner Vision. KI erledigt den Rest – oder zumindest viel mehr als noch vor wenigen Jahren. Klingt fast zu schön, um wahr zu sein? Willkommen in der neuen Realität der Filmproduktion!

Text-to-Video: Wenn Worte zu Bildern werden

Eine der verblüffendsten Entwicklungen ist Text-zu-Video. Du tippst eine Beschreibung ein – »nächtliche Verfolgungsjagd in Tokio im Regen« – und die KI spuckt dir einen passenden Videoclip aus. Tools wie OpenAIs Sora 2 oder Googles Veo 3 machen genau das möglich. Sie generieren in Sekunden kurze Szenen, für die ein menschlicher VFX-Künstler Tage bräuchte. Das Erstaunliche: Die

Ergebnisse werden rasant besser. Schon jetzt sehen viele KI-Clips fast aus wie echte Aufnahmen. Ein Wall-Street-Journal-Team drehte kürzlich einen Kurzfilm fast nur mit KI-Werkzeugen – die generierten Szenen waren kaum noch von der Realität zu unterscheiden. Und das ist erst der Anfang.

Natürlich hat das Text-to-Video-Feld noch Grenzen – die Clips sind kurz, komplexe Bewegungen oder längere Dialoge bringen die Modelle teils ins Stolpern. Aber die Entwicklung geht rasend schnell. OpenAIs Video-KI Sora ist inzwischen für Kreative weltweit verfügbar, integriert in ChatGPT. Für einen überschaubaren Preis kann jetzt jeder experimentieren – eine Demokratisierung der Videoproduktion, die vor Kurzem undenkbar war. Prompte ein paar Zeilen Text, lehn' dich zurück und sieh zu, wie aus deiner Vorstellung bewegte Bilder werden. Klar, ein Hollywood-Blockbuster entsteht so noch nicht auf Knopfdruck. Aber die Saat ist gesät: Wir bewegen uns auf eine Zukunft zu, in der jedem kreativen Menschen quasi ein »Mini-Filmstudio« in Form von KI-Tools zur Verfügung steht.

Für dich als Leserin und Leser heißt das: Du hast jetzt Zugang zu Werkzeugen, von denen Filmemacher vor dir nur träumen konnten. Nutze sie! Probiere es aus – ob für den nächsten YouTube-Clip, einen Werbespot für dein Startup oder deinen ersten Sci-Fi-Kurzfilm. Die Technik, die einst riesigen Studios vorbehalten war, liegt jetzt in deinen Händen.

Virtuelle Schauspieler und digitale Doubles

Nicht nur hinter der Kamera wirbelt KI alles durcheinander – auch vor der Kamera verändert sich gerade das Spiel. Virtuelle Schauspieler sind auf dem Vormarsch. Damit meinen wir digitale Menschen, die real aussehen und schauspielern können, ohne jemals am Set zu stehen. Klingt verrückt? Schau dir an, was Hollywood bereits umgesetzt hat: Im Film Here (2024) von Robert Zemeckis wurden Tom Hanks und Robin Wright mit Hilfe von KI-Technologie verjüngt – sie spielen sich selbst, nur Jahrzehnte jünger. Spezielle Tools glätten Falten, passen Stimmen an und lassen 60-Jährige aussehen wie 30. Ein digitaler Jungbrunnen und eine Schauspiel-Zeitmaschine in einem.

Doch es geht noch weiter: Längst wird diskutiert, ob man verstorbene Filmstars per KI »wiederbeleben« dürfte. Ein James Dean in einem neuen Actionfilm der 2020er? Ein digitaler Bruce Lee, der noch einen letzten Kung-Fu-Streifen dreht? Technisch sind wir fast so weit. Ethisch ist das Neuland. Hollywood hat in den aktuellen Tarifverträgen festgeschrieben, dass die Studios ohne Erlaubnis keine digitalen Doppelgänger von Schauspielern einsetzen dürfen – lebenden und toten. Die Angst der Schauspieler vor den sogenannten Fake-Schauspielern ist real: Schließlich könnte ein Studio irgendwann beschließen, lieber einen fotorealistischen KI-Avatar zu casten als einen menschlichen Darsteller mit Gage, Allüren und Bedarf an Schlaf.

Andererseits eröffnen virtuelle Schauspieler auch irre Chancen. Stell dir vor, du könntest in deinem eigenen Film neben Marilyn Monroe spielen – sie als KI-Kreation, du mittendrin in der Szene. Oder eine unabhängige YouTube-Serie erschafft einen komplett fiktiven Star, der nie geboren wurde, aber Millionen Fans hat, weil er in jedem Video anders aussehen kann. Solche Ideen schillern zwischen Vision und Wahnsinn. Große Musik-Acts haben es bereits vorgemacht: Die Band ABBA schickt heute digitale Abbilder ihrer jungen Ichs als Avatare auf die Bühne, um vor ausverkauften Hallen zu performen – ein komplett virtuelles Konzert, das Tausende Menschen begeistert. Ich habe diese Show mit meiner Tochter in London gesehen und war sprachlos. Es fühlte sich tatsächlich an, als würden die jungen ABBA-Mitglieder leibhaftig auf der Bühne stehen. Dieses Erlebnis hat mir noch einmal vor Augen geführt, wie stark digitale Illusionen wirken können. Ähnliches werden wir im Film erleben. Sicher, ein virtuelles ABBA-Konzert ist kein Spielfilm – aber es zeigt, wie weit wir die Illusion treiben können, echte Menschen digital zu simulieren.

Die Filmwelt diskutiert hitzig über diese Entwicklungen. Ist ein digitaler Schauspieler »echt genug«, um uns emotional zu berühren? Oder merken wir immer, dass da »etwas fehlt« – die menschliche Aura? Und was ist mit der Moral: Darf man das digitale Abbild eines längst Verstorbenen Dinge tun lassen, denen die Person nie zugestimmt hat? Es gibt keine einfachen Antworten. Aber klar ist: Die Grenze zwischen Realität und Fiktion verschwimmt gerade in nie gekannter Weise. Für uns Zuschauer könnte das Magie bedeuten – oder beunruhigende Verwirrung. Wahrscheinlich etwas von beidem.

Immersive KI-Erlebnisse: Der Zuschauer als Teil der Story

Womöglich stehen wir sogar am Anfang einer noch radikaleren Veränderung der Erzählformate. Filme könnten sich von passiven Geschichten zu immersiven Erlebnissen wandeln. Stell dir vor, du trittst in eine virtuelle Welt ein – per VR-

Brille oder vielleicht eines Tages direkt ins Gehirn gestreamt wie in Matrix. Die Geschichte entfaltet sich um dich herum, und sie ist nicht fix, sondern reagiert auf dich als Zuschauer. KI macht's möglich: Sie kann in Echtzeit neue Handlungsstränge ausdenken, Charaktere auf deine Aktionen reagieren lassen und das Ende dynamisch anpassen, je nachdem, welche Entscheidungen du triffst. Du bist nicht mehr nur Konsument, sondern Mitspieler in einer Story, die sich jedes Mal neu entwickelt.

Das klingt futuristisch, aber die Ansätze sind schon da. Interaktive Filme wie Black Mirror: Bandersnatch gaben uns einen Vorgeschmack, indem wir per Fernbedienung den Verlauf der Handlung steuern konnten. Doch was kommt, geht darüber hinaus: KI-generierte Welten, die sich individuell auf jeden Zuschauer einstellen. Vielleicht hast du irgendwann einen persönlichen KI-Regisseur, der dir jeden Abend einen einzigartigen Film »erzählt«, maßgeschneidert auf deine Stimmung und Vorlieben. Lust auf Action? Die KI zaubert dir eine Verfolgungsjagd in einer futuristischen Stadt. Mehr Sinn nach Romanze? Schon betritt ein digitaler Schauspieler die Szenerie und entfacht eine Liebesgeschichte – nur um im nächsten Moment, falls du doch gähnst, die Handlung in einen Mystery-Thriller umzuschalten. Es klingt wild, aber genau in diese Richtung experimentieren Kreative bereits. KI in Kombination mit VR/AR kann Erlebnisräume schaffen, die persönlicher und intensiver sind als alles, was Film bisher konnte. Geschichten werden so zu Erfahrungen, durch die man aktiv durchgeht, statt sie nur von außen zu betrachten.

Natürlich wird klassisches Kino nicht einfach verschwinden. Aber es dürfte Gesellschaft bekommen von neuen hybriden Formaten – irgendwo zwischen Film, Game und Simulation. Für dich als aufmerksamen Zeitgenossen bedeutet das: Die Möglichkeiten zu erzählen weiten sich gigantisch. Warum nicht mal selbst damit spielen? Vielleicht entwickelst du die erste virale KI-Erfahrung, von der die Leute sagen: »Es war wie im Kino, aber ich war der Held!« Die Technologie, solche Matrix-artigen Erlebnisse zu bauen, steckt zwar noch in den Kinderschuhen, aber die kreativen Pioniere von morgen beginnen heute damit – vielleicht gehörst du ja dazu.

Euphorie und Realismus – ein ehrlicher Ausblick

Bei all dem Enthusiasmus wollen wir ehrlich bleiben: Der KI-Umbruch wird nicht nur Gewinner kennen. Einige Jobs in der Branche werden sich drastisch verändern oder ganz verschwinden. Studien schätzen, dass allein in Kalifornien in den nächsten Jahren zehntausende Jobs in der Unterhaltungsbranche von KI betroffen sein werden – vor allem technische und künstlerische Rollen von 3D-Animatoren über Cutter bis hin zu Synchronsprechern. Das heißt nicht, dass all diese Menschen arbeitslos auf der Straße sitzen werden. Vielmehr wandeln sich die Anforderungen: Menschen, die mit KI arbeiten können, werden gefragt sein. Neue Berufe tauchen auf – vom KI-Prompt-Spezialisten bis zum KI-Regisseur, der weiß, welche Tools er orchestrieren muss, um eine Vision umzusetzen.

Ja, ein Teil der altbekannten Filmkunst wird automatisiert. Routinejobs erledigt die Maschine in Sekunden, wo früher Kreative viele Stunden investierten. Das schmerzt – und doch steckt darin auch eine Verheißung: mehr Raum für das wahrhaft Kreative. Wenn KI den monotonen Kram übernimmt (das Freistellen von 1000 Bildern, das Sortieren von Takes, das Rauschen aus Audio entfernen ...), bleibt für uns Menschen mehr Zeit für Ideen, für Feinschliff, für Emotion. KI kann dir die Arbeit erleichtern, aber nicht die Vision schenken.

Wichtig ist, dass wir Verantwortung im Umgang mit diesen Technologien übernehmen. Die Versuchung ist groß, auf den KI-Zug aufzuspringen und Masse statt Klasse zu produzieren. Man spricht schon von »AI Slop« – liebloser KI-Frass, der gerade in sozialen Medien massenhaft ausgespuckt wird. Gemeint ist Content ohne Seele: automatisch generierte Texte, generische Videos, austauschbares Einerlei. Solche Inhalte überschwemmen das Netz und machen Lärm, aber hinterlassen keinen bleibenden Eindruck. Die echte kreative Vision jedoch – die originelle Idee, die bewegende Story, das ungewöhnliche Stilmittel – die kann auch die beste KI nicht erzwingen.

Hier kommst du ins Spiel. Du kannst entscheiden, ob du KI nur nutzt, um »schnell und viel« zu produzieren, oder ob du sie einsetzt, um etwas wirklich Eigenes und Authentisches zu erschaffen. Mit KI ist es wie mit jeder neuen Technik: Man kann damit Kunst machen oder Schund – ein Orchester symphonisch dirigieren oder bloß Lärm verstärken.

Die Filmwelt der nahen Zukunft wird vermutlich beides erleben: eine Phase, in der sehr viel synthetischer Einheitsbrei kursiert (weil es eben so einfach ist), und die Geburtsstunde völlig neuer Meisterwerke, die ohne KI undenkbar gewesen wären. Wir werden staunen über tiefgründige KI-Dokumentationen, die aus riesigen Datenmengen Erkenntnisse visualisieren. Wir werden lachen über Komödien, in denen vielleicht ein virtueller Charlie Chaplin uns erneut in den Bann zieht. Wir werden den Kopf schütteln über manch missglücktes Experiment und hitzig über Ethik diskutieren. Kurz: Es bleibt spannend – und du bist mittendrin.

Jetzt bist du dran – mach deine Vision wahr

Nachdem du dieses Buch gelesen hast, bist du bestens gerüstet, um in dieser neuen KI-Filmwelt deinen eigenen Weg zu gehen. Hast du gerade dieses Kribbeln im Bauch? Dieses Gefühl von »Wow, das ist der Moment, auf den ich gewartet habe«? Gut! Denn genau das sollst du spüren: Jetzt ist der perfekte Zeitpunkt, um loszulegen. Die KI-Revolution in Film und Video steht noch am Anfang – du hast also die Chance, von Anfang an dabei zu sein und mitzugestalten.

Ob du ein angehender Filmemacher, YouTuber, VFX-Artist oder einfach ein neugieriger Kreativer bist: Die Hürden waren noch nie so niedrig wie heute. Viele der Tools, die wir vorgestellt haben, kannst du sofort ausprobieren. Einige kosten ein bisschen Geld, viele sind kostenlos oder haben Testzugänge. Du musst keine Millionen investieren, um deine Idee auf den Bildschirm zu bringen. Schnapp dir die Tools, die dich am meisten faszinieren, und starte dein erstes Projekt – jetzt gleich. Es muss kein abendfüllender Spielfilm sein. Vielleicht ein witziger Kurzclip, ein animierter Instagram-Post, eine Mini-Doku mit KI-generierter Erzählerstimme, oder diese eine Szene aus deinem Lieblingsdrehbuch, die du immer schon visualisieren wolltest. Egal was – Hauptsache, du fängst an.

Erwarte nicht, dass alles auf Anhieb perfekt wird. Es wird Trial-and-Error geben, skurrile Ergebnisse, vielleicht auch Frustmomente, wenn die KI störrisch etwas anderes ausspuckt als du im Kopf hast. Aber genau das gehört dazu. Du bist ein Pionier auf neuem Terrain. Jede große Revolution in der Filmgeschichte – vom Tonfilm über Farbe, von analog zu digital – brauchte mutige Kreative, die einfach losgelegt haben, obwohl es keine Garantie auf Erfolg gab. Jetzt, bei KI, ist es nicht anders.

Denke immer daran: KI ist ein Werkzeug, du bist der/die Künstler*in. Nutze es weise, halte deine Werte hoch (Authentizität, Qualität, Aussage) und lass dich von Rückschlägen nicht entmutigen. Diese Technologie kann deine Vorstellungskraft multiplizieren – aber träumen musst du selbst. Du hast nun das Wissen, die Inspiration und hoffentlich die Begeisterung, um aus all den Veränderungen das Beste zu machen.

Zum Schluss stell dir diese Szene vor: Die Lichter im Kinosaal gehen an. Der Abspann des Films, den wir »alte« Filmwelt nennen, läuft durch. Doch anstatt aufzustehen und hinauszugehen, bleibst du sitzen – denn was jetzt kommt, ist kein Ende, sondern ein Anfang. Dein Anfang. Die nächste Story, die erzählt wird, könnte deine sein, umgesetzt mit den Mitteln dieser aufregenden neuen KI-Welt. Wie auch immer du dich entscheidest: Du verlässt dieses Buch mit offenen Augen und einer gehörigen Portion Aufbruchsstimmung. Also: Vorhang auf für dich! Die KI-Kamera läuft bereits – und du hast das Wort.

The End.

13.2 Dank

Mein besonderer Dank gilt Deniz Vibez. Als das Thema KI in der Videoproduktion noch ganz am Anfang stand, meldete er sich bei mir mit dem Vorschlag, zu einem meiner Songs ein Video zu machen. Innerhalb kürzester Zeit entstand ein Clip zu Dance with AI, der für damalige Verhältnisse schlichtweg bahnbrechend war. Ohne Deniz wäre ich vermutlich nie auf die Idee gekommen, KI überhaupt in der Videoproduktion einzusetzen. Er hat mir nicht nur unzählige neue Tools gezeigt, sondern auch dieses Buch mit Feedback und Anregungen begleitet.

Ebenso danke ich meiner Schwester Sabine Kocher und meiner Tochter Lara Sophie Kebsak, die beide das Manuskript gelesen und mir wertvolles Feedback gegeben haben. Gerade Lara, die Film studiert hat und beim ORF arbeitet, hat mir viele wichtige Einblicke vermittelt.

Mein Hauptdank gilt jedoch – wie schon bei meinen letzten Büchern – meiner Verlobten Tatjana. Ein solches Projekt entsteht nicht aus finanziellen Gründen, sondern aus Leidenschaft und Freude am Gestalten. Dafür braucht es einen Partner, der den nötigen Freiraum gibt und zugleich immer an der Seite steht. Tatjana, dafür danke ich dir von Herzen.

Darüber hinaus möchte ich meinen Followern danken, die mir durch ihre Kommentare und Rückmeldungen wertvolle Inspiration gegeben haben, sowie den vielen YouTubern, deren Videos für meine Recherche unersetzlich waren. Besonders hervorheben möchte ich Curious Refuge, deren Inhalte für dieses Buch eine zentrale Inspirationsquelle waren.

13.3 Inspiration – Don't Leave Me This Way

Wenn du nach diesem Buch Lust hast, mir weiter zu folgen, gibt es viele Möglichkeiten. Vielleicht bist du ja schon durch die QR-Codes und Links in diesem Buch auf meinen YouTube-Kanal **Thomas Foster Sound & Vision** gestoßen. Dort findest du regelmäßig Videos zu spannenden Themen aus der Film- und Soundwelt.

Darüber hinaus gibt es meinen Podcast **Thomas Foster Musikproduktion**, den du auf Spotify, Apple Podcasts und allen anderen gängigen Plattformen findest. Dort hatte ich bereits großartige Gäste wie Klaas Gerling oder Mousse T., die spannende Einblicke in ihre Arbeit gegeben haben.

Auch auf Instagram, TikTok und Facebook bin ich aktiv und teile mehrmals pro Woche kurze Clips mit Neuigkeiten, Tipps und Inspiration rund um Musik und Film.

Wenn du gerne liest, gibt es neben diesem Buch auch weitere Publikationen von mir:

- Künstliche Intelligenz in der Musik- und Audio-Produktion – mein Bestseller, in dem ich viele KI-Tools rund um Musik, Stimme und Sounddesign detailliert vorstelle
- EDM komponieren – ein praxisnaher Einstieg in die Welt des Songwritings und der Produktion in einer DAW
- EDM arrangieren – das logische Folgewerk, das zeigt, wie man aus einer Idee ein vollständiges Arrangement entwickelt.

Zum Schluss habe ich noch eine persönliche Bitte: Wenn dir dieses Buch gefallen und weitergeholfen hat, hinterlass mir doch eine kurze Rezension auf Amazon. Das hilft mir enorm, auch zukünftige Projekte wie dieses umsetzen zu können.

Vielen Dank, dass du dieses Buch gelesen hast – und viel Erfolg mit deinen eigenen KI-Filmprojekten!

Thomas Foster

Index

N

O

P

Q

R

S

W

X

Z